A DESMEDIDA DO CAPITAL

C O L E Ç Ã O
Mundo do Trabalho
Coordenação Ricardo Antunes

ALÉM DA FÁBRICA
Marco Aurélio Santana
e José Ricardo Ramalho (orgs.)

A CÂMARA ESCURA
Jesus Ranieri

O CARACOL E SUA CONCHA
Ricardo Antunes

CRÍTICA À RAZÃO INFORMAL
Manoel Malaguti

DA GRANDE NOITE
À ALTERNATIVA
Alain Bihr

A DÉCADA NEOLIBERAL E A CRISE
DOS SINDICATOS NO BRASIL
Adalberto Moreira Cardoso

DO CORPORATIVISMO
AO NEOLIBERALISMO
Angela Araújo (org.)

A EDUCAÇÃO PARA ALÉM
DO CAPITAL
István Mészáros

O EMPREGO NA GLOBALIZAÇÃO
Marcio Pochmann

FORÇAS DO TRABALHO
Beverly J. Silver

FORDISMO E TOYOTISMO
NA CIVILIZAÇÃO DO AUTOMÓVEL
Thomas Gounet

HOMENS PARTIDOS
Marco Aurélio Santana

LINHAS DE MONTAGEM
Antonio Luigi Negro

O MISTER DE FAZER DINHEIRO
Nise Jinkings

NEOLIBERALISMO, TRABALHO E SINDICATOS
Huw Beynon, José Ricardo Ramalho, John McIlroy
e Ricardo Antunes (orgs.)

NOVA DIVISÃO SEXUAL DO TRABALHO?
Helena Hirata

O NOVO (E PRECÁRIO)
MUNDO DO TRABALHO
Giovanni Alves

PARA ALÉM DO CAPITAL
István Mészáros

POBREZA E EXPLORAÇÃO DO TRABALHO
NA AMÉRICA LATINA
Pierre Salama

O PODER DA IDEOLOGIA
István Mészáros

RIQUEZA E MISÉRIA
DO TRABALHO NO BRASIL
Ricardo Antunes (org.)

O ROUBO DA FALA
Adalberto Paranhos

O SÉCULO XXI
István Mészáros

OS SENTIDOS DO TRABALHO
Ricardo Antunes

SHOPPING CENTER
Valquíria Padilha

A TEORIA DA ALIENAÇÃO EM MARX
István Mészáros

TERCEIRIZAÇÃO:
(DES)FORDIZANDO A FÁBRICA
Maria da Graça Druck

TRANSNACIONALIZAÇÃO DO CAPITAL
E FRAGMENTAÇÃO DOS TRABALHADORES
João Bernardo

Danièle Linhart

A DESMEDIDA DO CAPITAL

tradução

Wanda Caldeira Brant

BOITEMPO
EDITORIAL

COORDENAÇÃO EDITORIAL	Ivana Jinkings
EDITORES	Ana Paula Castellani João Alexandre Peschanski
ASSISTENTE EDITORIAL	Vivian Miwa Matsushita
TRADUÇÃO	Wanda Caldeira Brant
EDIÇÃO DE TEXTO	Mariana Echalar (preparação) Maria Regina R. Machado (revisão)
DIAGRAMAÇÃO	Raquel Sallaberry Brião
CAPA	Antonio Kehl
PRODUÇÃO GRÁFICA	Marcel Iha

CIP-BRASIL. CATALOGAÇÃO-NA-FONTE
SINDICATO NACIONAL DOS EDITORES DE LIVROS, RJ

L728d

Linhart, Danièle
A desmedida do capital / Danièle Linhart ; [tradução Wanda Caldeira Brant]. - São Paulo : Boitempo, 2007. - (Mundo do trabalho)

Inclui bibliografia
ISBN 978-85-7559-009-6

1. Sociologia do trabalho - França. 2. Trabalho - Pesquisa. 3. Trabalho - França - Efeitos das inovações tecnológicas. 5. Relações trabalhistas - França. I. Título. II. Série.

07-2739. CDD: 306.360944
CDU: 316.334.22(44)

ESTA OBRA CONTOU COM O APOIO DA UNIVERSIDADE DE PARIS X – NANTERRE.

OUVRAGE PUBLIÉ AVEC LE CONCOURS DE L'UNIVERSITÉ DE PARIS X – NANTERRE.

1ª edição: agosto de 2007

BOITEMPO EDITORIAL
Jinkings Editores Associados Ltda.
Rua Euclides de Andrade, 27 Perdizes
05030-030 São Paulo SP
Tel./fax: (11) 3875-7250 / 3872-6869
editor@boitempoeditorial.com.br
www.boitempoeditorial.com.br

SUMÁRIO

PREFÁCIO

Liliana Rolfsen Petrilli Segnini[1]

Seja realista, exija o impossível.
Slogan libertário de maio de 68, na França

Garanta seu emprego.
Reivindicação dos filhos da geração
soixante-huitard, quase quarenta anos depois

A distância histórica entre os dois gritos torna-se pequena diante da imensa distância entre seus conteúdos: o primeiro clamava por melhor qualidade de vida no trabalho e no lazer; o segundo, pela garantia da existência de trabalho.

Quais os fundamentos desses dois momentos históricos? O que informam a respeito das mudanças no trabalho? Em que medida expressam contextos sociais, econômicos e políticos que ultrapassam as fronteiras nacionais francesas?

França, 1968: tempos de resistência operária (e estudantil) contra as formas de alienação implícitas nos controles com base na racionalização do trabalho fordista, as quais possibilitaram as condições necessárias para a expansão da produção e do consumo de massa. Nesse período, ampliaram os direitos vinculados ao trabalho como expressão de um acordo entre Estado, capital e sindicatos. Não sem custos, a "religião do progresso" impregnava o cotidiano de horários rígidos, cadências impostas, de trabalho prescrito taylorizado – alienava desejos.

França, 2006: a proposta do Contrato do Primeiro Emprego (em francês, Contrat Première Embauche – CPE), procurava flexibilizar a relação contratual de trabalho dos jovens, alegando que se tratava de uma medida para minimizar o desemprego,

---

[1] Doutora em Sociologia, professora titular e pesquisadora do Departamento de Ciências Sociais na Educação (DECISAE), da Faculdade de Educação da Universidade Estadual de Campinas. Autora de *Mulheres no trabalho bancário: difusão tecnológica, qualificação e relações de gênero* (São Paulo, Edusp, 1998); "Mulheres, mães, desempregadas: contradições de uma condição social", em Emílio, M. et al. (Org.), *Trabalho e cidadania ativa para as mulheres: desafios para as políticas públicas* (São Paulo, Coordenadoria Especial da Mulher, 2003); "Accords dissonants: rapports salariaux et rapports sociaux de sexe dans des orchestres ", em J. Falquet, H. Hirata e B. Lautier (Coord.), *Cahiers du Genre*, nº 40 (dossiê "Travail et mondialisation: confrontations Nord/Sud"), abril 2006, p. 137-62.

multiplicado por oito, em números absolutos, no período que separa uma data da outra. Período de ameaças aos direitos outrora conquistados.

O idealismo foi substituído pelo pragmatismo?, indagaram jornais franceses, expressando um polêmico debate presente na sociedade naquele momento.

Danièle Linhart vai além de uma pergunta/resposta binária e introduz na análise contradições expressas nas inovações no mundo do trabalho desde o fim dos anos 1960 até o presente, nomeando tais contradições como verdadeiras "armadilhas" para as pesquisas sociológicas. Em outros termos: a autora estuda os contextos sociais e econômicos que possibilitam legitimar politicamente a passagem da organização taylorista do trabalho à primazia da individualização, cuja "força tranqüila" caracteriza as relações de trabalho, cada vez mais intensamente, desde os anos 1990. Este livro – uma coletânea de artigos escritos em diferentes períodos, tendo a França como referência e cujos argumentos são divididos em três partes –, nos traz subsídios para pensar as mudanças sociais em nosso país[2], pois, apesar das diferenças históricas que separam o Brasil e a França, o sentido social da modernização no trabalho em ambos aponta para a mesma direção.

Desde o início, Linhart localiza o leitor teoricamente por meio da elaboração do estado da arte em sociologia do trabalho (sempre francesa), desde os anos 1960, destacando novos temas introduzidos no trabalho e na discussão dos cientistas sociais, tais como o emprego (e desemprego), a linguagem no trabalho e a própria empresa.

A influência dos acontecimentos sociais, econômicos e políticos são recuperados desde 1968, momento em que a autora situa "a instauração de uma longa crise econômica e a expansão do fenômeno participativo nas empresas"[3] como estratégia de gestão. No período precedente (entre 1945 a 1975), a expansão do crescimento econômico baseou-se em um acordo resumido por Linhart nos seguintes termos: "os sindicatos obtinham importantes e constantes aumentos de salários com as direções das empresas, que por sua vez, podiam reorganizar permanentemente o processo de trabalho de modo a extrair ganhos de produtividade capazes de compensar esses aumentos". Esse aparente equilíbrio encontrou no movimento social de maio de 68 evidências de que a classe operária não constituía um bloco homogêneo. Em torno de uma contestação comum – o esvaziamento do conteúdo no trabalho e da vida social agravado pelas formas de racionalização tayloristas – surgiram grupos específicos, de operários e técnicos, homens e mulheres, jovens e migrantes, com reivindicações singulares que refletiam trajetórias diferenciadas e desiguais no trabalho e na formação[4].

A multiplicidade de vozes na construção da resistência do trabalho, também se fez acompanhar, a partir de meados da década 1970, de respostas empresariais nas

---

2 Enquanto finalizo este prefácio – maio de 2007 – movimentos sociais eclodem no Brasil contra as ameaças de supressão de direitos sociais nas reformas trabalhista e previdenciária em discussão. Em seus pressupostos ideológicos essas reformas propõem a minimização do desemprego via flexibilização do trabalho.

3 Ver p. 15.

4 Ver p. 16.

formas de organização do trabalho. As lutas sociais foram recuperadas pelas empresas que passaram a privilegiar novos imperativos de flexibilidade – em seus flexíveis sentidos –, freqüentemente expressos em nome da qualidade.

Linhart salienta que, desde então, um outro tipo de engajamento dos assalariados foi gradativamente se estabelecendo com a colaboração do Estado, como bem expressa o relatório Auroux, legalmente instaurado em 1982. Por meio dele tentou-se garantir o direito individual de expressão sobre as condições de trabalho, instituindo no corpo da lei os assalariados como interlocutores, assim como as organizações sindicais e a direção da própria empresa.

Esses coletivos de trabalho foram objeto de múltiplas análises por parte dos pesquisadores. No entanto, o distanciamento histórico permite à autora afirmar que os resultados obtidos foram pífios, mas possibilitaram a valorização de dispositivos denominados participativos, tais como círculos de qualidade (na França, foram registrados 40 mil grupos, dez vezes mais que nos outros países europeus). Para Linhart, alguns pesquisadores em sociologia se deixaram levar pelo encantamento "que um novo objeto de pesquisa sempre exerce e [...] perderam de vista uma parte importante da realidade", por terem analisado a empresa "independentemente dos fenômenos que caracterizam as situações de trabalho"[5]. As abordagens teóricas e qualificadas como consensuais, ressaltaram, sobretudo, a noção de equilíbrio e de compromisso – não priorizando a desigualdade de *status* –, dos partícipes nesses processos de negociação.

O trabalho pós-taylorista inscreveu pesquisadores em um debate que Linhart compreende confuso. Do que se trata realmente o modelo taylorista-fordista?, indaga a autora. Reconhece que formular a questão desse modo pode provocar surpresas; afinal, por muitas décadas, os sociólogos do trabalho denunciaram, obstinadamente, "formas e conteúdos de trabalho classificados sob o rótulo de taylorismo e, mais tarde, de empresa fordista"[6]. No entanto, essa lacuna dificulta a compreensão do presente, nomeado "pós" para uns, enquanto outros autores compreendem as mudanças em curso como um aprofundamento ou adaptação às novas situações econômicas e tecnológicas. Compreender a distância entre aquilo que é prescrito, dito que é realizado na organização do trabalho, e aquilo que realmente é concretizado na execução do trabalho é uma pista segura para avançar nesse debate. Dito de outra forma, recuperando velhos ensinamentos: "levante o véu da produção".

Nesse sentido, a terceira parte deste livro, composta de pesquisas desenvolvidas por Danièle Linhart na França, traz subsídios que informam relações sociais perfeitamente sintetizados no subtítulo: "Dos discursos à prática: alguns exemplos concretos de incoerências da modernização e das dificuldades para enfrentá-las".

Linhart compreende que a ciência, outrora mobilizada como argumento legitimador do controle nas relações de trabalho, é gradativamente substituída pela metáfora do cliente. O controle dos tempos e movimentos se mescla ou é sobreposto na tentativa de apropriação da subjetividade do trabalhador pela lógica empresarial

[5] Ver p. 21.

[6] Ver p. 28.

do capital. Os trabalhadores são mantidos em constante competição entre si, de forma individualizante, justificada pela instrumentalização do recurso ao cliente e seu atendimento dito diferenciado.

Mundialização e intensificação da concorrência ("estado de quase guerra econômica") engendram palavras de ordem como qualidade, adaptação e exigem dos trabalhadores, nos diferentes níveis hierárquicos, que sejam "intermediários eficazes".

Mudanças tecnológicas, nos valores e a expansão dos serviços concorrem também para a celebração da individualização diante da reiterada figura do onipotente cliente, sujeito central na legitimação das pressões sobre o trabalho.

O *continuum* entre a ciência, argumento ideológico fundamental para Taylor na definição da organização do trabalho e minimização dos conflitos, até a "invenção" do cliente, também ideologicamente compreendido como sendo todo-poderoso na legitimação de uma nova ética – individualização – na construção do consenso, permite à autora indagar a propósito da qualidade da socialização pelo trabalho, sobretudo, dos jovens. Permite também ir além do trabalho e chamar a atenção para suas implicações no exercício da cidadania, em um contexto de intenso desemprego e multiplicação das formas precárias de trabalho.

> Essa individualização se inscreve em um quadro geral de esgarçamento das grandes categorias coletivas que estruturam o mundo do trabalho: explosão e diversificação das formas de emprego, do tempo de trabalho, dos horários, das remunerações, evolução da negociação coletiva que passa do plano nacional e interprofissional, para o plano da empresa. Mas é um aspecto bem particular que transforma a relação de cada qual com sua empresa, com sua chefia, com seus colegas e com seu trabalho, assim como a vivência do seu trabalho. Com o aumento da individualização estamos diante de uma inovação maior, cujo impacto poderoso não cessa de se impor de múltiplas formas.[7]

A desmedida do capital reúne individualidades não mais em torno de um coletivo, mas "em torno de novos valores, e conta com suas competências, seus engajamentos e sua autonomia para satisfazer o verdadeiro cliente-chave do modelo [...] É por esse prisma que se é convidado, a partir de então, a decifrar a individualização no mundo do trabalho"[8].

Este livro é uma contribuição obrigatória para todos os que se interessam pela relevância do trabalho na vida social; as análises elaboradas extrapolam as fronteiras da França e informam a partir de sua singularidade histórica um fenômeno que atinge, em maior ou menor grau, os países industrializados, inclusive o Brasil.

---

7 Ver p. 226.

8 Ver p. 231.

APRESENTAÇÃO

Este livro é uma coletânea de artigos de sociologia do trabalho relacionados, fundamentalmente, à situação francesa. Todos eles tratam da evolução do mundo do trabalho após uma série de acontecimentos ou fenômenos que deixaram marcas profundas no panorama francês: os conflitos de "maio de 68" e as discussões sobre o trabalho taylorista, assim como sobre o *deal* social entre sindicatos e patronato (maior produtividade em troca de salários mais altos); a crise econômica que começa no fim da década de 1970 e que se impõe, rapidamente, como uma verdadeira crise de emprego; as transformações da natureza do trabalho com a difusão maciça de novas tecnologias informatizadas; as novas estratégias de gerenciamento desenvolvidas a partir do início da década de 1980 e que buscam instaurar, de maneira voluntarista e unilateral, a paz social na empresa, sob a forma de um consenso em torno da mobilização e da utilização da subjetividade dos assalariados, a partir de então, indispensável.

A situação no Brasil é bem diferente da situação na França. As taxas de atividade*, os salários, as formas de emprego, os níveis de formação escolar nesses países revelam realidades distintas, o que sugere ser difícil fazer comparações. No entanto, as trocas científicas entre os dois e os trabalhos comparativos sobre as empresas multinacionais instaladas na França e no Brasil levam-nos a pensar que são exatamente as mesmas lógicas que estão em ação, mesmo que não se expressem de maneira totalmente semelhante. As estratégias gerenciais de adaptação às novas condições de concorrência no cenário da globalização são desenvolvidas de modo a utilizar, da melhor maneira possível, as especificidades locais e têm efeitos diferenciados sobre a vivência dos assalariados imersos em contextos diferentes. Apesar disso, essas estratégias têm exatamente os mesmos objetivos e, com freqüência, trajetórias muito semelhantes.

Provavelmente, em termos comparativos, a questão do lugar e do papel do trabalho na estruturação da sociedade é mais problemática. Na história do Brasil, a escravidão ecoou durante muito tempo no trabalho, enquanto, na França, a Revolução de 1789 rompeu os laços de dependência feudal e criou uma força de trabalho livre.

* Relação entre a população economicamente ativa e a população total. (N. T.)

Embora inscrito em uma lógica mercantil, na França, o trabalho foi considerado um meio de emancipação, e o assalariado, uma vez hegemônico, contribuiu para transformar as identidades, os valores, os processos de socialização. Talvez o debate que, na França, gira em torno da possível evolução do lugar que o trabalho ocupa em nossa sociedade, considerando a importância do desemprego, do trabalho em tempo parcial e da redução da jornada de trabalho, não reflita preocupações da mesma natureza no Brasil. E, no entanto, essa dimensão do trabalho desempenha um papel importante na prática da modernização das empresas: a estratégia que se baseia na subjetividade dos assalariados, evidentemente, está relacionada à natureza da relação que eles mantêm com seu trabalho e ao papel que este desempenha na sociedade de uma maneira mais ampla.

Por isso a primeira parte desta coletânea é dedicada a essa importante e difícil questão sobre a relação dos indivíduos com o trabalho e seu papel na sociedade. Ela se revela uma condição indispensável à análise das estratégias de gerenciamento da modernização e de seus efeitos, o que fornece elementos para a segunda parte. Já a terceira parte destina-se à apresentação de pesquisas de campo, que ilustram a complexidade das situações de trabalho permeadas por importantes contradições ligadas às novas lógicas de gerenciamento, fontes de sofrimento para os assalariados e de dificuldades para os sindicatos se apropriarem da questão da organização do trabalho.

A conclusão tem por objetivo lembrar-nos de que é sempre no âmbito de uma relação de dominação que se desenvolve o projeto de gerenciamento e que se vivencia a relação com o trabalho, ainda que ele constitua valor sempre central em nossa sociedade.

À guisa de introdução, iniciaremos com uma apresentação geral da abordagem francesa sobre a evolução do trabalho e da empresa, para familiarizar o leitor brasileiro com os objetos de pesquisa e a problemática à moda francesa.

INTRODUÇÃO

A abordagem francesa da evolução do trabalho e da empresa[1]

Fazer uma síntese dos estudos franceses sobre a evolução do trabalho e das relações sociais na empresa, relacionando-os ao mesmo tempo às transformações que, na realidade, afetaram esse campo, sem dúvida alguma, é um grande desafio.

A complexidade dos fenômenos que ocorrem no mundo do trabalho e das empresas é extremamente grande para querer apreendê-la em sua totalidade, e as pesquisas que se esforçam para explicá-los são demasiadamente numerosas e variadas para termos a audácia de inventariá-las. De maneira mais modesta, decidimos, então, apresentar nesta introdução um fio condutor que permita classificar e analisar um certo número de correntes de pesquisa e, em seguida, propor uma interpretação da evolução das empresas.

A emergência dos novos objetos de pesquisa

Indiscutivelmente, há cerca de quinze anos, novos objetos de pesquisa surgiram nessa área. Convém assinalar ao menos três: o emprego, a linguagem no trabalho e a empresa.

O emprego: na década de 1980, surgiu a idéia de que era preciso fazer uma distinção, na análise, entre o trabalho e o emprego[2]. Posteriormente, retomada e desenvolvida, essa problemática se impôs e generalizou-se. O trabalho representa o exercício concreto da atividade profissional e remete, então, ao conteúdo das tarefas e às condições em que estas são executadas; o emprego indica principalmente as condições de

[1] Publicado anteriormente em G. Murray, M. L. Morin e I. da Costa (Dir.), *L'état des relations professionnelles* (Québec, Les Presses de l'Université de Laval, 1996).

[2] D. Kergoat, *Les ouvrières* (Paris, Le Sycomore, 1980).

inserção no mercado de trabalho e o modo de vida ao qual essa inserção dá acesso. Com o desenvolvimento da crise econômica e a elevação dramática do desemprego, pesquisadores cada vez mais numerosos, principalmente sociólogos, economistas e psicólogos do trabalho, voltaram-se para a análise do emprego e do desemprego. Seja sobre a vivência do desemprego, as condições de acesso ao trabalho, os empregos atípicos, ou sobre a questão da fragmentação do trabalho, é grande o número de pesquisas conduzidas. Há um inventário de uma grande parte delas intitulado *Sociologie de l'emploi*[3] [Sociologia do emprego], na coleção Repères. Cabe salientar que essas pesquisas estão, em sua maioria, totalmente desvinculadas da análise do trabalho e das condições de trabalho. Salvo raras exceções[4], com muita freqüência, perde-se de vista a articulação entre essas duas dimensões interdependentes. Ora, o tipo de emprego (precário, normal ou em tempo parcial) tem fortes efeitos sobre o conteúdo do trabalho e sobre as perspectivas de promoção e, portanto, sobre o salário. E as escolhas gerenciais em matéria de organização do trabalho (o modo de racionalização, o nível e as modalidades de automação e de informatização) têm um impacto sobre o nível de emprego. Seria possível multiplicar os exemplos.

A linguagem e o trabalho: com o fortalecimento da palavra na empresa participativa, alguns pesquisadores interessaram-se mais particularmente pela análise das interações lingüísticas em situações de trabalho. Em 1994, surgiu um grupo de pesquisa (em francês, Groupement de Recherche – GDR), coroando vários anos de existência de uma rede pluridisciplinar. Nele cooperam especialistas em ergonomia, lingüistas, economistas e sociólogos com perspectivas influenciadas pela etnometodologia e pelo interacionismo. Nós nos deteremos mais na questão relacionada diretamente ao tema tratado: trabalho e empresa.

A empresa impôs-se efetivamente como conceito e objeto pertinente à análise. Isso é tão evidente em nossos dias, que se tende a esquecer o quanto a empresa era objeto de pouca atenção e de poucas pesquisas científicas.

Uma tradição operária

Há ainda muito pouco tempo, a sociologia do trabalho, aliás assim como a economia do trabalho, não faziam muitas incursões nessa área. Como analisou muito bem Pierre Tripier, nas décadas de 1950, de 1960 e de 1970, a maior parte dos sociólogos do trabalho trabalhava de acordo com os cânones da tragédia clássica, ou seja, com um triplo princípio de unidade – de tempo, de lugar e de ação. Eles se interessavam somente pelo trabalho, pelo próprio ato de fabricação e, portanto, apenas pelo setor produtivo, como corte imediato[5]. As questões de qualificação, de orga-

---

[3] M. Maruani e E. Reynaud, *Sociologie de l'emploi* (Paris, La Découverte, 1993, col. Repères).

[4] M. Maruani e C. Nicole-Drancourt, *Au labeur des dames* (Paris, Syros, 1989).

[5] P. Tripier, *Rapport sur le développement de la sociologie du travail* (Paris, Document PIRTTEM-CNRS, 1984, mimeo.).

nização do trabalho nos locais mais simbólicos do taylorismo, ou seja, nos setores de produção das grandes fábricas de automóveis, concentravam todas as energias, todas as atenções, em detrimento de abordagens que integram a diversidade das categorias e dos destinos profissionais, a diversidade das situações de trabalho e sua articulação com outras atividades e outros papéis sociais.

A influência do contexto

Cada vez mais, os pesquisadores franceses foram levados a ampliar sua área de pesquisa, sob a influência dos acontecimentos sociais, econômicos e políticos. Os acontecimentos de 1968, a instauração de uma longa crise econômica e a expansão do fenômeno participativo nas empresas francesas ajudaram a sociologia e a economia do trabalho a saírem de seu isolamento e a integrarem dimensões anteriormente ocultas. Mas como explicar o reducionismo analisado por Pierre Tripier?

Devemos abordar razões de várias naturezas. Algumas são incontestavelmente ideológicas. A sociologia do trabalho tem, na França, uma tradição de denúncia dos efeitos nocivos da técnica e da organização do trabalho sobre o homem. Na França, a sociologia do trabalho rima com crítica ao taylorismo, dentro do espírito de Georges Friedmann, que foi o primeiro a sistematizar as pesquisas empíricas sobre o trabalho operário. Então, era importante ir ao local em que o taylorismo fazia os maiores estragos, nas cadeias de montagem, principalmente nas fábricas de automóveis, onde a racionalização e a desqualificação tomavam formas mais marcantes, e onde a resistência operária era também mais evidente. Mas há uma outra razão, de natureza menos ideológica, ligada às modalidades do mercado e às estratégias de gerenciamento das empresas.

A sociologia e a economia do trabalho estabeleceram-se no período denominado "Trinta Gloriosos"*, ou ainda, para retomar a terminologia da escola francesa da regulação, o do "fordismo triunfante", ou seja, numa fase de crescimento caracterizada não só por uma constante e relativamente uniforme elevação da demanda em uma economia com pouca variedade, mas também por um tipo particular de relações entre "parceiros sociais". Por motivos diversos, as organizações sindicais não queriam envolver-se nas questões de organização e de gestão do trabalho e limitavam-se a contestar a distribuição do valor agregado entre lucros e salários[6]. O patronato tinha, então, as mãos livres para racionalizar constantemente o trabalho, aumentar os ritmos, multiplicar as cadeias de montagem, introduzir o trabalho em equipe e o trabalho noturno. Em suma, o *deal* podia ser resumido nos seguintes termos: os sindicatos obtinham importantes e constantes aumentos de salários com as direções das empresas que, por sua vez, podiam reorganizar permanentemente o processo de trabalho, de modo a extrair ganhos de produtividade capazes de compensar esses aumentos. Todo o equilíbrio do círculo virtuoso baseava-se na capa-

* Período de 1945 a 1975, caracterizado por um grande crescimento econômico. (N. T.)

6 R. Boyer, *La théorie de la régulation* (Paris, La Découverte, 1986).

cidade de os diretores aumentarem a produtividade nos setores das fábricas: o trabalho nos setores produtivos representava, então, um verdadeiro desafio, além de ter repercussões sobre a vida da classe operária no trabalho. Percebeu-se, então, que a obstinação dos sociólogos e dos economistas do trabalho em pesquisar a atividade produtiva do operário em cada setor da fábrica, mesmo que isso os levasse a deixar de lado importantes facetas da realidade, tinha uma certa lógica. Isso era justificado pelo ponto de vista das modalidades principais da regulação econômica e social.

Primeiras rachas

A deflagração de maio de 68 contribuiu para colocar em evidência o importante fato de que a classe operária não constituía um bloco homogêneo. Durante a grande mobilização, surgiram grupos específicos, portadores de reivindicações particulares, e não mais era possível deixar de considerar os empregados, os técnicos, e tampouco se esquecer de que, entre os assalariados, havia mulheres, jovens, imigrantes, e que a vida no trabalho não era a mesma para todos. Mesmo que fossem portadores de uma mesma contestação do taylorismo, que tanto interessava aos sociólogos do trabalho, cada um desses grupos tinha uma maneira própria de agir, em função das próprias tarefas, de suas biografias, de suas trajetórias, de sua formação, de sua vida doméstica, de seus projetos, de seus valores e de sua cultura.

A crise econômica, que se instaurou na França, em meados da década de 1970, desempenhou também um papel crucial na ampliação dessas abordagens. Se maio de 68 fez surgir no cenário social atores múltiplos e diversificados, a redução do crescimento e do êxito das empresas fez emergir a importância das estratégias de gerenciamento: a rentabilidade da empresa já não dependia apenas da produtividade, ou seja, da intensidade do trabalho nas fábricas, mas cada vez mais de sua capacidade de inovar, diversificar, dar especificidade a seus produtos, diminuir seus prazos de entrega e aumentar a qualidade de atendimento aos consumidores. Não adianta produzir cada vez mais bens se eles não podem ser escoados, se não há compradores para eles. Muitos se lançam, a partir de então, no campo dos serviços funcionais (a pesquisa e o desenvolvimento, o serviço comercial, o *marketing*). Inúmeras reformas organizacionais foram introduzidas e, entre elas, a prática da produção com a maior redução possível de estoques, ou *just-in-time*, que consiste em iniciar a produção nas fábricas somente depois de feita a encomenda: o momento decisivo é exatamente o da venda, é o ato comercial que se torna determinante. Os lugares estratégicos foram alterados, descobriu-se também a importância da qualidade de articulação entre as diferentes grandes funções, pois a capacidade de adaptação da empresa dependia da capacidade de umas responderem às exigências das outras.

Foi assim que a entidade "empresa" surgiu, com seu funcionamento interno, sua estratégia, suas inúmeras categorias profissionais, além das operárias, e que se impôs tanto para os sociólogos quanto para os economistas do trabalho.

Mas um outro fenômeno avançou no mesmo sentido e ganhou importância decisiva. Os novos imperativos de flexibilidade e de qualidade pressupunham, segundo os administradores modernos, um outro tipo de engajamento dos assalariados.

Já no fim da década de 1970, algumas gerências começaram a introduzir, em doses homeopáticas, é verdade, círculos de qualidade*. Tratava-se de experimentar formas mais cooperativas, mais consensuais de relações sociais, que permitissem mobilizar os conhecimentos e as experiências dos assalariados em condições mais bem adaptadas às novas exigências[7].

Quando o relatório Auroux (denominação que faz referência ao nome do novo ministro do Trabalho), sobre os direitos dos trabalhadores, foi publicado no calor da chegada dos socialistas ao poder e preconizou um direito de expressão direta e coletiva dos assalariados, que seria objeto da lei de 4 de agosto de 1982, ele acrescentou uma dimensão social a essas considerações operacionais: tratava-se também de introduzir um pouco de democracia nas empresas, de dar direitos aos assalariados.

Pela primeira vez, efetivamente, os assalariados tinham direitos sem intermediários; até então, apenas seus representantes os tinham. Dessa maneira, passaram a ter o direito individual de expressar coletivamente (dentro de seu "grupo homogêneo de trabalho") suas demandas e opiniões sobre a organização e as condições de trabalho durante a jornada. E as direções das empresas foram obrigadas a responder em prazos fixados pelos acordos que definiam a aplicação desse direito, pelos acordos negociados entre organizações sindicais e diretorias, empresa por empresa. Nesses mesmos acordos eram também determinados, pela chefia direta na maior parte dos casos ou por um simples membro do grupo em um número limitado de casos, o número de horas destinadas aos grupos e as condições de sua dinâmica.

A irrupção da voz operária dentro da empresa teve um duplo efeito sobre os pesquisadores: primeiro, o de reabilitação ideológica da empresa, que conduziu à sua reabilitação científica. Segundo, de encantamento, pois, com esse fortalecimento da expressão dos assalariados, esperavam-se mudanças sociais importantes.

A aventura do direito de expressão

Poderíamos, exagerando um pouco, afirmar que o direito de expressão foi uma grande aventura mais para um grande número de sociólogos, juristas e economistas do trabalho do que para os assalariados.

Quando o relatório Auroux foi publicado, no fim do verão de 1981, o contexto era de apatia social. Nenhuma mobilização operária veio cumprimentar e acompanhar essa iniciativa ministerial que, aliás, foi tomada na calma discreta dos corredores ministeriais sob influência dos dirigentes da Confederação Francesa Democrática do Trabalho (CFDT), que reivindicavam o direito à expressão havia mais de quinze anos. Essa relativa indiferença da classe operária francesa, no que

* Grupo de cinco a nove voluntários, sob a direção de um superior hierárquico direto, que analisa e propõe soluções para problemas ligados a sua atividade, quaisquer que sejam eles: técnicos, de qualidade, de segurança, de relacionamento etc. (N. T.)

7 D. Linhart e R. Linhart, "La participation des salariés: les termes d'un consensus", em D. Bachet (Dir.), *Décider et agir au travail* (Paris, Centre d'Études des Systèmes et des Technologies Avancées, 1985), p. 27-55.

diz respeito à evocação desse direito, perdura até a promulgação da lei, no dia 4 de agosto de 1982, quando ele foi legalmente instaurado.

Ao contrário, a emoção foi forte na pequena comunidade dos pesquisadores em ciências sociais do trabalho. Foram muitos os que viram ali sinais precursores de uma revolução das relações sociais. Em sua parte mais original, a que confere aos assalariados um direito individual de expressão coletiva sobre a organização e suas condições de trabalho, o relatório Auroux não constituiu os assalariados como interlocutores incondicionais, ao lado das diretorias de empresas e das organizações sindicais? Ao institucionalizar os coletivos de trabalho, o relatório não dava origem a um novo tipo de ator incondicional? Não transformava as bases da negociação, criando instâncias de uma espécie de negociação ou de infranegociação? Não criava as condições favoráveis para uma transformação real do trabalho e do funcionamento da empresa? Não colocava em questão o papel dos sindicatos?

Portanto, na verdade, era forte a tentação de reconhecer o mérito da reforma em curso, da vontade e da capacidade de transformar profundamente a natureza das relações sociais e profissionais na empresa, de romper com um passado pesado, que simplesmente negava os assalariados ao não lhes reconhecer nenhum direito.

Um grande número de equipes de juristas, economistas, sociólogos e psicólogos do trabalho lançou-se, assim, em pesquisas de grande fôlego sobre a negociação e a prática do direito de expressão em meio a uma ampla licitação denominada "Vida Social na Empresa", lançada pelo Ministère de la Recherche [Ministério da Pesquisa]. E uma importante literatura monótona traduziu a perplexidade e a ambivalência das possíveis interpretações[8]. Por outro lado, um programa de pesquisas sobre o direito de expressão foi estabelecido no quadro de uma cooperação entre o Centro Nacional de Pesquisa Científica (em francês, Centre National de la Recherche Scientifique – CNRS) e a CFDT, a fim de realizar um controle (em duas fases de cinco anos) dos efeitos desse direito, por intermédio de um dispositivo misto que reunia representantes de grupos sindicais e pesquisadores. Um programa também voltado para as novas formas de participação foi assinado poucos anos depois entre a Confederação Geral do Trabalho (CGT) e o CNRS.

Como se sabe, e como revelam diferentes avaliações, o direito de expressão não teve muito êxito. Todos concordam ao falar, com reservas, sobre a asfixia, e é preciso reconhecer que, na maior parte dos casos, os grupos de expressão deixaram de se

---

8 Citemos, entre os autores: P. Bernoux et al., "De l'expression à la négociation: les groupes d'expression directe dans six entreprises de la région Rhône-Alpes" (MRT, VSE, 1985); A. Borzeix, D. Linhart e D. Segrestin, "Sur les traces du droit d'expression" (MRT, VSE, 1985); P. Bouffartigue et al., "Mutations technologiques, nouveaux modes d'expression des travailleurs, nouveaux profils sociaux de l'encadrement intermédiaire. Les cas de qualité dans une usine de pointe: la Solmer à Fos-sur-Mer" (MRT-CPE, 1984); J. Bunel et al., "Le triangle de l'entreprise, l'expression directe des salariés, la politique sociale des entreprises, l'action syndicale" (MRT-VSE, 1985); J. Gautrat e D. Martin, "Evaluation des procédures participatives" (MRT, VSE, 1985); L. Lojkine, "Innovation sociale et innovation technologique, l'évaluation des groupes d'expression directe à Renault-Billancourt" (MRT-CPE, 1984).

reunir após as três ou quatro primeiras reuniões[9]. Por múltiplas razões, entre elas a recusa da pequena chefia em respeitar as regras do jogo, por medo de se ver questionada em suas prerrogativas e sua autoridade; entre elas também a falta de apoio sindical que permitisse estimular os grupos, fazer uma síntese das demandas de diferentes grupos; e, enfim, a hesitação das diretorias de empresas em modificar a organização do trabalho em condições particularmente difíceis, criadas por um mercado cada vez mais restrito e cheio de caprichos.

Esse fracasso relativamente rápido do direito de expressão (que não impediu, em 1986, sob um governo de direita, a confirmação da lei de 4 de agosto que estava em experiência) não colocou em questão o processo de relegitimação, reencantamento, dizem alguns, da empresa. Mesmo que continue associado à idéia de fracasso, de uma certa maneira, o direito de expressão contribuiu para valorizar e ressaltar o imponente dispositivo participativo que as empresas progressivamente instituíram na década de 1980. O que, na década de 1970, era considerado uma insuportável tentativa de manipulação dos assalariados, ganhou nova repercussão social a partir do momento em que se começou a perceber, com o direito de voz dado aos assalariados, o início de uma certa forma de democracia na empresa. E o fenômeno participativo fascinou ainda mais porque tomava proporções excepcionais na França. As grandes empresas afundavam sob o peso das múltiplas instâncias e condutas participativas de diferentes naturezas: círculos de qualidade (havia 40 mil, o que equivalia a dez vezes mais do que na maior parte dos países europeus), múltiplos grupos de interação e de desenvolvimento, grupos pluridisciplinares, grupos especialistas, aos quais era preciso juntar os milhares de grupos de expressão que, de tempos em tempos, conforme a necessidade, eram ressuscitados pelas diretorias de empresas, assim como pelas múltiplas campanhas de mobilização dos assalariados em torno da identidade da empresa, de suas missões, de sua imagem, de sua cultura, de seu projeto, e pelas grandes e solenes reuniões organizadas em torno da qualidade total[10].

O (re)descobrimento da empresa

Inúmeros fatores contribuíram, assim, para "atrair" os pesquisadores para a empresa, essa empresa até então ocultada, até então uma verdadeira caixa-preta da pesquisa. Cada disciplina encontrava aí seu enfoque, seu campo próprio. Assim, os especialistas da gestão interessaram-se mais particularmente pela evolução ou, ao contrário, pela inadaptação dos critérios, dos coeficientes utilizados pelas empresas, em um novo contexto organizacional e tecnológico (dentro principalmente de dois laboratórios, que são o Centro de Pesquisa em Gestão da Escola Politécnica e o Centro de

[9] Cf. as duas avaliações realizadas: uma pelo Ministério do Trabalho, "Expression des salariés", em *Étude qualitative de bilans d'entreprise, relative à l'application de la loi du 4 Août 1982*; a outra pela CFDT, "Analyse et propositions secteur entreprise" (CFDT, 1985).

[10] D. Martin (Dir.), *Participation et changement social dans l'entreprise* (Paris, L'Harmattan, 1990, col. Logiques Sociales).

Gestão Científica da Escola de Minas; os economistas do trabalho, pelas reformas organizacionais, e os sociólogos, pelo fenômeno participativo, ou seja, pela evolução das relações sociais que prevaleciam nas empresas modernas[11].

Para ilustrar o redescobrimento da empresa pelos sociólogos do trabalho, podemos assinalar a publicação, em 1986, de um número especial da revista *Sociologie du Travail* intitulado *Retour sur l'entreprise* [Reflexões sobre a empresa], que reúne vários artigos de sociólogos sobre o assunto, entre eles o de Renaud Sainsaulieu em coautoria com Denis Segrestin, intitulado "Vers une théorie sociologique de l'entreprise" [Rumo a uma teoria sociológica da empresa]. Cabe assinalar também a continuidade, no mesmo ano, das segundas "Jornadas do CNRS de Sociologia do Trabalho" dedicadas à questão "A empresa: uma categoria relevante para a análise?".

Nesses dois "eventos", manifestou-se uma forte corrente que via a empresa como uma instituição, portadora de valores e de mensagens para toda a sociedade, e como uma comunidade.

Indiscutivelmente, a empresa como objeto de pesquisa adquiriu seus títulos de nobreza entre os sociólogos, como comprovam estes dois livros publicados na década de 1990: *L'entreprise, une affaire de société*[12] [A empresa, uma questão de sociedade] e *Sociologie de l'entreprise*[13] [Sociologia da empresa].

A empresa-comunidade

Vamos nos deter na última obra, que propõe uma abordagem sociológica da empresa. É interessante, pois, além dos elementos que fornece para a reflexão, ela revela uma tendência importante dessa transformação. A tendência que consiste em considerar a empresa, perdendo de vista a questão do trabalho.

Denis Segrestin propõe, assim, uma teoria ambiciosa, segundo a qual assistimos à agonia da empresa baseada nas relações de tipo contratual e ao surgimento de uma empresa de tipo comunitário, referindo-se à terminologia de Tönnies, retomada e desenvolvida por Weber. Trata-se de uma transformação do vínculo social e, além disso, para ele, da entrada do social na empresa. Esta se curva agora, diz ele, para as margens do social, a mesma empresa que delas se distanciou, ao extirpar o homem de seu ambiente doméstico, de seus múltiplos vínculos locais ou, em poucas palavras, de seu meio, ao instaurar a lógica árida das relações codificadas, regulamentadas pelo modo mercantil; ao instaurar, de maneira hegemônica, relações de natureza estritamente contratual.

A difusão das condutas participativas, segundo ele, produtoras de uma nova cultura, cria as bases das relações de natureza comunitária por meio da irrupção da voz dos agentes e de sua inserção nas redes de informação, de consulta e de interação.

---

[11] H. Vacquin, *Paroles d'entreprise* (Paris, Seuil, 1986) e D. J. Mothé-Gautrat, *Pour une culture d'entreprise* (Paris, La Découverte, 1986).

[12] R. Sainsaulieu (Dir.), *L'entreprise, une affaire de société* (Paris, Presses de la Fondation Nationale des Sciences Politiques, 1990).

[13] D. Segrestin, *Sociologie de l'entreprise* (Paris, Armand Colin, 1992).

Neste ponto, podemos fazer duas observações. A primeira consiste em lembrar, aqui, toda a riqueza do jogo social, que tem como fonte o que Jean Daniel Reynaud[14] denomina a regulação autônoma e a regulação conjunta. É difícil não considerar, pelo ângulo do social e da comunidade, o conjunto das atividades e das relações que se tecem em torno do que, desde então, é clássico denominar o trabalho real, ou informal, aquele que os agentes desenvolvem nos recônditos das fábricas e que lhes permite enfrentar, individual e coletivamente, os múltiplos imprevistos do processo de trabalho, assim como as difíceis exigências da vida cotidiana no trabalho. É difícil também não considerar sob o ângulo do social e da comunidade essa gestão comum por uns (os agentes) e outros (os dirigentes) de um equilíbrio entre o trabalho real e o trabalho prescrito que sai dos escritórios funcionais e depende de um tipo de conhecimento abstrato e de autoridade oficial, institucional.

A regulação autônoma, ou seja, a elaboração, por parte dos agentes, de conhecimentos, experiência, experiência conjunta, que lhes permite gerenciar os múltiplos imprevistos que surgem constantemente na prática, assim como o estabelecimento de regras que lhes possibilita regular suas relações em coletivos informais por eles constituídos, podem e devem ser apreendidas nos mesmos termos que os que Segrestin reservou à empresa-comunidade que ele vê emergir. Da mesma maneira que a ação informal de confronto-coordenação, desenvolvida pelos dirigentes e pelos agentes para equilibrar as diferentes formas de regulação de que são detentores, também leva a uma situação que pode e deve ser analisada em termos de comunidade.

De fato, poderíamos criticar Segrestin por pensar a empresa independentemente do trabalho, com referência somente às dimensões das relações, dos valores, das identidades e da cultura. Com referência exclusivamente à difusão do fenômeno participativo.

Essa crítica pode ser dirigida a um certo número de pesquisadores de sociologia, que se deixaram levar pelo encantamento que um novo objeto de pesquisa sempre exerce e que perderam de vista uma parte importante da realidade. Embora seja legítimo, e até mesmo indispensável, ampliar o campo de pesquisa e dar espaço à empresa como novo objeto relevante à análise, parece criticável abordá-la independentemente dos fenômenos que caracterizam as situações de trabalho.

Ao mesmo tempo que os sociólogos passaram do trabalho à empresa, podemos observar também que sociólogos ou economistas "generalistas", ou seja, que trabalham mais no campo da teoria sociológica ou econômica, tentaram aplicar suas problemáticas à empresa, reforçando assim a corrente de pesquisas sobre ela.

Novas teorias para a empresa

Assinalemos, em primeiro lugar, a corrente que se desenvolveu na França em torno da economia das convenções, e da qual podemos ter uma boa visão no número

[14] J.-D. Reynaud, *Les règles du jeu: l'action collective et la régulation sociale* (2ª ed., Paris, Armand Colin, 1993).

especial da *Revue Économique*[15], que a ela dedica um volume inteiro. Se acompanharmos o que escreve Robert Salais, aprenderemos que uma "convenção é uma forma que permite coordenar interesses contraditórios provenientes de lógicas opostas, mas que têm necessidade de estar juntos para serem satisfeitos". E, sobretudo, que uma convenção se diferencia do acordo mais comumente estudado em economia pelo fato de não ser explícita.

> Trata-se de um conjunto de elementos que, a todo instante, estão juntos para os participantes da convenção e em relação aos quais eles compartilham de um acordo comum. Mas esse acordo comum não é proveniente de um documento preliminar em que cada detalhe é explicitado e reflete de ambos os lados uma racionalidade simultânea e uma intencionalidade idêntica e consciente de si. Uma convenção é um sistema de expectativas recíprocas em relação às atribuições e de expectativas recíprocas tidas como óbvias [...]. É claro que se o empreendedor está interessado no produto e o trabalhador no salário, somente sua junção e sua atividade na empresa são suscetíveis de satisfazer os dois interesses.

O conceito de convenção aplicado à empresa envolve elementos de uma realidade comparável à que analisam sociólogos tais como Reynaud[16], quando produz sua teoria da regulação conjunta, ou como Crozier e Frydberg[17], que raciocinam em termos de uma análise estratégica. O que se tem em vista é simplesmente o equilíbrio ou o compromisso implícito que se dá entre lógicas diferentes dentro de uma mesma organização, dentro de uma mesma empresa. Portanto, enfatiza-se a ausência de uma racionalidade hegemônica: há espaço para uma encenação de atores capazes de impor seus pontos de vista e de contribuir para a elaboração de um equilíbrio. Estimulados pela vontade de enriquecer a teoria clássica, os economistas da teoria das convenções (Dupuy, Eymard-Duvernay, Favereau, Salais, Thévenot) insistem na pluralidade das formas de acordos possíveis, além das que passam pelo mercado. Reúnem, assim, o campo que nos interessa, o das relações sociais na empresa e o dos modos de regulação implícitos nas questões que estão em jogo no trabalho.

Essa teoria das convenções tem prolongamentos evidentes nas economias de grandeza de Boltanski e Thévenot[18], em que as convenções são entendidas como formas de coordenação de naturezas diversas (doméstica, industrial, mercantil, cívica etc.) que compõem a empresa. Pelo menos, é o que explicita Laurent Thévenot no mesmo número da *Revue Économique* dedicado à economia das convenções.

As economias de grandeza apresentam-se como uma tentativa ambiciosa de produção teórica, que visa a explicar as modalidades de instituição, de legitimação, ou de contestação, e de substituição de sistemas de valores nos quais se baseiam os princípios de funcionamento de toda instituição e organização. No livro intitulado *Justesse*

---

15 "L'économie des conventions", *Revue Économique*, nº especial, v. 40, nº 2, 1989.

16 J.-D. Reynaud, *Les règles du jeu*, cit.

17 M. Crozier e E. Friedberg, *L'acteur et le système* (Paris, Seuil, 1977).

18 L. Boltanski e L. Thévenot (Dir.), *Justesse et justice dans le travail* (Paris, CEE-Presses Universitaires de France, 1989).

et justice dans le travail [Precisão e justiça no trabalho], consagrado principalmente à análise do funcionamento social nas empresas, há uma série de contribuições diretamente inspiradas na teoria das grandezas e que se aplica a diferentes tipos de organizações ou de empresas[19]. Estas são analisadas a partir da perspectiva dos equilíbrios, dos compromissos assumidos entre diferentes sistemas de valores, entre diferentes fontes de legitimidade.

É possível fazer, pelo menos, duas constatações sobre essas diferentes teorias aplicadas ao estudo das relações sociais e sobre os modos de regulação na empresa (ação estratégica, regulação conjunta, economia das convenções, economias de grandeza), às quais se pode acrescentar a "lógica da honra", de Philippe d'Iribarne[20], que postula uma dimensão cultural das modalidades de gestão, dimensão esta que se caracterizaria, na França, pelo respeito mútuo a deveres e direitos associados a cada profissão.

A primeira constatação é sobre a importância dada à dimensão tácita e clandestina das ações, à não-explicitação dos acordos, que nem por isso são menos objetivos. Como escreve Jean Pierre Dupuy, no mesmo número especial da *Revue Économique*, "uma convenção é uma sujeição às regras, que tem sua fonte nas interações sociais, mas que se apresenta para os atores de uma forma objetiva" e, continua Robert Salais, "qualquer tentativa de explicitação e de acordo preliminar de princípios bloquearia a relação". Aliás, essa abordagem tem ligação com a sociologia do conhecimento, pelo menos com aquela que "se interessa pelas objetivações dos processos subjetivos que edificam o mundo do senso comum intersubjetivo"[21]. A propósito, Olivier Favereau não descreve as convenções como "dispositivos cognitivos coletivos?". É preciso assinalar, aqui, que o contexto francês de dessindicalização, em que os sindicatos não se encontram na posição de um ator importante para influenciar significativamente o conteúdo e as modalidades de modernização, tem um grande peso nesse caso. Estamos longe do debate que entusiasma os pesquisadores norte-americanos e que consiste em avaliar o impacto da ação sindical sobre as políticas de gerenciamento[22].

A segunda constatação é sobre a dimensão "consensual" da maior parte das "novas" teorias. Quer se trate da regulação conjunta, da economia das convenções ou das economias de grandeza, enfatiza-se o estado de compromisso, de equilíbrio entre os

---

19 L. Boltanski e L. Thévenot, *De la justification: les économies de grandeur* (Paris, Gallimard, 1991).

20 P. d'Iribarne, *La logique de l'honneur* (Paris, Seuil, 1989).

21 P. Berger e T. Luckmann, *La construction sociale de la réalité* (Paris, Méridiens Klincksieck, 1989) [ed. bras.: *A construção social da realidade: uma visão humanística*, trad. Floriano de Souza Fernandes, Petrópolis, Vozes, 1987].

22 H. C. Katz, *Shifting Gears, Changing Labor Relations in the U.S. Automobile Industry* (Cambridge, Mass., MIT Press, 1985); T. A. Kochan e H. C. Katz, *Collective Bargaining and Industrial Relations* (Homewood, Irwin, 1988); W. N. Cooke, *Labor Management Cooperation* (Kalamazoo, Michigan, WE Upjohn Institute for Employment, 1990); J. Jenson e R. Mahon (Ed.), *The Challenge of the Restructuring. North American Labor Movements Respond* (Filadélfia, Temple University Press, 1993); E. Appelbaum e R. Batt, *The New American Workplace: Transforming Work System in the United States* (Ithaca, Nova York, ILR Press, 1994).

diferentes grupos de atores detentores de lógicas concorrentes, e veicula-se, assim, a noção de legitimidade do estado de compromisso ou de equilíbrio alcançado. Se, por um lado, podemos observar um avanço na evidência de regulações clandestinas entre atores detentores de valores e de interesses diferentes e, portanto, no jogo social que isso pressupõe, por outro, podemos lamentar que a diferença de natureza existente entre os atores coletivos em ação seja mantida sistematicamente em silêncio e, conseqüentemente, não seja analisada. De fato, observa-se que as condições em que vivem e trabalham esses atores interessados em diferentes tipos de ação não são levadas em conta. Ora, é difícil admitir que essas condições, que indicam tipos particulares de atores coletivos, não tenham impacto sobre o conteúdo da regulação conjunta ou dos compromissos entre as naturezas diversas, ou ainda das formas de poder negociadas informalmente.

Qualquer que seja o ponto de vista adotado, é importante não perder de vista que os grupos de atores não se equivalem e que, conseqüentemente, o tipo de negociação implícita que fazem é marcado pela chancela de uma diferença que revela rapidamente uma desigualdade fundamental. Não se têm em vista, aqui, as diferenças de trunfos, de recursos, de *status* que as desigualdades entre os diversos grupos profissionais na empresa revelam, e sim exatamente os mecanismos diferentes de constituição e funcionamento dos atores coletivos na empresa.

Por um lado, coletivos que têm a especificidade de somente serem atores clandestinamente. Por outro, atores coletivos oficiais, que representam a prescrição oficial, o controle, e são articulados por um projeto e uma racionalidade perfeitamente explícitos, definidos pela empresa. Os primeiros devem criar, inventar as condições de uma possível regulação autônoma, individual e coletiva; devem produzir as regras implícitas que darão substância ao projeto e à identidade do grupo que constituem. Devem, por meio da ação e sem nada dizer, reunir uma série de indivíduos com biografias diversas, sensibilidades diferentes, em projetos também variados. Os outros são, desde logo, definidos como atores na empresa. Isso faz parte de seus *status* e de sua responsabilidade de inventar, definir, conceber, organizar, reagir etc.

Certamente, o coletivo dos gerentes também é constituído a partir de individualidades, levando em conta pessoas com sensibilidades, origens, projetos diferentes; mas, oficialmente, são constituídos como grupo solidário, coeso, com base na ideologia, nos interesses e na racionalidade fixados pela empresa. Sua identidade comum é fixada antecipadamente; as regras do jogo são de que toda pessoa que aceita uma função de gerência e de responsabilidade adere ao projeto da empresa, compartilha seus interesses e se identifica com sua cultura, assim como com sua racionalidade.

Podemos, então, exagerando um pouco, qualificar de consensuais essas abordagens teóricas dos modos de regulação na empresa, uma vez que elas insistem na noção de equilíbrio, de compromisso e, portanto, de coordenação tácita, sem levar em conta a desigualdade de *status* dos atores nessas formas, por assim dizer, de negociação.

O trabalho

Embora não fascine tanto quanto antes, o trabalho continua a mobilizar o interesse e a energia de pesquisadores de várias disciplinas. Paradoxalmente, o número de sociólogos do trabalho que se interessam por ele é menor do que o dos especialistas que vêm de outros horizontes. É o caso, por exemplo, de macroeconomistas como Robert Boyer, líder da Escola Francesa da Regulação, que investe, desde então, no campo da organização do trabalho.

É que, a partir de agora, a questão da organização do trabalho está diretamente ligada a um debate que agita a comunidade dos economistas e dos sociólogos e gira em torno da questão dos novos modelos socioprodutivos. Estamos assistindo à agonia do modelo taylorista-fordista e à emergência de um ou mais novos modelos?

O número de publicações e colóquios dedicados a essa questão revela o vigor do debate. A título de exemplo, em 1988, duas obras, uma coordenada por Stanckiewicz e a outra por Cohendet, foram publicadas com a cooperação do CNRS sob o título *L'après-taylorisme*[23] [O pós-taylorismo], depois de muitas jornadas de trabalho; enquanto o GERPISA, grupo internacional de pesquisa sobre a indústria automobilística, dirigido na França por Boyer, Freyssenet e Fridenson, decidiu, desde então, dedicar suas atividades à emergência de novos modelos produtivos. Ainda como exemplo, a coletânea especial publicada pela revista *Sociologie du Travail*, em 1993, sobre a mesma questão, e a publicação de um livro intitulado *L'après-fordisme* [O pós-fordismo], escrito por Boyer e Durand[24].

Nesse debate, as posições são distintas: de um lado, os que acreditam na emergência dos novos modelos; de outro, os que não acreditam nisso.

O pós-fordismo para uns

Entre os que estão convencidos do esgotamento do modelo taylorista-fordista, há fundamentalmente duas correntes, que postulam a emergência de modelos diferentes.

A primeira apresenta um modelo socioprodutivo próximo daquele da "especialização flexível", estabelecida por Piore e Sabel[25], em que surgem territórios, definidos por redes de aliança entre empresas complementares (pequenas e médias), que utilizam tecnologias sofisticadas e se beneficiam de relações sociais consensuais enraizadas em uma área geográfica e social próxima, a exemplo de certas regiões que têm uma verdadeira *success story* (como, particularmente, o "Vale do Silício", na Califórnia). Para Piore e Sabel, a produção em massa representou apenas uma das opções possíveis do desenvolvimento industrial, a escolhida por empreendedores norte-america-

---

23 F. Stankiewicz (Dir.), *Les stratégies d'entreprises face aux ressources humaines: l'après-taylorisme* (Paris, Economica, 1988) e P. Cohendet et al., *L'après-taylorisme, nouvelles formes de rationalisation dans l'entreprise en France et en Allemagne* (Paris, Economica, 1988).

24 R. Boyer e J.-P. Durand, *L'après-fordisme* (Paris, Syros, 1993).

25 M. J. Piore e C. F. Sabel, *Les chemins de la prospérité* (Paris, Hachette, 1989).

nos e europeus do século XX, enquanto uma outra, tendo mostrado seu valor na história, e sobrevivendo ainda em certas regiões da Itália e da França, constitui um modelo muito atual. Na França, por exemplo, Bernard Ganne interessa-se pelos sistemas industriais localizados, conceito que corresponde quase exatamente ao dos distritos[26].

Outros, mais influenciados pelo modelo japonês, identificam um modelo em que a organização taylorista e o fordismo da empresa dão lugar a uma organização flexível, atraída pela demanda e abrindo espaço para uma divisão de trabalho nitidamente qualificada, a exemplo da equipe norte-americana do MIT (1991), que difundiu o conceito de *lean production* [produção com pouca gordura], colocado em execução, segundo eles, pelas empresas japonesas do setor automobilístico, especialmente pela Toyota, e que define uma produção de qualidade e de variedade, realizada com o menor número possível de trabalhadores e de estoques, com base em uma grande cooperação entre os assalariados de diferentes níveis hierárquicos e de diferentes áreas. Benjamin Coriat[27] popularizou, na França, as teses de Ohno, engenheiro chefe das fábricas Toyota.

Apesar de esquemática, essa apresentação dos modelos alternativos, que têm em vista a hipótese do fim do modelo taylorista-fordista, evidencia as diferentes abordagens e os diferentes focos da análise. A corrente influenciada pelo conceito de especialização flexível, em que se juntam geógrafos, economistas e historiadores, tem interesse nas particularidades do território, sob o ângulo de suas tradições políticas, culturais e econômicas; tem interesse também nas relações sociais, como a solidariedade e a coesão internas, pois elas constituem a base sobre a qual se consolidam a complementaridade e a conexão em rede das pequenas e médias empresas. Os geógrafos e os historiadores têm pleno direito ao seu lugar nessa abordagem, que combina o encontro de olhares voltados para o território e convidam os economistas e os sociólogos a pensar com base no local e com uma perspectiva dinâmica em termos de um possível modelo.

Por sua vez, aqueles que se concentram nas transformações da grande empresa, símbolo de um fordismo em via de esgotamento, desenvolvem análises articuladas sobretudo em torno das grandes lógicas econômicas e de gerenciamento; somente se interessam pelas relações sociais na medida em que elas acompanham necessariamente uma evolução no sentido de uma maior cooperação e envolvimento dos atores com a empresa.

Em um plano mais "micro", manifestam-se aqueles que acreditam no fim da organização taylorista do trabalho.

---

[26] G. Benko e A. Lipietz (Dir.), *Les régions qui gagnent: districts et réseaux, les nouveaux paradigmes de la géographie économique* (Paris, Presses Universitaires de France, 1992).

[27] B. Coriat, *Penser à l'envers: travail et organisation dans l'entreprise japonaise* (Paris, Christian Bourgois, 1991).

O pós-taylorismo para outros

Certo número de pesquisadores franceses desenvolve a idéia de que a organização do trabalho está se transformando com a difusão de novas tecnologias auxiliadas por computador, com a descentralização nos setores de produção e nos cargos ligados ao controle de qualidade, à manutenção básica e à gestão de estoques e fluxos.

É impressionante constatar que a maior parte deles se inspira em pesquisas de campo efetuadas no âmbito das indústrias de processo contínuo. É nitidamente o caso de Zarifian[28], que se baseia muito no exemplo da siderurgia, assim como Terssac[29], que recorreu sobretudo ao exemplo da usina nuclear e da indústria petroquímica. Para Zarafian, os índices de autonomia e de responsabilidade técnico-econômica dos operadores são agora amplamente perceptíveis e, para Terssac, é a própria natureza do comando que muda, passando de uma prescrição das modalidades de realização para uma prescrição que define os objetivos a serem atingidos, o que ele analisa nos termos de uma autonomia crescente.

O trabalho pós-taylorista caracteriza-se como um trabalho mais abstrato, mais intelectual[30], com mais responsabilidade e autonomia[31]. Assemelha-se, assim, às análises de Coriat[32], que identifica várias figuras operárias, entre elas a do superoperário com espírito empresarial e de gerenciamento. Uma parte da literatura "pós-taylorista" apóia-se também em algumas experiências piloto realizadas nas indústrias de produção em série, principalmente na famosa experiência Isoar da Peugeot-Mulhouse, em que uma organização qualificada do trabalho foi instituída no âmbito de atitudes participativas, incluindo diretamente assalariados e representantes sindicais.

Para os mais céticos, um taylorismo que se adapta

Para outra corrente de pesquisadores, estamos assistindo a nada mais do que a adaptação à nova situação econômica e tecnológica de um taylorismo que não quer morrer. Fala-se, então, de "taylorismo auxiliado por computador"[33], de "taylorismo participativo"[34] ou ainda de "racionalização ou prescrição da subjetivida-

---

[28] P. Zarifian, "Vers une sociologie de l'organisation industrielle: un itinéraire de recherche; coopération, qualification, organisation en milieu professionnel", Université Paris X-Nanterre, 1992 (relatório de habilitação para orientar pesquisas).

[29] G. de Terssac, *Autonomie dans le travail* (Paris, Presses Universitaires de France, 1992).

[30] P. Veltz, "Informatisation des industries manufacturières et intellectuelles de la production", *Sociologie du Travail*, nº 1, 1993, p. 5-22.

[31] J.-L. Laville, "Participation des salariés et caractéristiques du travail productif", *Sociologie du Travail*, nº 1, 1993, p. 27-47.

[32] B. Coriat, *L'atelier et le robot: essai sur le fordisme et la production de masse à l'âge de l'électronique* (Paris, Christian Bourgois, 1990).

[33] M. Bartoli e F. Cochet, "L'automatisation dans les industries de l'habillement. Spécificités socio-économiques et contraintes techniques", Grenoble, 1988 (relatório para o Ministère de la Recherche).

[34] A. Hatchuel, "Taylorism in the Age of Variety: Production Management in the 1980's", no colóquio *La gestion des entreprises dans une perspective historique*, 1988.

de"[35]. Freyssenet[36] analisa, por exemplo, como as novas tarefas confiadas aos operadores de produção, que autorizam alguns a falar de reprofissionalização, submeteram-se preliminarmente a um processo de racionalização, chegando a um empobrecimento total de seu conteúdo. Assim, as novas responsabilidades de controle de qualidade e de manutenção do primeiro nível correspondem a atividades pouco qualificadas.

Portanto, dessa perspectiva, os princípios fundamentais da divisão de tarefas não são realmente colocados em questão, mas as condições de mobilização dos assalariados mudam em relação às novas obrigações, às novas responsabilidades que lhes são impostas. Pesquisas importantes foram conduzidas por Christophe Dejours[37] na área da psicopatologia, rebatizada atualmente com o nome de psicodinâmica do trabalho. Os conceitos de prazer e de sofrimento no trabalho ilustram as modalidades de adaptação dos assalariados às condições cada vez mais estressantes. Os filósofos também investem no campo do trabalho, com uma perspectiva não muito distante dessa e, em relação a isso, é possível citar os trabalhos da equipe coordenada por Yves Schwartz[38] em torno do conceito do "trabalho como uso de si para os outros e para si".

É com base nessas análises sobre a sofisticação do taylorismo, em vez de seu desaparecimento, que a maior parte dos pesquisadores questiona a idéia da emergência de novos modelos de produção. É o caso de Jean-Pierre Durand, que sustenta o contrário de Robert Boyer no livro que escreveram (em duas partes distintas)[39], para afirmar veementemente que o modelo fordista não foi realmente colocado em questão.

Posições divididas em um debate sobretudo confuso

Somos obrigados a constatar que esse debate, em suma extremamente apaixonante e no qual existe uma simetria internacional, caracteriza-se também pela confusão: ausência de real consenso no que diz respeito à definição do "antigo modelo" taylorista-fordista e, conseqüentemente, ausência de caracterização convincente de "novos" modelos. Na realidade, do que se fala quando se trata do modelo taylorista-fordista?

Essa questão pode parecer surpreendente, uma vez que por mais de vinte anos sociólogos do trabalho continuaram obstinadamente, dentro da tradição de George Friedmann, a enumerar e, muitas vezes, a denunciar formas e conteúdos de trabalho classificados sob o rótulo de taylorismo e, mais tarde, de empresa fordista. Não foi exatamente a análise do taylorismo aplicado o que reuniu os depoimentos, as pesquisas sobre qualificações, habilidades, defasagem entre trabalho prescrito e trabalho

35 J.-P. Durand e J. Durand, "La face cachée du monde japonais", *Les Cahiers d'Évry*, Université d'Évry, 1994.

36 M. Freyssenet, "Processus et formes sociales d'automatisation", *Sociologie du Travail*, nº 4, 1992, p. 469-96.

37 C. Dejours (Dir.), *Plaisir et souffrance dans le travail* (Paris, Centre National de la Recherche Scientifique, 1987), v. 1 e 2.

38 Y. Schwartz, *Expérience et connaissance du travail* (Paris, Éditions Sociales, 1988).

39 R. Boyer e J.-P. Durand, *L'après-fordisme*, cit.

real, relações profissionais, conflitos, sindicalismo, relação de trabalho e identidades profissionais, segmentação do mercado de trabalho etc.?

Sem dúvida, mas as análises não descreviam precisamente as múltiplas facetas e conteúdos do que, então, se chamava friamente de taylorismo, sendo esta apenas a denominação do "mundo", do universo em que as vidas no trabalho se manifestavam? Longe de caracterizar, de delimitar mais de perto sua essência, as múltiplas pesquisas mostravam, uma após a outra, todas as "variações", as diferenças, as versões que se apresentavam para a análise. Do passado, muito rico em pesquisas de campo e em esforços de problematização, em última análise, pode-se tirar o paradoxo de que é bem difícil definir o que constitui a essência do taylorismo, ou fordismo, porque se descobrem incessantemente múltiplas facetas e contradições internas.

Daí vem a dificuldade atual para se entender o que diferencia o taylorismo-fordista de um outro modelo, o que aumenta muito o interesse por um debate, antes de mais nada, apaixonante e estimulante.

Taylorismo e fordismo: definições imprecisas

Em que se basear para definir o taylorismo e o fordismo e, portanto, o modelo taylorista-fordista? Nos textos dos criadores, Taylor e Ford, bastante prolixos, para falar a verdade, e que deixaram obras importantes[40]? Sem falar da confusão ainda mantida entre os termos fordista (que se aplica à empresa organizada em torno da lógica imposta pela cadeia de produção) e fordismo (que remete seja à filosofia econômica e social de Henry Ford, tal como aparece em seus escritos e nos revelam os historiadores, seja ao modelo produzido pelos economistas da Escola Francesa da Regulação).

Quando apresenta o modelo japonês, Coriat[41] refere-se diretamente aos textos escritos por Ohno (engenheiro das fábricas Toyota), para deles deduzir a essência desse modelo. Mas será que essa abordagem permite dar conta da inserção do modelo teórico na realidade dispersa de múltiplas empresas japonesas? Sabemos muito bem a diferença que é preciso fazer entre princípios, entre uma filosofia da administração enunciada e o que os atores sociais fazem na prática. A defasagem constatada, já há muito tempo, entre o trabalho prescrito e o trabalho real[42], nas situações de trabalho taylorizadas, não evidencia diretamente o problema do que é o taylorismo? Se consiste no pensamento e nos princípios enunciados por Taylor ou nas diferentes aplicações contextualizadas desses princípios? Onde se encontra a essência do taylorismo?

---

[40] F. W. Taylor, *La direction scientifique des entreprises* (Paris, Dunod, 1957) [ed. bras.: *Princípios da administração científica*, trad. Arlindo Vieira Ramos, São Paulo, Atlas, 1989]; F. Vatin, *F. W. Taylor, Amar, Bélot, Lahy, Le Châtelier: organisation du travail et économie des entreprises* (Paris, Éditions d'Organisation, 1990); H. Ford, *Ma vie, mon oeuvre* (Paris, Payot, 1930); idem, *Propos d'hier et d'aujourd'hui* (Paris, Masson, 1992).

[41] B. Coriat, *Penser à l'envers*, cit.

[42] F. J. Roethlisberger e W. J. Dickson, *Management and the Worker* (Cambridge, Mass., Harvard University Press, 1929).

No que ele prescreve ou nas possibilidades que ele oferece de transgredir o que prescreveu? Poderíamos objetar que ela se encontra na articulação entre os dois? Mas se passarmos a prescrever o informal, que parece ser o caso de algumas formas de evolução, permaneceremos no universo taylorista ou sairemos dele?

Não é tão fácil definir o taylorismo ou o fordismo, pois a defasagem entre os postulados dos "inventores" e as aplicações é muito grande. O que predomina, então? O pensamento ou os fatos? Mas como analisar os fatos quando não se tem mais um quadro de referência? O que permite considerar que o nó górdio que se tenta identificar é ainda taylorismo ou fordismo, se não se consegue alcançar seu cerne?

Assim, se considerarmos que o modelo fordista é o que foi instituído na década de 1930 nos Estados Unidos, não poderemos correr o risco de não considerar a coexistência na mesma época de variantes, de versões diferentes. A empresa fordista, representada pelas fábricas Ford e caracterizada como um modelo rígido de produção em massa padronizada, com equipamentos muito especializados e com uma grande divisão de trabalho, na verdade teve sua supremacia rapidamente suplantada por outras empresas, principalmente pela General Motors, cujo diretor, Sloan, inventou uma forma de administração mais dirigida para a comercialização, mais em contato direto com o mercado. A idéia de um modelo puro, fácil de ser alcançado e definido, parece bem imprecisa.

Se considerarmos que a empresa taylorista-fordista é a que se impôs de maneira hegemônica nos países industriais do mundo ocidental pós-guerra, não nos faltarão sínteses de trabalhos que permitam evidenciar o denominador comum de aplicações nacionais tão diversificadas quanto as da Alemanha, da Grã-Bretanha, da França, dos países escandinavos etc.? E, ainda mais precisamente, o denominador comum entre as aplicações setoriais diversificadas em um mesmo país, entre as indústrias de processo contínuo, ou fluidas, e as indústrias de produção em série, entre o vestuário, a eletrônica e o automóvel e, mais além, em função do tamanho de cada um? Não temos o suporte conceitual indispensável para enfrentar as questões, legítimas, que se impõem com o aprofundamento da crise econômica e com a difusão de novos instrumentos baseados na informática, e que traduzem o sentimento geral de que as coisas estão mudando.

Não seria melhor, então, sair de um debate tão dividido e globalizante e se fixar na tarefa, mais modesta, de analisar as mudanças tais como se manifestam no interior das empresas, sem procurar sistematicamente estatuir o modelo que elas ilustram?

PARTE I

A QUESTÃO DA CENTRALIDADE DO TRABALHO NA FRANÇA

Esta parte é constituída por dois artigos que tratam da mesma questão, ou seja, o que representa o trabalho em nossa sociedade. Mas, por terem sido escritos em períodos diferentes, seguem abordagens diferentes.

O primeiro, "Para uma prospectiva do trabalho", situa-se ainda na perspectiva da contestação ao trabalho manifestada em maio de 68 e nos anos seguintes. Sabe-se que em maio de 68, na França, houve uma grande convulsão da qual, aliás, saíram leis suficientemente importantes para transformar a sociedade francesa, leis relativas à liberdade dos indivíduos e à sua autonomia (maioridade aos 18 anos, legislação do aborto, reformas da Educação Nacional etc.). Mas houve, sobretudo, críticas ao trabalho. "Não queremos perder nossa vida para ganhá-la", "Metrô, trabalho, sono, basta!"* são *slogans* que permanecem na cabeça de todos. A força, a violência e a radicalidade desse questionamento levou alguns a pensar que se assistia a uma verdadeira guinada histórica que conduziria a uma verdadeira crítica ao valor trabalho por categorias específicas de assalariados. Este artigo consiste, então, em uma análise sobre a relação ambivalente com o trabalho, mas principalmente sobre a homogeneidade social. Não há divergência, em nossa sociedade, em relação ao valor trabalho, mas há sobretudo uma manifestação, em contextos particulares, do mal-estar relacionado aos aspectos mais insuportáveis de uma relação profundamente ambivalente com o trabalho.

O segundo, "Trabalho: desconstruir, dizem", é uma tomada de posição dentro de um violento debate do fim da década de 1990, na França, em torno do fim do valor trabalho. O contexto é bem diferente: para uma certa corrente de pensamento, não se trata mais de afirmar que caminhamos em direção a uma segmentação da sociedade, mas sim que o trabalho perde, para todos, sua centralidade tanto objetiva quanto subjetiva: com a diminuição da quantidade de trabalho necessário, graças aos fantásticos ganhos de produtividade resultantes do uso de novas tecnologias cada vez mais

* É interessante observar que, em francês, o *slogan* "*Métro, boulot, dodo, ras-le-bol*" tem uma força dada pela capacidade de síntese do cotidiano e pela rima (todas as palavras oxítonas), impossíveis de serem reproduzidas em português. (N. T.)

competitivas, o trabalho perde sua importância. Além disso, o trabalho modernizado nem sempre consegue satisfazer às aspirações dos membros da sociedade, pois continua sendo um trabalho alienado. Conseqüentemente, há um verdadeiro questionamento da centralidade do trabalho que é preciso acompanhar. O artigo reproduzido, neste capítulo, procura analisar os pressupostos dessa corrente de pensamento e recolocar em perspectiva a mais-valia subjetiva e social que todo trabalho produz, quaisquer que sejam, aliás, as dolorosas obrigações que ele imponha.

1

PARA UMA PROSPECTIVA DO TRABALHO[1]

A compreensão da evolução de nossas sociedades reside, indiscutivelmente, na compreensão da importância que elas dão ao trabalho.

Há uns vinte anos, mas sobretudo desde maio de 1968, afirma-se em alto e bom som que algo radicalmente novo vem acontecendo no campo do trabalho.

A crítica "objetiva" ao trabalho (ilustrada por taxas de desemprego cada vez maiores) relança e aguça o debate aberto por aqueles que sustentavam que uma crítica ideológica ao trabalho estava em curso e que, com isso, era possível esperar grandes mudanças.

Desinteresse pelo trabalho e sociedade radicalmente dividida

A convicção de que surge e se generaliza uma nova relação com o trabalho[2], em certas camadas da população, esteve presente em inúmeras teses e discursos psicossociológicos da década de 1970. Essa convicção continua a ser o eixo principal das análises da década de 1980.

No entanto, é possível distinguir dois tempos, duas correntes nessa tentativa que poderíamos qualificar como "busca obstinada" de uma ou da nova relação com o trabalho.

O primeiro tempo, que corresponde *grosso modo* aos anos 1968-1975, poderia ser chamado de "tempo da recusa". A maior parte das análises desse período baseia-se em comportamentos bem reais, tais como greves violentas de trabalhadores, que muitas vezes escapavam do controle sindical, grandes índices de absenteísmo e de rotatividade.

---

1 Publicado anteriormente em *Sociologie du Travail*, nº 2, 1982.

2 Entende-se, aqui, por "relação com o trabalho", a orientação ideológica relativa ao trabalho (o lugar que ele ocupa no sistema de valores), mas também as atitudes e os comportamentos no mercado de trabalho, assim como no próprio local de trabalho.

Mas elas repetem sobretudo os *slogans* bradados nas manifestações de maio de 68 e limitam-se, na maior parte das vezes, a um simples esboço de teorização das palavras de ordem e das pichações diversas que cobriam os muros na época. Teorização no sentido de uma alergia ao trabalho pelos que acreditavam poder detectar uma transformação nos costumes; no sentido de uma recusa ou resistência ao trabalho por aqueles que, adicionando-lhe uma coloração política, queriam ver aí os indícios de uma contestação revolucionária.

Porém, o que unia a maior parte dos trabalhos psicossociológicos dessa época[3] era a convicção de que os jovens se diferenciavam das gerações passadas por meio de sua relação negativa com o trabalho; e que tinham confirmado fortemente essa diferença quando se impuseram no cenário sociopolítico de maio de 68. Para um grande número de "especialistas", maio de 68 significou, fundamentalmente, uma crítica radical ao trabalho. Portanto, o que nutriu esses trabalhos foi uma constatação vazia: a ética do trabalho, os valores do trabalho, ou seja, a moral do trabalho, a consciência profissional, haviam desaparecido entre os jovens; eles haviam cedido lugar. A quê? Nenhum desses trabalhos trazia uma resposta a essa questão primordial que a maior parte sequer levantava. O que parecia fascinar os atores desse período era fundamentalmente a dimensão negativa que constituía o desinteresse pelo trabalho, a inversão, por assim dizer, da relação com o trabalho tradicional, aquela em que se apoiavam os fundamentos de nossa sociedade. Falta de investimento, falta de envolvimento, distanciamento, indiferença ou mesmo rejeição, recusa: eis aí um grande número de expressões usadas, a partir de então, para caracterizar a nova relação dos jovens com o trabalho. Este teria se tornado apenas um simples meio de ganhar a vida e nada mais. O trabalho não seria mais um valor.

Os autores insistiam principalmente nesse aspecto porque, a seu ver, aí residia a mudança. Inclinados sobretudo a descobrir e a designar o que lhes parecia ser a mudança – ou seja, a destruição do valor trabalho entre os jovens, segundo eles –, não se perguntaram sobre o que poderia, em nossa sociedade, substituir o trabalho. Onde os jovens investiriam, com o que se envolveriam? O que substituiria esse tra-

---

3 A título de ilustração, é possível citar algumas obras de referência, assim como alguns trechos significativos:

A. Chassagne e G. Montracher, *La fin du travail* (Paris, Vivre Stock 2, 1978): "Aumenta cada vez mais o número dos que implicam com o trabalho, dos que querem até o seu desaparecimento. O trabalho se degradou tanto, que o lazer, mesmo em sua forma mais miserável, não tem a menor dificuldade em suplantar a atividade laboriosa como pólo principal de interesse na vida".

J. Rousselet, *L'allergie au travail* (Paris, Seuil, 1974): "A maior parte das pesquisas demonstra um desafeto pela própria atividade do trabalho, qualquer que seja a sua natureza. Não há negação nem revolta, simplesmente uma indiferença em relação às dores e às alegrias que, na fábrica, no campo ou no comércio, eram até então consideradas indispensáveis à dignidade e à plenitude dos indivíduos" (prefácio à 1ª edição).

D. Auffray, T. Baudoin e M. Collin, *Le travail et après* (Paris, Laboratoire de Sociologie de la Connaissance, 1978): "Essa luta revela bem as novas exigências sociais, uma possibilidade das necessidades até então reprimidas [...]. Mas quais são elas, além do não-trabalho, essa é a única verdadeira questão".

balho pelo qual eles haviam perdido o interesse ou recusavam violentamente? A essas questões apenas formuladas, a segunda corrente traria indiretamente elementos para resposta.

Na verdade, essa segunda corrente se desenvolveu com base em ensinamentos necessariamente extraídos da crise. A crise econômica, mas também, e sobretudo, a dos homens, por estarem desempregados. As ocupações das fábricas, a criação de cooperativas a partir de empresas patronais, enfraquecidas por assalariados determinados a salvar seu emprego, tornam-se os fatos marcantes da atualidade social dos anos de crise, a partir de 1975. A mobilização dos assalariados para salvar seu emprego substitui as greves selvagens e as reivindicações violentas dos anos de 1967 a 1969. A redução dos índices de rotatividade e de absenteísmo demonstram que as pessoas se agarravam aos seus trabalhos.

Torna-se impossível, então, não se dar conta do mal suscitado pelo medo do desemprego, mesmo entre os jovens. Medo que não se resume apenas à inquietação de não ter dinheiro. Os meios de comunicação de massa mostram o desamparo psicológico daqueles que, sem emprego, se comparam a leprosos. Publicam pesquisas, cada vez mais numerosas, que evidenciam a deterioração da vida diária dos desempregados e da qualidade de sua inserção social. Anunciam também o suicídio de desempregados, jovens ou velhos, homens ou mulheres. Todos esses fatos necessariamente modificaram o curso das teses anteriores sobre a alergia e a recusa ao trabalho. Não é mais possível afirmar peremptoriamente que o trabalho representa apenas um salário ou uma renda e que a nova geração dá mais importância a outras coisas. A obstinação com a qual a maior parte dos jovens (sejam secundaristas, alunos de escolas técnicas ou aprendizes[4]) tenta preparar seu futuro profissional impôs, de fato, uma revisão, uma reorientação das teses que correspondem ao que denominamos o tempo da recusa.

A evolução que se anuncia não é mais a de uma sociedade em que o trabalho se oblitera em benefício de outros valores. Ela se torna a evolução de uma sociedade em que se trabalhará de outra maneira, em que o trabalho se harmonizará com outros valores[5]. Passa-se, assim, da ênfase numa alergia ao trabalho entre os jovens à ênfase no desejo de trabalhar de outra maneira, não só entre os jovens, mas também entre as mulheres. Porém, encontramos poucas indicações sobre o que pode ser um trabalho diferente, assim como sobre o que pode ser uma outra distribuição entre o trabalho e as outras dimensões da vida cotidiana: trabalho menos estressante, mais convivial, alternativo, associativo, cooperativo, dualidade temporal, autonomia etc. Sobre tudo isso paira certa imprecisão, indiscutivelmente.

Assim, em um primeiro momento, predominou a convicção de que a jovem geração havia colocado nossa sociedade em questão, recusando exatamente a base em que ela se apoiava: o trabalho. Uma vez que aqueles que deveriam garantir a alternância e,

---

4 Ver, por exemplo, o artigo de M. Pialoux, "Jeunesse sans avenir et travail intérimaire", *Actes de la Recherche en Sciences Sociales*, nº 26, 1979.

5 A título representativo, citemos "o espírito" da revista *Autrement*.

portanto, a perenidade do sistema não queriam mais respeitar as regras do jogo, era inevitável que houvesse uma transformação considerável de nossa velha sociedade burguesa industrial. A médio prazo, enquanto se esperava a chegada dessa outra sociedade ainda não definida, uma parte da população viveria, de alguma maneira, em uma microssociedade, à margem ideológica e material da sociedade.

Em compensação, em um segundo momento, previu-se uma sociedade em que o trabalho corresponderia aos desejos de autonomia; em que o homem poderia, além dos interesses restritivos de produtivismo e de rentabilidade, desenvolver-se em seu trabalho, melhorando sua qualidade de vida fora do trabalho. A médio prazo, ilhas de trabalho mais convivial, "outros" empregos seriam instituídos para satisfazer as aspirações dos jovens.

Se, por um lado, a contribuição dessas duas correntes focadas na emergência de uma nova relação com o trabalho é relativamente medíocre no nível prospectivo, dada a imprecisão do conteúdo dos dois modelos de sociedade que delas decorrem, por outro talvez não seja neutra sua influência sobre a realidade socioeconômica, e menos ainda sobre as teorias político-econômicas que supostamente a explicam.

É como se houvesse uma inter-relação entre a evolução do discurso psicossociológico (tal como tentamos descrevê-lo), a evolução da realidade socioeconômica e das teorias econômico-políticas; inter-relação que não funcionaria necessariamente no sentido desejável, do ponto de vista científico em todo caso. Na verdade, parece que o discurso sociológico, amplamente retomado pelos meios de comunicação de massa, contribuiu para tornar socialmente aceitável, de certa maneira legitimou, um determinado número de práticas novas, que modificaram sensivelmente as características do mercado de trabalho. Essas características teorizadas por economistas e tecnocratas, por sua vez, confirmaram esse mesmo discurso sociológico, completando o círculo pelo lado inverso.

Na verdade, é impressionante constatar a coincidência, ou a convergência, das teses que dão ênfase ao desinteresse pelo trabalho entre os jovens, ao desenvolvimento de formas precárias de emprego e ao "êxito" da teoria da segmentação do mercado de trabalho. Sem dúvida, o aumento de empregos precários, sobretudo dos jovens e das mulheres, é antes de mais nada o resultado de uma estratégia patronal que visa à maior flexibilidade possível na gestão da mão-de-obra, transformada em uma questão crucial em períodos de "crise" econômica. Mas podemos pensar que o crescimento das formas precárias de emprego (provisório, contratos por tempo determinado, estágios, tempo parcial), que tornam caduca uma parte da proteção social dos trabalhadores, encontrou apoio no "ambiente ideológico" criado por todos esses discursos e análises sobre a emergência de uma nova relação com o trabalho. Se, de fato, considerarmos que a maior parte dos jovens tem somente uma relação instrumental com o trabalho, ou seja, que o vê apenas como um simples meio de ganhar a vida, e que, portanto, sua socialização se faz em outros lugares, não há mais motivo para se chocar com a ampliação desses empregos temporários no mercado de trabalho. Eles permitem a esses jovens integrar o trabalho em sua estratégia individual, intercalando períodos de atividade profissional e períodos de tempo livre. Trata-se de uma simples adequação entre uma oferta e uma demanda específicas de trabalho. Foi precisamente à formalização dessa situação que os economistas dualistas se dedicaram. Para os teóricos da segmentação do mercado de trabalho[6], essa dicotomia entre empregos estáveis e instáveis satisfaz às exigências do processo de trabalho e às estratégias dos empregadores, mas corresponde também a uma população não homogênea de trabalhadores. Os empregos instáveis, de fato, satisfazem às especificidades de um certo tipo de mão-de-obra; especificidades que inicialmente remetem aos processos de aprendizagem, mas que na teoria derivam rapidamente para os papéis sociais fora do trabalho, resultando numa relação com o trabalho caracterizada por um grau de envolvimento menor. Esses economistas definem, assim, uma população instável de trabalhadores, não só devido ao tipo de emprego que encontra e ocupa, mas também devido às suas características próprias. Eles se juntam, assim, às análises psicossociologizantes, que distinguem uma população por sua relação distanciada com o trabalho, alimentando-as e estimulando-as.

Podemos estabelecer essa mesma relação entre as análises psicossociológicas da segunda corrente e as teses da sociedade dual. Nesse segundo momento de busca obstinada por uma nova relação com o trabalho, a ênfase dada à emergência do desejo de uma parte da população de "trabalhar de outra maneira" está perfeitamente de acordo, em plena harmonia, com a idéia de uma sociedade dual. Em outras palavras, com a idéia de uma sociedade em que coexistiriam um setor considerado clássico (correspondente *grosso modo* à nossa sociedade atual, com um mercado de trabalho parecido com o nosso e agrupando trabalhadores relativamente bem remunerados – portanto, capazes de viver e de consumir de acordo com as normas atuais – em troca de um trabalho de alta produtividade e de grande mobilidade) e um setor desacelerado, ou convivial, ou protegido (adjetivos não faltam), em que os indivíduos poderiam se desenvolver em um trabalho mais autônomo, de menor duração e menos intenso, mas do qual devem esperar uma remuneração menor. Sem dúvida alguma, os discursos sobre a aspiração de alguns indivíduos a viver e trabalhar de outra maneira prepararam o terreno para essas teses provenientes, na maior parte das vezes, de instâncias tecnocráticas. Citemos o grupo de reflexões sobre o futuro do trabalho, presidido por Françoise Giroud[7]:

> Onde uns se indignam com o questionamento dos valores do trabalho e do consumo mercantil, outros se perguntam se, ao contrário, não convém estimular essas tendências presentes em setores não negligenciáveis da população em idade ativa e, especialmente, entre a juventude.

Seria tolerável que algumas categorias de jovens recusassem cada vez mais as obrigações do emprego assalariado, desde que aceitassem abster-se de consumos mercantis vistos habitualmente como a contrapartida da remuneração salarial.

---

6 Especialmente os trabalhos do norte-americano Michael Piore, que logo fez escola na França.

7 Preparação do 8º Plano, Documentation Française, 1980.

Assim, a tendência ao desinteresse pelo trabalho assalariado obrigatório, somada ao aparecimento de uma crítica à "sociedade de consumo", dá origem a uma "nova economia", da qual os poderes públicos poderiam se beneficiar se lhe dessem mais atenção.

Não se poderia sonhar com uma melhor utilização dos discursos sociológicos! Citamos abaixo ainda alguns trechos para nos convencermos disso:

> Recusando a disciplina do trabalho institucionalizado nas grandes organizações industriais ou serviços privados ou públicos [...] muitos são os que tentam, hoje, "criar" seu próprio emprego [...]. Paradoxalmente, talvez estejamos assistindo, hoje, menos à recusa do trabalho do que à sua reformulação.[8]

Tem-se, aqui, uma primeira idéia do impacto que podem ter os discursos e análises psicossociológicos "em voga" no fim da década de 1960 até o início da década de 1980. Ao buscar, sistematicamente, uma evolução da relação com o trabalho, ao localizar essa evolução – equivalente, para eles, a uma ruptura – em uma parte da população, eles participam de um grande movimento. De um grande movimento que leva à cisão, à segmentação; por meio deste, de fato, é a própria unidade da sociedade que está em questão e que se divide.

Efetivamente, esse movimento converge para duas idéias:

- A primeira é que as atitudes e aspirações fundamentais dos indivíduos reunidos em nossa sociedade não seriam mais homogêneas. Alguns estariam dissidindo sobre as normas que prevalecem principalmente em torno do eixo do trabalho e do consumo. Eis, então, a natureza do novo fenômeno do qual somos convidados a tomar consciência. Esses "dissidentes", na maior parte das vezes confundidos com "os jovens", não estão unidos por vínculos de classe, nem por uma afinidade de interesses objetivos, e tampouco por condições de vida semelhantes; o que os une está em suas aspirações. Aliás, são elas que os definem.
- A segunda idéia é que, diante dessa nova situação – uma dissidência sobre as aspirações e atitudes – a sociedade pode/deve adaptar-se à cisão, à segmentação.

Nesse caso, para nós, não se trata de denunciar os perigos que uma orientação como essa representa. Da divisão, da segmentação para o *apartheid* é só um passo, e nada garante que esse passo não será dado rapidamente. Em relação a isso, um exemplo instrutivo é o do trabalho precário, que nos mostra que, para um grande número de trabalhadores, a precariedade, a instabilidade não é uma opção, mas uma obrigação imposta[9]. Da mesma maneira, nada nos garante que um grande número de indivíduos não será obrigado a "crescer" num setor convivival em que a vida é mais rudimentar e não há garantias e proteção sociais. O perigo que se "roube" de toda uma parte da população ativa a proteção social, conquistada por importantes lutas da classe operária ao longo da história, não precisa ser demonstrado, pois é evidente.

---

[8] Ibidem.

[9] Cf. M. Pialoux, "Jeunesse sans avenir et travail intérimaire", cit.

Nós nos contentaremos, aqui, em discutir os dois postulados sobre os quais se baseia toda essa corrente:

- surgimento de uma nova relação com o trabalho e de novas aspirações entre alguns indivíduos (os jovens); e, conseqüentemente,
- a constatação do fim da homogeneidade das aspirações fundamentais dos membros da sociedade.

A relação com o trabalho: ambivalência individual e homogeneidade social

Para demonstrar em que esses dois postulados são, a meu ver, errôneos, é importante distinguir dois níveis na relação com o trabalho. Convencionaremos chamar o primeiro de "relação com o trabalho" e o segundo de "vivência no trabalho".

A "relação com o trabalho" remete à função que qualquer trabalho cumpre na sociedade atual, ou seja, o exercício de toda atividade remunerada, qualquer que seja ela. Esse nível coloca em relação, portanto, as características de nossa sociedade (sistemas de valores dominantes, estruturação do espaço e do tempo e, de modo mais geral, tudo o que resulta de seu funcionamento econômico e social), e o papel que o trabalho desempenha na vida das pessoas, independentemente de suas características intrínsecas. Não sendo a vivência no trabalho (como se verá posteriormente) o único determinante do lugar que o trabalho ocupa na vida de cada pessoa, no plano da análise esse lugar pode efetivamente estar dissociado da vivência no trabalho, embora à primeira vista isso pareça paradoxal.

Essa vivência, que distinguimos como o segundo nível, remete às atitudes, aos comportamentos no local de trabalho. Corresponde ao estabelecimento da relação entre as características intrínsecas da atividade exercida e as atitudes no trabalho em sua dimensão objetiva e psicossociológica.

A ambivalência no plano individual e a homogeneidade no plano coletivo parecem caracterizar a relação com o trabalho, assim como a vivência no trabalho. Para evidenciar esse fato, é indispensável distinguir esses dois níveis, na realidade, muito complementares.

A relação com o trabalho

No que diz respeito à relação com o trabalho, coloquemos de imediato a homogeneidade social, uma vez que o que se procura descrever, aqui, é precisamente um denominador comum. O que se deduz das pesquisas efetuadas a partir de entrevistas qualitativas[10] é que todos os trabalhadores, homens e mulheres, quaisquer que sejam suas categorias socioprofissionais, quaisquer que sejam as características intrínsecas de sua atividade, têm em comum uma relação ambivalente com o trabalho. Essa ambivalência compartilhada por todos, apesar de a intensidade de cada um dos dois termos, negativo e positivo, variar obviamente em função das condições objetivas

[10] Cf. D. Linhart, *L'appel de la sirène* (Paris, Le Sycomore, 1981).

dos indivíduos, lembra-nos (ao contrário das teses expostas na primeira parte deste capítulo) de que eles vivem exatamente na mesma sociedade, diante das mesmas obrigações sociais e dos mesmos grandes problemas humanos. Eles saíram exatamente da mesma matriz, apesar de suas múltiplas especificidades (origens de classe, particularidades regionais, idade, sexo).

A ambivalência que caracteriza a relação de todos com o trabalho pode ser resumida em duas frases:

- Não se pode viver sem trabalho: o trabalho dá sentido, valor ao tempo livre e à vida.
- O trabalho impede de viver, de aproveitar a vida; ele estraga a vida; não se tem tempo suficiente para viver.

Há cerca de quinze anos, a dimensão negativa dessa ambivalência, dessa contradição que rege a relação com o trabalho, tornou-se mais visível, mais manifesta para alguns, principalmente para os jovens operários. O fato de a expressão "chega!" estar sendo mais usada, sem dúvida merece por si só uma análise e, de certa maneira, pode ser considerado um sinal de evolução. Mas, só porque uma das duas dimensões que constituem a relação contraditória com o trabalho de repente se tornou mais visível, mais aparente para alguns, não se pode deduzir daí que ela seja nova e que represente a totalidade da relação com o trabalho.

Basta consultar algumas obras de história do trabalho[11] para se convencer de que o horror e o basta de trabalho não são especificamente contemporâneos. De qualquer maneira, no mundo operário, o desinteresse pelo trabalho e a reivindicação de tempo livre sempre estiveram associados aos assalariados. A virulência da expressão desse desinteresse variou de acordo com a época, em função principalmente da força do movimento operário, das tensões no mercado de trabalho e da intensidade do vínculo de dependência financeira em relação ao empregador. Esse vínculo, relativamente fraco enquanto o operário também era camponês e podia extrair da terra meios de subsistência para complementar seu salário, estreitou-se com o êxodo rural e a urbanização. Pode-se dizer que se enfraqueceu novamente com a ampliação do sistema de auxílios e garantias sociais (seguridade social e pagamento mensal de salário).

Pode-se pensar também que a dimensão positiva da relação com o trabalho (o trabalho é indispensável para dar um sentido ao tempo e à vida) foi confirmada com o "progresso", com o aprofundamento da sociedade industrial mercantil, que esvaziou a essência do modo de vida tradicional, do qual o indivíduo tirava seus valores.

De fato, em nossa sociedade, a vida sem trabalho angustia. Dá medo. Ao reunir os trabalhadores em um mesmo local de trabalho, a industrialização capitalista destruiu seu ambiente doméstico e familiar. A estruturação do tempo e do espaço ocorreu em função dos horários e dos locais de trabalho assalariado. Esse processo produziu um vazio em torno das grandes concentrações de trabalho. A ausência de uma gran-

---

[11] Ver especialmente os trabalhos de A. Cottereau e o livro de A. Faure e J. Rancière, *La parole ouvrière 1830-1851* (Paris, Union Générale d'Éditions, 1976).

de parte da população, durante o horário de trabalho, institucionalizou-se por meio da moradia (bairros dormitórios nas periferias, cidades operárias, casas populares, conjuntos habitacionais, entre outros) e da organização do lazer (a maioria dos espetáculos acontece após o horário de trabalho, ganhando ares de recompensa após o esforço; o "depois do trabalho" alterna-se com o trabalho). Nessas condições, não trabalhar, ou melhor, não exercer atividade em um local de trabalho, implica uma longa espera diurna, na maioria das vezes. Fica-se à espera de que as pessoas voltem do trabalho e que o mundo do lazer, ou simplesmente do tempo "livre", se anime.

A desocupação e a preocupação são o destino comum dos que não "trabalham" ou trabalham à noite e em turnos, ou seja, a contratempo:

> Aparentemente, você ganha mais tempo livre, mas, depois de um certo período, você percebe que esse tempo livre não serve para muita coisa, porque a cidade tem um ritmo. Então, se todo mundo trabalhasse 3 x 8, nos mesmos horários, à tarde todos estariam juntos. Mas, na realidade, ficamos sozinhos à tarde. [...] o tempo livre não serve para nada. E é aí que está o engano.[12]

Nesse contexto, o trabalho é o que permite, é o que organiza o encontro com o outro. Ele constitui uma ocupação. É um meio de lutar contra a monotonia da vida, de encher o vazio, de passar o tempo.

E mais, o trabalho é o grande ordenador do tempo. Ao impor sua própria duração, ele anula, apaga o tempo que o indivíduo dedica a si mesmo. Tempo durante o qual não se sabe o que fazer. O trabalho é, sobretudo, o tempo de trabalho obrigatório e regido por uma lógica, na maior parte das vezes, externa ao indivíduo. Um tempo durante o qual ele escapa do vazio e de si mesmo.

> A repetição dos gestos no trabalho amolda nosso corpo, fascina-nos e absorve-nos; não é verdade que a alienação do trabalho existe para evitar que nos perguntemos: E a morte? [...] A imobilidade atrapalha o homem, atrapalha a mim. Como se, ao encontrar-me comigo mesmo, eu apodrecesse.[13]

Ao quebrar a continuidade do tempo, o trabalho carrega-o de significado. Ele destila tempo livre por meio de rupturas e referências que ele introduz no tempo. O tempo livre não existe, ele só se manifesta por oposição, em contraste com o tempo obrigatório que caracteriza a atividade profissional.

> Para apreciar o tempo livre, é preciso ter o trabalho por trás. É um meio de ganhar a vida, mas é também um meio de separar as horas boas de lazer. O trabalho nunca é uma alegria, é preciso ter o contraste para distinguir os dois. Se a gente não trabalhasse, não poderia apreciar o tempo livre. O tempo é como o dinheiro, quando se tem muito não se aprecia. É principalmente por isso que o trabalho é importante. (operário P2*, 26 anos)[14]

---

[12] Adret, *Travailler deux heures par jour* (Paris, Seuil, 1977).

[13] C. Boyadjan, *La nuit des machines* (Paris, La France Sauvage, Presses d'Aujourd'hui, 1979).

* P2 é o operário qualificado de nível 2 em uma escala de 1 a 3. (N. T.)

[14] Trechos de entrevistas em D. Linhart, *L'appel de la sirène*, cit.

Não é tanto o próprio trabalho que atrai. É principalmente o vazio em torno do trabalho que repele. O vazio em uma sociedade concebida, moldada por e para o trabalho. O trabalho é, aqui, um meio. Qualquer que seja seu conteúdo, qualquer que seja sua finalidade própria, ele serve, antes de mais nada, para dar um sentido ao tempo, um sentido à vida, e condiciona a inserção social. Aí está, para a maioria das pessoas, a função essencial do trabalho. Se há evolução, sem dúvida ela reside nessa instrumentalização do trabalho: o trabalho é um meio de atingir objetivos externos ao próprio trabalho, à sua lógica e à sua própria finalidade.

Nesse sentido, realmente é possível falar de uma ética do trabalho. Na verdade, a dimensão moral, sagrada, redentora do trabalho não existe mais; não existe nem sequer sua dimensão ideológica: o sentimento de participar de uma grande obra coletiva, condição necessária para qualquer progresso social, é quase inexistente; ele não é, de maneira alguma, um elemento determinante da relação com o trabalho. Esta se caracteriza exatamente por sua dimensão instrumental: o trabalho cumpre uma função indispensável para todos; função puramente individual e externa à essência do próprio trabalho. Todo indivíduo tem necessidade do trabalho para si. De fato, não é fora do trabalho (na esfera do tempo livre, do lazer ou do consumo) que alguém pode encontrar maneiras de garantir sua tranqüilidade existencial ou sua estabilidade na sociedade. Não há necessidade de desenvolver, aqui, a maneira como funciona nossa sociedade, presa a trocas comerciais cada vez mais competitivas, constituídas por objetos e serviços cada vez mais sofisticados, que acabam substituindo o calor e a vitalidade das relações verdadeiras e diretas. A esfera fora do trabalho é organizada, em nossa sociedade, nos mesmos moldes da esfera do trabalho. Não é necessário demonstrar isso. A literatura evidenciou a pobreza do lazer nas sociedades industriais. Nelas, observou-se uma Organização Científica do Lazer (OCL) comparável à Organização Científica do Trabalho (OCT), caracterizada por uma especialização e uma fragmentação espacial: há lugares específicos para a diversão, para a instrução e para a descontração. A OCL caracteriza-se por uma busca permanente de eficácia social, que destrói qualquer espontaneidade, qualquer autenticidade. O consumo de objetos e de serviços também é guiado pela preocupação com a eficácia social[15]. É fundamentalmente por meio dos objetos possuídos e consumidos que os indivíduos se situam na hierarquia social, que ocupam um lugar no grupo de referência, que se comunicam com os outros; e, como os objetos significativos, os objetos que falam, somente têm valor quando comparados com aquilo que os outros possuem, são todos levados a uma busca incessante de objetos cada vez mais gratificantes. Busca que traduz a frustração de cada um e conduz a uma inflação sem fim de produtos caros e cada vez mais volumosos.

Na esfera fora do trabalho, cada um é submetido também a uma lógica externa, à de um código social particularmente coercitivo, que pode gerar uma sensação de espoliação de si mesmo, um sentimento de carência.

---

[15] Cf. as análises de P. d'Iribarne, principalmente *La politique du bonheur* (Paris, Seuil, 1973) e *Le gaspillage et le désir* (Paris, Fayard, 1975).

Devido à organização concreta da sociedade (estruturação do tempo e do espaço), o indivíduo é direcionado para o trabalho. O vazio ideológico que caracteriza a esfera fora do trabalho não tem como bloquear um processo como esse, pois não se sabe como o indivíduo poderia satisfazer aspirações profundas nessa esfera. Também não se sabe como poderia encontrar nela um meio de responder às perguntas fundamentais inerentes à existência humana.

Talvez até se possa afirmar, paradoxalmente, que a força de atração para o trabalho poupa menos gente do que antes. Em outras palavras, ela pesa mais do que nunca sobre todos, uma vez que os papéis sociais, diferentemente dos profissionais, perdem cada vez mais conteúdo e substância à medida que a sociedade mercantil cresce de maneira hegemônica, varrendo os últimos bastiões de funcionamento social autônomo. Na verdade, pode-se imaginar que as mulheres se encontram atualmente "sugadas" pelo trabalho, uma vez que se valoriza cada vez menos o papel de mãe e de dona de casa, não sendo mais esses papéis suficientes para preencher uma vida. Nesse sentido, mais do que nunca, é possível falar de uma relação socialmente homogênea com o trabalho, pois todos se situam em um feixe de obrigações que lhes torna o trabalho indispensável.

Se é homogênea socialmente em sua dimensão positiva, a relação com o trabalho também o é em sua dimensão negativa, mesmo que, sem dúvida, seja preciso introduzir mais matizes aqui.

Essa dimensão negativa representa exatamente a fotografia invertida da dimensão positiva, reproduzindo em negativo os mesmo aspectos, os mesmos elementos. Todo indivíduo é, de fato, "atraído" pelo trabalho pelos mesmos motivos que o fazem tentar fugir dele. Todos têm necessidade do trabalho pelos mesmos motivos que os fazem criticá-lo: todos valorizam o trabalho porque ele permite que se ocupem, passem o tempo, e o denigrem porque ele devora seu tempo, não lhes deixa suficiente tempo livre. Todos apreciam o trabalho porque ele dá um significado ao tempo livre, mas o recriminam por cansá-los e, assim, impedi-los de aproveitar esse tempo. Todos vêem no trabalho um meio de ocupar seus pensamentos, mas o condenam porque ele conduz pouco a pouco ao embrutecimento. Todos afirmam que não podem viver sem trabalho porque ele constitui o único lugar de encontro com o outro, mas todos o recriminam por cortar aquilo que é mais importante para eles, reduzindo sua família, sua vida afetiva à mínima parte. Conceber a vida sem trabalho é difícil, pois o trabalho dá sentido a ela, mas a vida é sem graça e monótona porque o trabalho absorve muito e não deixa espaço para outras atividades.

É o aspecto hegemônico do trabalho que explica a dimensão negativa da relação com ele. (Nesse nível da análise em que não intervém, lembremos, a vivência no trabalho, que é determinada pelo conteúdo e pelas condições que definem a atividade profissional.)

Trabalho hegemônico, pois não se escolhe a duração de seu trabalho nem os períodos de sua vida em que não quer trabalhar. Impossível de ser adaptado aos casos particulares, o trabalho como tempo obrigatório impõe-se de forma totalmente tirânica: é pegar ou largar. E como, na maior parte das vezes, não se pode viver sem ele em uma sociedade inteiramente concebida por e para o trabalho, é preciso acomodar-se, adaptar-se a ele. Para ocupar seu tempo, para ocupar sua vida, é preciso aceitar ser tiranicamente espoliado.

Daí o desejo de um tempo livre, que vem como complemento da necessidade de trabalhar. A hegemonia tirânica de um trabalho sem o qual não se pode viver é o âmago da contradição que rege a relação com o trabalho, e que todos têm de enfrentar de uma maneira estritamente individual. De fato, a partir desse momento, em nossa sociedade, é individualmente que cada um sente a necessidade de trabalho, assim como é individualmente que se sente a falta de tempo livre.

A vivência no trabalho

Abordaremos, aqui, as atitudes no trabalho. Nesse nível de análise, entram em jogo as condições e o conteúdo da atividade profissional; logicamente, isso deveria nos levar a abandonar o campo da homogeneidade social em benefício de uma tipologia que discrimine as atitudes, portanto a vivência, em função de inúmeros parâmetros que caracterizam a atividade (setor, ocupação, classificação etc.) assim como a pessoa que a exerce (qualificação, idade, sexo, origem sociocultural etc.).

Ora, parece-nos importante, ainda aqui, buscar evidenciar o que, mesmo nesse nível, continua no campo da homogeneidade social. O fato de haver uma enorme diferença entre a vivência de um operário especializado na cadeia de produção e de, por exemplo, um cirurgião ou de um alto executivo de uma importante multinacional é evidente por si só; no entanto, seria falso pensar que eles são totalmente incomparáveis. De fato, seria falso pensar que o operário especializado caracteriza-se unilateralmente por sua exterioridade, pela ausência total de envolvimento com sua tarefa, o que o situaria no extremo oposto do cirurgião e do alto executivo. Ao contrário de toda uma corrente da literatura sociológica[16], que insiste em descrever os operários especializados como seres totalmente desumanizados, como simples instrumentos de um processo de produção, parece-nos importante restituir à vivência operária e, de modo mais geral, à vivência de qualquer trabalho não-qualificado, toda a sua complexidade e, conseqüentemente, toda a sua riqueza.

Se o objetivo buscado por Taylor, por meio da organização científica do trabalho, era de efetivamente controlar um sistema que funciona sem envolvimento intelectual nem afetivo por parte dos operários que contribuem para a produção, de modo que jamais dependa de sua boa ou má vontade, a experiência encarregou-se de mostrar que esse objetivo nunca foi atingido e não condiz com a realidade. Na verdade, em seu funcionamento real, toda produção requer uma porção (por menor que seja) de criatividade e de iniciativa por parte de quem a executa. Essa criatividade, essa iniciativa, sem as quais o sistema não pode funcionar, tomam a forma de "truques", "manhas", "habilidade", paliativos, ferramentas "adaptadas" etc., que não são reconhecidos

[16] Cf., por exemplo, as teses de A. Gorz, *Adieux au prolétariat* (Paris, Galilée, 1980), e ainda as de J.-P. de Gaudemar, *La mobilisation générale* (Paris, Éditions du Champ Urbain, 1979).

oficialmente nem levados em conta na qualificação. O que se pode considerar simplesmente uma prova da irredutível inadequação entre a definição teórica de um posto de trabalho, por menos qualificado que seja, e a atividade real que corresponde a esse posto.

Na realidade, os assalariados menos qualificados (do setor terciário, assim como do secundário) desenvolvem, quase sempre, uma atividade sensivelmente diferente daquela explicitamente requerida de acordo com as normas da organização; uma atividade mais bem adaptada às exigências de seu trabalho e que comprova um certo grau de envolvimento de sua parte.

Há motivos para se perguntar sobre essa atitude. Na verdade, ao garantir um melhor funcionamento do sistema, esses assalariados não-qualificados tornam-se, de certa maneira, cúmplices desse sistema que precisamente os nega e os oprime. Ainda mais porque isso gera uma carga de trabalho suplementar e, portanto, mais cansaço[17]. Às vezes, as razões são evidentes. Sobretudo quando há um ganho imediatamente perceptível que se tira dessa situação (um prêmio no caso de salário por produtividade, uma maior rapidez no exercício da tarefa e, conseqüentemente, a possibilidade de interromper o ritmo de trabalho, de fazer uma pausa para respirar, fumar um cigarro tranqüilamente ou conversar com os colegas), ou mesmo um benefício menos visível, tal como não ter a chefia "nas costas", ou ainda o de reforçar a segurança em um lugar perigoso. Mas na maioria das vezes essa atitude de envolvimento, aparentemente cúmplice da opressão, representa apenas uma forma de adaptação menos traumatizante ao trabalho; a melhor defesa contra a negação de si mesmo representada por um universo de trabalho concebido para desumanizar. Para sobreviver, é preciso ultrapassar o horizonte limitado da norma que decompõe a atividade em inúmeras intervenções desconectadas, que mascara o significado e o peso do trabalho. Permanecer distanciado da atividade que ocupa a maior parte do tempo em que se está acordado, ou seja, conformar-se estritamente à norma, à prescrição, por mais irracional e disfuncional que ela seja, não é suportável. É espoliar-se, por disciplina, de seu tempo e de si mesmo.

Ao utilizar da melhor maneira possível a pouca autonomia de que dispõem, e que corresponde às falhas, às imperfeições do sistema, esses assalariados tentam restituir uma lógica, uma eficácia e uma qualidade à sua intervenção no processo de trabalho. De certo modo, eles criam interstícios em que residem sua especificidade de ser humano e sua liberdade.

Esse envolvimento mínimo sempre presente, mesmo entre os assalariados encarregados das tarefas consideradas menos qualificadas e mais rotineiras, coloca em questão a noção unilateral de exterioridade e de desinteresse. No entanto, não podemos esquecer que ela coexiste entre esses mesmos assalariados nas atitudes de rejeição e de negação das condições e do conteúdo de trabalho impostos a eles. Essa fuga, que se manifesta sobretudo pelo absenteísmo, significa uma revolta contra um sistema em

---

[17] Cf. H. Desbrousses e B. Peloille, *Pratique et connaissances ouvrières dans l'industrie capitaliste* (Lyon, Centre de Sociologie Historique, 1975).

que tudo é concebido para negar o indivíduo em sua inteligência e seu afeto. Uma recusa à repressão institucionalizada de sua especificidade.

É para encontrar e confirmar sua especificidade (dentro de limites evidentes) que cada indivíduo se envolve clandestinamente em sua atividade; mas é também para preservar essa especificidade que cada qual recusa e foge diversas vezes de seu universo de trabalho, expressando sua necessidade de escapar do trabalho, ou seu desejo de viver outra coisa por algum tempo.

É exatamente assim que se deve abordar a questão do absenteísmo. Este é muitas vezes a expressão da impossibilidade repentina de suportar a obrigatoriedade de um trabalho que, ainda que haja um mínimo de envolvimento, não deixa de ser uma fonte contínua de frustração. Na verdade, dizer que a quase totalidade dos assalariados, mesmo os que têm o menor grau de qualificação, chega a se envolver minimamente com seu trabalho, para torná-lo menos insuportável, não significa de modo algum que eles estejam satisfeitos. De tempos em tempos, a necessidade de escapar do contexto de opressão institucional que o trabalho representa torna-se imperativa – é o famoso "basta!" dos operários especializados da indústria, mas também dos escritórios – e eles se abstêm. O absenteísmo traduz, então, a necessidade de fugir por um tempo do que, de repente, se tornou insuportável. Mas o absenteísmo pode, e aí está sua outra face, responder ao desejo de desfrutar um pouco da vida, por exemplo: tirar oito dias para curtir tranqüilamente sua parceira ou apenas desfrutar um pouco da sociedade do lazer.

Esse absenteísmo com duas faces se caracteriza por dois aspectos importantes: pode ser interpretado como uma gestão autônoma do tempo – em limites evidentemente bem restritos. Uma gestão autônoma, individual e, além disso, clandestina, pois é preciso justificar a necessidade de fuga do trabalho, ou o desejo de viver outra coisa, fornecendo um atestado médico. Essa minúscula gestão autônoma e clandestina do tempo é da mesma natureza que a atitude de envolvimento individual que aproveita ao máximo as migalhas de autonomia deixadas pelas imperfeições do sistema. E ela tem a mesma função de modo individual de adaptação.

Pode-se, assim, considerar que o absenteísmo é a compensação do envolvimento que, na maior parte das vezes, leva os assalariados a fazerem mais do que é estrita e oficialmente exigido pela organização. Compensação e contrapartida legítimas, pois é quase impossível detectar o menor sentimento de culpa ou de logro entre aqueles que praticam o absenteísmo[18]. O que domina é o sentimento de estar em seu pleno direito. E, nesse sentido, não poderíamos dizer que a moral do trabalho acabou. Ela evoluiu, sem dúvida, pois a fronteira entre o que é decente e indecente, honesto e desonesto, nitidamente se deslocou, já que o campo do decente engloba necessidades muito maiores; mas nem por isso essa moral deixou de existir.

Quase todos aqueles condenados a um trabalho não-qualificado se caracterizam, assim, por uma vivência ambivalente (envolvimento–fuga). O envolvimento e a fuga

[18] Trechos de entrevistas em D. Linhart, "Les fondements moraux de l'absentéisme", em *L'appel de la sirène*, cit.

representam uma tentativa individual de resolver o conflito que vivem cotidianamente e que, para eles, traduz a relação do homem com seu trabalho.

Essa ambivalência da vivência dos trabalhadores, mesmo a dos menos qualificados, leva a uma constatação: embora haja evidentes e importantes gradações entre a vivência dos indivíduos designados para trabalhos não-qualificados, sem interesse, e a de indivíduos que se dedicam a atividades profissionais gratificantes, que permitem seu desenvolvimento, não existe uma ruptura: considerando um mínimo que representaria o primeiro escalão, e que define o campo da homogeneidade social, é possível raciocinar em termos de escala.

Não há individualmente, em nossa sociedade (sob pena de ociosidade, de angústia e de dificuldade para estruturar sua vida), outras opções a não ser a de trabalhar. É por isso que cada um, qualquer que seja o tipo de emprego a que aspire, sente necessidade de trabalhar.

Para tornar o trabalho suportável, qualquer que seja o trabalho, mesmo o mais repugnante, não há individualmente outra possibilidade a não ser a de se envolver. É por isso que se encontra, em cada indivíduo, um grau mínimo de envolvimento.

É precisamente esse grau mínimo de envolvimento que faz o sistema funcionar, tanto o sistema produtivo como o sistema social, mantendo a necessidade de trabalhar, permitindo que esta continue a existir como necessidade.

Para alguns (que estão longe de constituir a maioria), o envolvimento pode ser total; a necessidade social de trabalho alia-se, então, ao sentimento de realização pessoal, torna-se fonte de satisfação. Esses são os privilegiados da nossa sociedade; duplamente, aliás, porque em geral a qualidade de seu tempo livre é incomparavelmente superior à dos outros. O que explica o fato de eles também poderem reivindicar, ou simplesmente desejar, mais tempo livre e, de certo modo, de se situarem na ambivalência, mas numa ambivalência que oscila entre dois pólos atrativos e gratificantes.

Para todos os outros, que representam a maioria esmagadora, o mundo do trabalho e o mundo do tempo livre, com seus pilares lazer e consumo, constituem dois pólos atrativos, mas igualmente repulsivos, entre os quais eles se dividem numa busca incessante de identidade e de inserção social. Os dois são indispensáveis para viver, mas também são fontes de decepção e de frustração.

Embora não sejam satisfeitas da mesma maneira, as necessidades e as aspirações em nossa sociedade são as mesmas para todos. Elas são socialmente homogêneas. Parece-nos que aí está um eixo de análise que deveria acompanhar qualquer reflexão prospectiva do trabalho.

2

TRABALHO: DESCONSTRUIR, DIZEM[1]

O momento é de debate sobre o futuro do trabalho. Diversas obras[2] recentemente publicadas convergem para a idéia de que, a partir de agora, no início do século XXI, o trabalho não ocupa mais o mesmo lugar na sociedade. Depois de se apossar, de maneira totalmente hegemônica, durante mais de dois séculos, do funcionamento de nossa sociedade, e longe de ter cumprido suas promessas, pela primeira vez o trabalho está em condições de ser relativizado, graças aos progressos tecnológicos que, ao permitirem enormes economias de mão-de-obra, estão na origem de um índice de desemprego cada vez maior. A fim de não faltar a esse encontro, de evitar que a sociedade se esfacele diante do aumento da exclusão e de descobrir, enfim, outros acessos ao desenvolvimento, à realização pessoal, de todos os indivíduos que a constituem, convém preparar a sociedade para essa guinada: é preciso "reencantar" outros valores, outras dimensões da socialização e do vínculo social, reconstruir longe da racionalidade econômica, abandonar a influência nefasta que ela exerceu sobre nossa sociedade.

Tomemos, por exemplo, os livros de Dominique Méda e de Bernard Perret. A semelhança é impressionante. Eles adotam um mesmo caminho, que consiste, em primeiro lugar, em desenvolver a idéia de que o trabalho no sentido em que costumamos entendê-lo, ou seja, o trabalho econômico, é uma contingência: longe de ser uma constante, ele acompanha alguns tipos de sociedade, alguns períodos históricos;

---

[1] Publicado anteriormente em *Sociologie du Travail*, nº 2, 1997.

[2] Principalmente D. Méda, *Le travail, une valeur en voie de disparition* (Paris, Aubier, 1995); assim como B. Perret, *L'avenir du travail: les démocraties face au chômage* (Paris, Seuil, 1995); de certa maneira, também, J. Rifkin, *Technology, jobs and your future, the end of work: the decline of the global labor force and the dawn of the post-market era* (Nova York, G. P. Putman's Sons, 1996); e a Commission Boissonnat, *Le travail dans vingt ans* (Paris, Odile Jacob, 1994). Eles sucedem à obra de A. Gorz, *Métamorphoses du travail: quête de sens, critique de la raison économique* (Paris, Galilée, 1988, col. Débats).

que consiste, em seguida, em fazer um inventário do que o trabalho trouxe no que diz respeito às esperanças depositadas nele. Para esses dois autores, a questão foi entendida: a emancipação, a qualidade do vínculo social, assim como a realização pessoal não devem mais ser esperadas do trabalho; aliás, desde então, estabeleceram-se as disputas, principalmente do ponto de vista político. Ambos buscam filiação em André Gorz[3], que elaborou uma crítica sistemática à racionalidade econômica que alterou de maneira irreversível a natureza do trabalho.

Assim, constitui-se uma corrente que participa do debate sobre o futuro do trabalho[4].

Quem não se deixaria conduzir por um caminho como esse e não advogaria por uma desalienação do homem, por uma minimização da sociedade mercantil e pelo desenvolvimento de novas atividades que fariam mais justiça às aspirações legítimas do homem? Quem não aplaudiria, com entusiasmo, uma política de divisão do trabalho que permitisse que uns trabalhassem menos, consagrassem menos tempo às atividades submetidas ao *ditado* capitalista, e que outros encontrassem um emprego e ganhassem a vida?

No entanto, é indispensável uma avaliação dessas opiniões que postulam que, da perspectiva do trabalho "econômico", a batalha está definitivamente perdida, que o lugar objetivo e simbólico do trabalho desde já se torna menos nítido. Uma avaliação tanto no plano científico – essas opções levam em conta as conquistas sociológicas, será que não tratam algumas com desprezo? – quanto no plano mais político que elas propõem – as orientações preconizadas caminham em um sentido que fortalece o enraizamento dos indivíduos em sua sociedade?

Para a análise das obras dessa corrente e de seus pressupostos, vou me basear, antes de mais nada, na sociologia (essa disciplina muito criticada por Gorz[5], mesmo que o seja menos que a economia, em que se concentram as críticas feitas por esses autores) e, sobretudo, na sociologia do trabalho.

O trabalho como fenômeno contingente e ambivalente

Devemos considerar que uma contribuição interessante dada por essa corrente é a de lembrar e avançar o fato incontestável de que o trabalho "econômico" é uma invenção recente, que se pode datar com precisão, uma vez que é concomitante com o advento do capitalismo e da Revolução Francesa. Libertando os homens das

---

[3] *Métamorphoses du travail*, cit.

[4] D. Méda e B. Perret contribuíram, fundamentalmente, para as reflexões da Comissão Boissonnat, do Commissariat Général du Plan [uma espécie de Secretaria do Planejamento (N. T.)].

[5] "Porque partem do funcionamento do sistema social, os sociólogos e os economistas conseguem apreender somente a funcionalidade das atividades individuais, e não o sentido que elas adquirem para os indivíduos-sujeitos. Eles colocam inevitavelmente – e isso é próprio do pensamento instrumental – o sistema como sujeito e os sujeitos vivos e pensantes como os instrumentos de que ele se serve" (A. Gorz, *Métamorphoses du travail*, cit., p. 170).

dependências ligadas a seu *status*, a Revolução liberta também forças de trabalho suscetíveis de serem compradas. Escreve D. Méda:

> Tudo se passa como se o trabalho tivesse se tornado a razão da nova sociedade; ele é, ao mesmo tempo, terrivelmente concreto (sua essência é o cansaço, o esforço, o sofrimento, e é por esse preço que se compra a participação na vida social) e eminentemente abstrato (o trabalho é o instrumento de comparabilidade de todas as coisas). O trabalho é precisamente a nova relação social que estrutura a sociedade.[6]

A. Gorz já havia salientado com veemência essa dimensão ambivalente e contraditória do trabalho moderno: porque se situa na lógica mercantil, que transforma todas as atividades em atividades heteronômicas, evitando o livre-arbítrio do indivíduo, todo trabalho é necessariamente um trabalho alienado, mas, uma vez que ele

> é regido por regras e relações universais que libertam o indivíduo dos laços de dependência particulares e o definem como indivíduo universal, ou seja, como cidadão, possui uma dimensão emancipadora. O trabalho é socialmente reconhecido como *trabalho em geral* que tem uma *utilidade social geral* [...] O caráter emancipador do trabalho no sentido econômico vem daí.[7]

B. Perret insiste na importância particularmente grande que essa dimensão emancipadora do trabalho tomou na França em relação ao acesso à cidadania. Mais profundamente que outras, a sociedade francesa se vê como "uma sociedade em que o acesso a um emprego assalariado é mais ou menos entendido como uma condição de exercício efetivo da cidadania" e posteriormente: "o rápido e contínuo desenvolvimento do trabalho feminino ilustra o papel desempenhado pelo emprego assalariado no processo de emancipação coletiva"[8]. O relatório da Comissão Boissonnat retomou essa constatação da singularidade francesa na matéria, enfatizando uma ligação dos franceses a seu trabalho maior do que a existente em muitos outros países europeus.

Além disso, o trabalho é também um importante meio de socialização, mesmo que a qualidade dessa socialização seja colocada em questão. Assim, B. Perret admite:

> O trabalho não se contenta em outorgar uma legitimidade objetiva à autonomia do indivíduo na esfera monetária, dando assim um caráter concreto à sua liberdade formal de cidadão, contribui também para a qualidade de sua participação efetiva na vida social. Como experiência cotidiana feita de interações sociais fortemente estruturadas, é um vetor insubstituível de aprendizado e de interiorização de códigos sociais. Além disso, permite que o indivíduo se aproprie até mesmo de uma visão parcial do bem comum.[9]

A. Gorz e D. Méda são mais radicais no questionamento e na minimização do vínculo social "oferecido" pelo trabalho. D. Méda preconiza:

---

6 *Le travail, une valeur en voie de disparition*, cit., p. 73.

7 *Métamorphoses du travail*, cit., p. 253-4.

8 *L'avenir du travail*, cit., p. 94 e 100, respectivamente.

9 Ibidem, p. 215.

> Deveríamos parar de denominar trabalho esse "não sei o quê", que se supõe ser nossa essência, e nos perguntar muito mais com que outro meio poderíamos permitir aos indivíduos o acesso à sociabilidade, à utilidade social, à integração, a todas as coisas que o trabalho pôde e, sem dúvida, ainda poderá dar, mas certamente não mais de maneira exclusiva. O problema não é dar a forma trabalho a atividades cada vez mais numerosas mas, ao contrário, reduzir a influência do trabalho para permitir que se desenvolvam lógicas radicalmente diferentes, fontes de autonomia e de verdadeira cooperação.[10]

Portanto, sobre essa questão do papel histórico do trabalho, as análises apresentam *nuances*. Ele é, ao mesmo tempo, produto de um grande movimento histórico de libertação e de emancipação, assim como de um movimento econômico de alteração da natureza e de alienação. Conseqüentemente, embora o trabalho preencha um papel importante no processo de socialização e na constituição do vínculo social, este não pode ser satisfatório.

A ênfase dada ao papel do trabalho na relação de cada indivíduo com a sociedade explica que a maior parte desses autores seja contra a noção de renda mínima de existência, desconectada do trabalho, que não se baseie em reciprocidade entre o que os indivíduos dão e recebem em contrapartida. O trabalho tem, para eles, essa função emancipadora fundamental. Por isso insistem na necessidade de compartilhar do trabalho.

Mas outra tendência lhes é comum: visualizar o trabalho somente com o filtro da razão econômica que pretende reger tudo, da lógica da troca mercantil que impõe seu *ditado*. O que tem como conseqüência colocar o projetor sobretudo nos aspectos negativos do trabalho: a alteração da natureza da socialização assim como a do próprio ato produtivo, que não pode ser um meio de realização e de desenvolvimento, de satisfação pessoal ou coletiva.

Portanto, há três estágios no pensamento que se propaga nessas obras sobre o trabalho: o trabalho como acesso à cidadania, como meio de socialização e como obra.

A razão econômica contra a sociedade e o trabalho

O rapto do trabalho pela lógica mercantil, pela racionalização econômica, pelo capitalismo explica a dimensão trágica do trabalho que esses livros desenvolvem em uníssono. Daí resulta um ataque sistemático contra a ciência econômica.

O trabalho: uma medida de troca

Ao encontrar no trabalho uma referência, a economia pôde conceber a lógica da troca mercantil e dela fazer o fundamento do vínculo social. Méda dedica grandes passagens ao papel de Smith, e dos economistas em geral, na produção da sociedade moderna e, portanto, na invenção do trabalho econômico. "Smith introduz uma nova definição do trabalho: ele aparece como um instrumento de cálculo e de medi-

---

10 *Le travail, une valeur en voie de disparition*, cit., p. 300.

da, que tem por finalidade essencial servir de base para a troca", e ainda: "Os economistas inventaram e unificaram o termo trabalho, ou seja, englobaram em uma mesma categoria atividades que eram, até então, vividas como fatigantes, mas eram percebidas e classificadas em registros muito diferentes."[11]

Ao "atacar" o trabalho, a economia atacou a sociedade em seu conjunto e o homem. Examinemos o que diz A. Gorz:

> Para tornar calculável o custo do trabalho, seria preciso também tornar calculável seu rendimento, tratá-lo como uma grandeza material quantificável. Isso implicaria que o trabalhador somente entrasse no processo de produção privado de sua personalidade e de sua particularidade, de seus objetivos e de seus próprios desejos como simples força de trabalho, intercambiável e comparável a qualquer outro trabalhador, servindo a objetivos que lhes são estranhos e, além disso, indiferentes.

E um pouco depois:

> A racionalização econômica do trabalho foi uma revolução, uma subversão do modo de vida, dos valores, das relações sociais e da natureza, a invenção, no sentido pleno da palavra, de algo que jamais existira.[12]

A economia tomou conta da sociedade, desqualificou a política. A racionalidade econômica não suporta compromisso, ela se apresenta como objetiva. Ela se isola. Nossa sociedade e os indivíduos que a constituem, dizem esses autores, estão atados a essa lógica que subverte os sentidos, priva todos de sua autonomia, cria necessidades artificiais devido às necessidades do mercado. Qual pode ser, então, a qualidade da socialização permitida pelo trabalho, uma vez que a própria qualidade do vínculo social é atacada em nossa sociedade pelo viés do trabalho? "Estamos totalmente entregues à economia: imaginamos a vida social apenas sob a forma de troca e a expressão pessoal somente sob a forma de produção", declara D. Méda[13].

Sem dúvida, o trabalho faz o indivíduo ter acesso a uma certa emancipação dos laços de dependência privados e a um novo tipo de ordem social, mas o conteúdo dessa ordem social, assim como do vínculo social que ele inclui, carrega os estigmas das condições de invenção do "trabalho econômico", os estigmas da razão econômica, que se tornou totalmente hegemônica.

Os autores relatam o nascimento de uma utopia, iniciada por Marx e sempre presente entre os marxistas, assim como entre os humanistas, que defende que os trabalhadores se apropriem, um dia, dos meios de produção e invertam a lógica produtiva em seu benefício, ou seja, em benefício da emancipação da humanidade e do desenvolvimento do homem. A. Gorz expressa isso nos seguintes termos:

> Os proletários têm um interesse direto em se unirem como trabalhador coletivo e, por meio de sua união, em submeterem o processo social de produção a seu controle comum,

---

[11] Ibidem, p. 65 e 68, respectivamente.

[12] *Métamorphoses du travail*, cit., p. 34 e 36, respectivamente.

[13] *Le travail, une valeur en voie de disparition*, cit., p. 194.

substituindo o trabalho socialmente dividido pela produção voluntária. Foi essa visão utópica que penetrou no movimento operário e que alimenta, ainda hoje, a ideologia do trabalho comum às esquerdas clássicas.[14]

Por sua vez, D. Méda escreve que o pensamento da alienação, que se instalou no século XIX e que denuncia uma alteração da natureza do trabalho tal como ele deveria ser, continua a alimentar correntes convencidas de que o trabalho pode se tornar um lugar de desenvolvimento ao mesmo tempo que de utilidade social.

A alienação do trabalho

Para os autores dessa corrente, é claro que esse projeto jamais se realizará. Por razões um pouco diferentes de acordo com a análise de cada um. Para Gorz, as novas tecnologias somente acentuam a complexidade de um sistema que aumenta cada vez mais a interdependência e cuja compreensão escapa cada vez mais aos assalariados. Mesmo que ele afirme que o trabalho contemporâneo seja mais humanizado, dê mais espaço para uma certa autonomia, possa solicitar mais competência e qualificação, por parte dos assalariados que têm o privilégio de conservar seu emprego, isso não muda nada no que se refere à qualidade de o vínculo social no trabalho se desagregar, pelo contrário:

> À medida que fez nascer instalações técnicas gigantescas e organizações tentaculares, a razão econômica conferiu um peso crescente aos subsistemas com heterorregulação programada, ou seja, máquinas administrativas e industriais em que os indivíduos são levados a funcionar de maneira complementar como as partes de uma máquina, com objetivos freqüentemente desconhecidos deles e diferentes dos que sua busca pessoal tem em vista.

E ainda:

> Em síntese, a funcionalização e a tecnização fizeram explodir a unidade do trabalho e da vida. O trabalho progressivamente parou, desde antes do agravamento da crise atual, de garantir uma integração social suficiente. A redução cada vez maior do volume de trabalho socialmente necessário acentuou essa evolução e agravou a desintegração da sociedade.[15]

A dissolução da solidariedade ligada ao trabalho

Na análise do próprio ato produtivo, os autores levam em consideração, sobretudo para avaliar o trabalho, a qualidade das relações que se estabelecem entre produtores e o sentido que eles dão à sua ação, que deve ser distinguida da socialização no sentido mais amplo a que nos referimos anteriormente. De fato, eles se concentram em uma avaliação do trabalho por meio do filtro do mito da emancipação da classe de produtores que se apossa do processo de produção. Dessa vez, é Perret que escreve:

---

[14] *Métamorphoses du travail*, p. 141.

[15] Ibidem, p. 52 e 129, respectivamente.

> Uma das características da evolução econômica recente é a autonomia do trabalho: mais iniciativa para o assalariado, uma menor presença da hierarquia em troca de uma responsabilidade pessoal maior no resultado obtido. Mas a noção do conjunto de assalariados também se tornou menos visível.

O mundo do trabalho torna-se mais complexo para ser apreendido, mesmo que o trabalho se torne "mais humano". Uma ruptura objetiva é acompanhada por uma ruptura cultural. A divisão de tarefas torna-se cada vez mais complexa. Leva a uma diferenciação dos modos de envolvimento

> que tem como conseqüência favorecer a dissolução da solidariedade coletiva ligada ao trabalho. Extremamente divididas, as identidades profissionais são também excessivamente opacas e instáveis para servir de suporte à constituição de grupos sociais homogêneos e solidários.[16]

D. Méda é muito mais eloqüente sobre as questões da evolução do trabalho. É ela que, sem dúvida alguma, tem a abordagem mais filosófica da questão do trabalho. Ela se limita a afirmar que a empresa não constitui de maneira alguma uma comunidade e menos ainda na hora das demissões que acompanham a modernização e "evidenciam o caráter puramente conjuntural do vínculo que liga (as empresas) aos assalariados, estes não pertencem 'substancialmente' à empresa, pois sua identidade não foi afetada por sua saída"[17].

Dessa abordagem intelectual, retemos o importante fato de que o trabalho em nossa sociedade somente é positivo por seu valor instrumental, indiretamente pela troca que ele concretiza entre contribuição e retribuição, e que situa o indivíduo totalmente como cidadão na sociedade, uma vez que o que foi trocado remete a uma dimensão universal abstrata. O trabalho "econômico" tem um valor funcional que nada tem a ver com o que se desempenha no exercício concreto desse trabalho nem no plano das relações no ambiente profissional, nem na relação do homem com o que ele faz, realiza, produz.

A vida está, então, em outro lugar.

> O trabalho desapareceu porque a vida se retirou do universo. Não há ninguém, somente números que procuram números em silêncio, indiscutíveis porque insensíveis, mudos. No fim de sua jornada, o operador se levanta. Do que fez não lhe sobra nada: *ele não realizou nada.*[18]

Há uma cisão entre o trabalho e a vida.

Mesmo que o trabalho econômico desempenhe um papel decisivo para manter os indivíduos em uma posição de homem livre de qualquer dependência pessoal, as questões fundamentais de realização pessoal e de qualidade de relação com o outro situam-se no não-trabalho.

---

[16] *L'avenir du travail*, cit., p. 184 e 191, respectivamente.

[17] *Le travail, une valeur en voie de disparition*, cit., p. 187.

[18] A. Gorz, *Métamorphoses du travail*, cit., p. 111.

> Em uma sociedade centrada no trabalho, o déficit de socialização pelo trabalho atinge o vínculo social (que poderia ser definido como o conjunto de valores, normas e rotinas comportamentais que são colocadas em jogo habitualmente nas relações sociais e o saber viver no sentido amplo do termo) e o vínculo político que faz com que se reconheçam direitos e deveres na coletividade de trabalho.[19]

Para todos, o trabalho e sua face instrumental, o emprego, cedem terreno. Já foi amplamente iniciado o processo que desconstrói o lugar do trabalho. E que faz tudo em defesa da volta, do reencantamento, da "reavaliação" (B. Perret), da "reinvenção" (D. Méda) do político como substituto da razão econômica, que não oferece um ponto de apoio para a política.

Um pensamento refém do que tenta denunciar

Além das pequenas *nuances* que os distinguem, o olhar desses autores sobre o trabalho e o emprego, a avaliação que fazem do que está em jogo, passa pelo filtro seja da utopia marxista e humanista, seja dos princípios constituídos pela economia, que conhece apenas a troca mercantil estabelecida por ela.

Temos o direito de pensar que, da realidade social, os autores consideraram apenas o que os economistas e os teóricos do mercado teorizaram, teoria cuja aridez desumanizante, por outro lado, eles criticam. Do trabalho, levaram em conta apenas a dimensão da racionalidade econômica, que jamais considera a vivência dos indivíduos, que jamais trata da questão "do sofrimento, da dor" que dão sentido ao trabalho. Para eles, o trabalho continua a ser, sobretudo, quantidade abstrata e mensurável.

Tudo se passa como se esses autores estivessem fascinados pelo que denunciam, uma lógica mercantil que contabiliza, sem diferenciar, os elementos por trás dos quais se encontra a dimensão humana, e que eles consideram totalmente soberana, toda-poderosa e bem-sucedida. A ponto de evitarem uma pesquisa aprofundada do que se desempenha no mundo do trabalho, da participação que têm nele precisamente esses indivíduos que eles vêem apenas como simples vítimas.

Essa corrente toma como ponto pacífico que a economia se apossou dos espíritos e das almas no mundo do trabalho, a ponto de rechaçar qualquer lógica alternativa. Ao interpor entre eles e a realidade o véu opaco da abordagem econômica que postula que todas as relações são reguladas por seus princípios mercantis e pela lei do quantificável, esses autores nos impõem uma visão totalmente fatalista do trabalho, diante do qual nos encontraríamos em uma situação de total impotência. Para eles, realmente no mundo do trabalho há apenas a racionalidade econômica, relações materializadas pelo que é quantificável.

Podemos criticar uma análise do mundo do trabalho contemporâneo somente através das lentes da economia, da Razão econômica que eles criticam. Como escreve D. Méda, que na verdade considera essas pretensões uma conquista:

---

[19] B. Perret, *L'avenir du travail*, cit., p. 215.

A economia autoproclamou-se ciência do comportamento do homem em sociedade, conservando ao mesmo tempo seus pressupostos individualistas e utilitaristas e postulando sua universalidade. A economia parece ser uma ciência social geral que trata da totalidade da vida social.[20]

Um mundo de pequenos atores

Trata-se de uma visão que não considera toda uma série de trabalhos sociológicos, etnológicos, psicológicos que têm precisamente o trabalho como objeto de pesquisas. Os resultados dessas pesquisas podem ser agrupados em torno de duas dimensões essenciais.

A primeira corresponde ao fato de que a racionalidade econômica não é interpretada no mundo do trabalho como uma realidade incontestável, não é considerada neutra e admite-se evidentemente o que ela pretende ser. Está sujeita à interpretação, pode chocar-se com os limites impostos pelos próprios indivíduos em função de sua convicção e de sua relação com a sociedade. Não se faz alusão, aqui, à ação reivindicatória sindical portadora oficialmente de um outro projeto, de uma outra visão do mundo, e na qual se pensa naturalmente, mesmo que, hoje em dia, ela atravesse uma grave crise, mas ao que acontece informalmente no mundo do trabalho.

Escolas diferentes, cada qual à sua maneira, alimentam essa abordagem que restitui aos indivíduos um papel ativo e os reconduz ao campo de ação dos atores, mesmo que se trate de "pequenos atores".

Devemos pensar na teorização produzida por J.-D. Reynaud[21] que, por meio do conceito de regulação conjunta, explica uma realidade produzida conjuntamente pelos atores oficiais, institucionais, e pelos atores informais, que são os agentes. Ela permite dar um *status* aos comportamentos profissionais que transgridem as prescrições e normas oficiais e que revelam que os assalariados agentes impõem, de certa maneira, sua visão do que deve ser a racionalidade econômica. Uma visão que faz jus a outros imperativos, tais como a eqüidade entre companheiros, a importância das condições em que se opera essa racionalidade econômica. Essa teoria sintetiza toda uma série de resultados de pesquisas, iniciadas por Roethlisberger e Dickson[22] e regularmente renovadas em outros períodos históricos e em outros contextos tecnológicos, que evidenciam as práticas instauradas pelos assalariados. Essas práticas, em torno de regras informais e clandestinas, visam também a uma racionalidade produtiva que leva em conta os problemas, as necessidades e os objetivos dos produtores e que, ao fazer isso, se distancia da regulação de controle sustentada pela direção e pela chefia, que pretendem definir precisamente que *one best way* a racionalidade econômica deve tomar. Na realidade, explica J.-D. Reynaud, é essa regulação conjunta que estabelece um certo nível de compromisso, de equilíbrio entre os dois tipos de regulação, autônoma e de controle.

---

[20] *Le travail, une valeur en voie de disparition*, cit., p. 234.

[21] J.-D. Reynaud, *Les règles du jeu* (Paris, Armand Colin, 1989).

[22] F. J. Roethlisberger e W. D. Dickson, *Management and the worker*, cit.

Podemos também pensar na escola das "economias de grandeza"[23], que conceitualiza a existência, em nossa sociedade, de diferentes "repertórios e argumentos" famosos, principalmente industriais, mercantis, cívicos, e que se enfrentam, se confrontam, se ajustam para coexistirem em uma espécie de equilíbrio chamado a se deslocar e a evoluir. Nas empresas, grupos de assalariados portadores de diferentes racionalidades conseguem fazer com que elas existam.

Os economistas das convenções desenvolvem, à sua maneira, uma abordagem de natureza comparável, pois trata de colocar em evidência o fato de que, implicitamente, são feitos acordos que organizam de maneira particular o que deveria aparecer como uma racionalidade econômica natural[24].

Além do que as tornam específicas, essas abordagens têm em comum o fato de tornar visíveis atores que não são necessariamente atores institucionais ou organizados (como os sindicatos que têm também uma outra lógica a utilizar, que orienta e constrange, de uma certa maneira, as opções de gerenciamento), mas, na verdade, são grupos informais de atores que, desafiando à sua maneira a razão econômica, alimentam uma outra visão do mundo, mesmo que ela não seja triunfante.

Embora o mundo do trabalho seja somente acalmado por esses pequenos atores e suas estratégias, isso nos lembra ao menos duas coisas.

A primeira, a que acabamos de nos referir, é que a racionalidade econômica não é um dado neutro, e que, em sua interpretação, ela pode ser objeto de contestação e de questionamento. Ao contrário da idéia alegada pelos autores, pode haver várias racionalidades econômicas que se distinguem, uma vez que compreendem pressões diferentes. Nesse sentido, pode-se dizer que a racionalidade econômica constitui uma disputa e, como tal, é objeto de uma relação de força e inclui a política.

A segunda é que, em torno da atuação desses atores, é constituída uma sociabilidade, um tipo de vínculo social, que os autores não consideram. Para eles e, sobretudo para Gorz, os assalariados não estão em condições de se distanciar da situação, podem fazê-lo apenas na esfera fora do trabalho. No trabalho, são condicionados. Para eles, não há vida no trabalho, há apenas quantificação. O vínculo inscrito na heteronomia só pode ser um vínculo deteriorado.

No entanto, as pesquisas de campo mostram que, em torno de sua atividade de trabalho, os assalariados tecem vínculos que não se inscrevem somente na lógica de interdependência racional desejada pela instância de decisão da empresa, vínculos que, ao contrário, giram em torno de compartilhar valores que desafiam as opções gerenciais.

As direções modernizadoras compreenderam bem isso e procuram, por meio do fenômeno participativo, assim como por meio das políticas de individualização dos assalariados, desfazer essa sociabilidade da qual não têm controle e que se articula em torno de práticas e de comportamentos profissionais que obedecem a outras lógicas, que saem do campo da *one best way* gerencial. Nesse "participativo" que, na França,

---

[23] L. Boltanski e L. Thévenot (Dir.), *Justesse et justice dans le travail*, cit.; idem, *De la justification: les économies de la grandeur* (Paris, Gallimard, 1991).

[24] *Revue Économique*, "Économie des conventions", cit.

toma proporções desiguais às de outros lugares (mais círculos de qualidade, mais condutas em torno do projeto da empresa e, atualmente, o certificado ISO), as direções se esforçam para "modernizar" as mentalidades e as práticas de seus assalariados, ou seja, na realidade, para colocá-los em uníssono com a racionalidade que elas escolheram, convencidas de que não existem outras possíveis nessa conjuntura particularmente agressiva. As direções se colocaram em uma grande batalha de identidade[25], em que a questão em jogo é precisamente dissolver a distância que os assalariados constroem e mantêm constantemente com a regulação de controle, ou seja, com a racionalidade escolhida pela empresa, e que se encontra no âmbito da linguagem, que se observa nos comportamentos e nas formas de convívio.

Nós nos encontramos em um momento bem particular, o de uma ofensiva conduzida pelos gerentes, convencidos de que a modernização significa e implica que não haja mais espaço nas empresas para outros pontos de vista, para outras maneiras de abordar a questão da racionalidade.

Na verdade, convencidos de que o necessário é uma homogeneização dos assalariados alinhados na *one best way*, considerado, na França, o pensamento único.

Os argumentos desenvolvidos pelos autores em questão dão a entender que essa batalha foi vencida ou que não tem por que existir. No entanto, não temos sinais convincentes nesse sentido, mesmo que as novas formas de organização criem um certo isolamento. Poderíamos mesmo pensar que os acontecimentos recentes do inverno de 1995 confirmaram que a capacidade de manutenção do que se poderia chamar de "guardar as distâncias" está presente. Apesar de os movimentos de greve do setor público terem paralisado os assalariados do setor privado, causando-lhes graves problemas e penalizando-os financeiramente, as pesquisas revelaram uma grande corrente de simpatia da opinião pública em relação aos grevistas que, sem dúvida, reivindicavam sua aposentadoria e a seguridade social, mas também para que não se dê importância apenas a uma racionalidade econômica estreita e cega.

No mundo do trabalho subsistem as reservas de uma sociabilidade e de uma vida coletiva articulada em torno de valores distantes da racionalidade dominante da empresa, mesmo que essa sociabilidade seja colocada em questão pelas estratégias dos gerentes modernizadores, assim como pela ameaça do desemprego.

O vazio em torno do trabalho

Essa sociabilidade, esses vínculos criados nos locais de trabalho em torno do questionamento cotidiano da *one best way* são ainda mais importantes porque, assim como o desenvolvimento dos autores, a ampliação da lógica mercantil no quadro do fordismo triunfante, em busca de um mercado sempre maior, converteu cada vez mais as atividades e os papéis autônomos, para retomar a expressão de A. Gorz,

---

[25] D. Linhart, *Le torticolis de l'autruche, l'éternelle modernisation des entreprises françaises* (Paris, Seuil, 1991); idem, *La modernisation des entreprises* (Paris, La Découverte, 1994, col. Repères); idem, "La modernisation des salariés", *Performances Humaines et Techniques*, nº especial, Seminário Paris I, set. 1996.

em bens e serviços vendáveis. De fato, reforçado pela ideologia de consumo, o fordismo levou a uma ampliação constante da sociedade mercantil. O aumento, durante um longo período, do poder de compra dos assalariados, o aumento contínuo de ganhos de produtividade convertidos mais em um crescimento contínuo de uma produção em grande escala do que em uma redução da jornada de trabalho, progressivamente esvaziam o conteúdo e o valor dos papéis sociais considerados diferentes dos profissionais[26].

Embora seja legítimo lançar, como fazem os autores, um olhar crítico para esse rumo que esvazia o conteúdo de todos os papéis sociais diferentes dos profissionais, também é legítimo admitir que, a partir daí, é o vazio em torno do trabalho que caracteriza a sociedade. Para os que não trabalham, é difícil encontrar referências que lhes permitam estruturar o tempo, dar sentido à vida, organizar o encontro com o outro, dotar-se de um sentimento de utilidade, de uma imagem pessoal que os valorize. Nunca antes, como nesse período histórico, os indivíduos se curvaram tanto para o mundo do trabalho, nunca antes a sociedade fora do trabalho se tornou tão deserta no plano do sentido.

Não é verdade, como dizem Gorz e Méda, que a vida se encontra necessariamente fora do trabalho. O drama da nossa sociedade é que, exatamente neste período de desemprego exacerbado, a vida está no trabalho, mesmo que não seja uma vida de emancipação ou de desenvolvimento, mesmo que esteja longe de corresponder à utopia marxista. No entanto, além das obrigações, das restrições, da forca que aprisiona os assalariados, não seria possível fazer abstração do que acontece no mundo do trabalho, ou seja, não só uma relação instrumental com o trabalho, do qual se tem necessidade para se obter uma renda, um lugar na sociedade, mas a existência de microcoletivos que alimentam um vínculo social baseado ao mesmo tempo no ato do trabalho e em regras distantes da norma dominante.

Um dever de prudência

Esses elementos da análise são destinados a relativizar alguns dos pressupostos da corrente que se impõe no debate sobre o lugar e o futuro do trabalho em nossa sociedade, para avaliar as conseqüências, os efeitos dessa vontade explícita dos autores de minimizar o trabalho em nossa sociedade. Em seus textos, há duas etapas. A primeira pretende fazer um inventário do lugar, do papel do trabalho, e constata que o trabalho não representa mais o pólo atraente e que não convém esperar praticamente mais nada dele. A segunda afirma que é preciso basear-se nessa realidade para engajar deliberadamente a sociedade em uma lógica em que o tempo fora do trabalho domine, que é preciso reencantar a política, como dizem Méda e Perret a exemplo de Arendt[27], fora do mundo do trabalho.

---

26 D. Linhart, "Crise et travail", *Les Temps Modernes,* nº 450, 1988.

27 H. Arendt, *La condition de l'homme moderne* (Paris, Calmann-Lévy, 1988) [ed. bras.: *A condição humana*, trad. Roberto Raposo, Rio de Janeiro, Forense Universitária, Salamandra, 1981].

Procuramos demonstrar que a realidade é mais matizada: em uma sociedade inteiramente modelada pela lógica fordista, o trabalho ocupou um lugar cada vez mais importante em todos os planos, porque os outros papéis sociais perderam sua substância, porque o encontro com o outro foi condicionado pelo ritmo e pela organização espacial do trabalho. Mesmo que as condições e a organização do trabalho estejam longe de se orientar para uma maior autonomia, ainda que alguns autores o digam, resta, no trabalho, a parte de trabalho informal que confirma a distância que os assalariados estabelecem da norma e em torno da qual existe uma sociabilidade real, apesar da individualização crescente ligada não só às estratégias modernas, mas também à ameaça do desemprego. Será que é possível haver em outro lugar uma capacidade como essa de transgressão coletiva de uma norma dominante?

A aposta que consiste em decretar que uma nova sociedade deve ser inventada, dando as costas para o trabalho, buscando em outros lugares as bases de um vínculo social, é perigosa. Certamente, a idéia de uma sociedade em que o tipo de trabalho que conhecemos seja relativizado, ocupe menos espaço, é em si um objetivo que ninguém pode contestar, e a proposta que consiste em querer converter os ganhos de produtividade em redução da jornada de trabalho é legítima. Mas isso não implica que a sociedade em torno do trabalho se amplie no plano do sentido e da socialização? Isso não implica que seja retomada a idéia de que a organização do trabalho como conceito social seja uma disputa política?

A idéia de uma inevitabilidade inscrita no mundo do trabalho, que faz abstração de todas as relações de forças, é contestável. O livro de Rifkin, muito pessimista sobre o futuro do trabalho[28], tem a vantagem de colocar em evidência que as opções tecnológicas, assim como as opções da forma de organização e do número de trabalhadores contratados, são resultado de estratégias de gerenciamento inscritas em uma relação de forças com os assalariados. O que, em sua época, o próprio André Gorz explicou em uma obra publicada na década de 1970, intitulada *Critique de la division du travail*[29]. O campo da racionalidade econômica é perpassado pelo da política. Não é possível compará-los palavra por palavra.

Essa corrente ganhou tamanha importância, que foi retomada por grupos de trabalho oficiais. O relatório Boissonnat foi influenciado por algumas de suas opções. Dessa corrente, ele extrai a idéia de que o trabalho desempenha um papel decisivo para inserção do indivíduo na sociedade. De forma mais atenuada que Gorz ou até mesmo do que Méda, talvez mais próximo de Perret que, embora mantenha a importância do trabalho como fator de integração e produtor de vínculo social, omite abordar o que acontece no trabalho, ou seja, uma consciência política, as bases de uma contestação da racionalidade econômica dominante, um lugar fundamental de interação e de sociabilidade.

---

28 Para ele, não há dúvida alguma de que a evolução tecnológica leva a uma redução brutal da quantidade de trabalho necessário, obrigando que se encontrem com urgência outras formas de socialização e de investimento pessoal.

29 A. Gorz (Dir.), *Critique de la division du travail* (Paris, Seuil, 1977).

Além disso, preconizações tais como a de poliatividade, que relaxa a subordinação de um indivíduo a uma empresa, a um coletivo, caminham no sentido de um questionamento dessas áreas de vida, de uma alternativa em benefício de muitas constituições hipotéticas de pólos de socialização e de debate na esfera do privado. No momento, deveremos sobretudo reter que as preconizações do Relatório correm o risco de levar a uma fragilização do que existe.

PARTE II

O ROLO COMPRESSOR DA MODERNIZAÇÃO

Nesta parte estão reunidos quatro artigos que procuram analisar os fundamentos do projeto de gerenciamento, de modernização, seu conteúdo e seus efeitos. A década de 1980 iniciou-se, na França, como a era da mudança.

Os socialistas chegaram ao poder com a eleição de François Mitterrand, declararam sua intenção de introduzir a cidadania na empresa, estabelecendo um direito de expressão direta e coletiva dos assalariados; diante deles, um patronato decidido a realizar mudanças para se adaptar às novas condições da concorrência econômica e neutralizar os riscos de uma forte contestação em suas empresas.

Iniciava-se a era dos administradores: eles transformaram as estruturas das empresas, introduziram novos métodos de gestão com o intuito de instaurar uma individualização sistemática e criar as condições para o envolvimento dos assalariados por meio de importantes dispositivos participativos. Dissimularam esses procedimentos em um discurso sobre a valorização das qualidades, da competência e da capacidade de iniciativa dos assalariados.

Inúmeras expressões novas surgiram para dar uma imagem radicalmente diferente do mundo do trabalho. Os operários foram rebatizados de operadores, pilotos de equipamentos, supervisores de linhas; os faxineiros eram técnicos de superfícies; as equipes de trabalho passaram a ser designadas por diferentes termos, como zonas, ilhas de produção, módulos, unidades elementares de trabalho. Todos os assalariados tinham potencial, conjunto de habilidades (as qualificações desapareceram); a eles foram atribuídas missões, funções etc.

Tudo evoluiu a uma velocidade vertiginosa, dificultando a inteligibilidade das organizações. Para uns, estávamos na era do pós-taylorismo; para outros, no âmbito de um taylorismo mais sofisticado e auxiliado pelo computador. A realidade estava entre os dois: nesse espaço aberto pelas contradições, as incoerências resultavam da coexistência de lógicas contraditórias de gerenciamento: por um lado, envolvimento, mobilização da subjetividade, por outro, controle reforçado pela traçabilidade*. Exi-

* Possibilidade de identificar a origem de um produto e de reconstituir sua trajetória ao longo da cadeia de produção até sua distribuição. A expressão, uma tradução literal de *traçabilité*, foi mantida

gências relativas à qualidade, à inovação, ao espírito comercial, por um lado, e normas temporais sempre onipresentes, por outro.

Os assalariados também tinham dificuldade para se reconhecer, e havia uma espécie de perda de sentido generalizada. Eles caíram na armadilha de injunções contraditórias, em um contexto em que a gravidade do desemprego fazia qualquer um temer dar o fatal passo em falso.

A ação coletiva, que poderia libertar os assalariados do sentimento de impotência e da acentuada dependência em que se encontram, achava-se muito enfraquecida.

---

aqui por ser utilizada por órgãos estatais, como o Ministério do Desenvolvimento Agrário, e também em ambientes acadêmicos. (N. T.)

3

A PARTICIPAÇÃO DOS ASSALARIADOS
os termos de um consenso?[1]

Quer fossem chamados de assalariados, trabalhadores ou pessoal, quer se quissesse envolvê-los, fazê-los participar, cooperar ou mobilizá-los, é exatamente a mesma idéia que encontramos em um grande número de declarações, discursos, textos e propostas de diversas origens sobre a crise econômica, a crise da produtividade, as mudanças tecnológicas etc.

Além da diversidade dos termos e das denominações, estabeleceu-se um consenso entre atores institucionais (poderes públicos, sindicato e patronato) que, até então, se enfrentavam em uma luta ideológica sistemática e marcada por um certo ritual. Esse consenso baseava-se em uma idéia simples, mas relativamente nova: por meio do exercício de sua atividade profissional, os assalariados detinham conhecimentos, aprendizado, uma experiência preciosa para melhorar o desempenho da empresa. Portanto, era preciso envolvê-los o máximo possível. Sem dúvida, as opiniões divergiam seriamente sobre esse "possível", sobre com o que exatamente convinha envolvê-los e sobre a maneira de fazê-lo: diretamente ou por intermédio de seus representantes sindicais? Era preciso envolvê-los somente com a definição e a organização de seu trabalho ou também com o próprio funcionamento da empresa? E de que maneira? Convinha esperar deles uma dedicação indispensável para ajudar as empresas na luta pela competitividade, ou fazer com que participassem dos lucros que estas obtinham com eles? E como?

Mesmo formal, esse consenso tem por que surpreender. Ninguém estava realmente preparado. As políticas patronais anteriores, que visavam a envolver os assalariados sob diversas formas de acordos (seja em grupos autônomos de produção ou mesmo nos círculos de qualidade, durante a década de 1970), tiveram um alcance

---

[1] Escrito em co-autoria com Robert Linhart, e publicado anteriormente em D. Bachet (Dir.), *Décider et agir dans le travail: dimension sociale de l'action dans l'entreprise* (Paris, Cesta, 1985).

muito limitado e de pouco impacto. Elas esbarraram no desinteresse, e até mesmo na resistência sindical. Os grandes sindicatos operários recusaram-se a envolver-se com as experiências patronais precisamente "por serem experiências patronais" e porque, além disso, haviam optado por uma estratégia que consistia em lutar, reivindicar e negociar principalmente o contrato de trabalho (aumento constante dos salários, estabilidade de emprego) e o reconhecimento da ação sindical. Sem dúvida, depois de maio de 68 e, sobretudo, depois das greves dos operários especializados que o organizaram, tornou-se difícil "desinteressar-se" dos problemas de organização e de condições de trabalho. E inúmeros debates inflamaram as confederações e federações sindicais em torno especialmente da noção de conselhos de fábrica ou de grupos homogêneos de trabalho. Havia a idéia de que era preciso resolver problemas que, durante muito tempo, haviam sido relegados por razões estratégicas e ideológicas. Mas não se foi mais além do que isso. E as diretorias das empresas continuavam a experimentar, sozinhas, formas de "humanização" do trabalho para "remotivar" os assalariados; experiências que os sindicatos, na melhor das hipóteses, desdenhavam e, na maioria das vezes, combatiam.

Sem dúvida, foi a chegada da esquerda que facilitou a expressão de um consenso entre patronato e sindicatos sobre a necessidade de participação dos trabalhadores. Ao celebrar a introdução da democracia na empresa e ao mesmo tempo a batalha pela produtividade, essa esquerda no poder deu legitimidade e garantias para todos. Mas tratava-se apenas de uma oportunidade que, de repente, tornou possível uma situação nova. As razões profundas que levaram a isso residem em outras questões.

As causas e os termos do consenso

Por parte do patronato

Os sociólogos disseram e repetiram: não existe determinismo tecnológico[2]. Para cada sistema técnico, existem vários tipos possíveis de organização do trabalho, vários tipos de relações de trabalho. Além disso, o próprio sistema técnico é simplesmente produto de relações sociais.

Mas por insistir demais (com razão, para torná-lo conhecido) nesse não-determinismo, esquece-se muitas vezes de que sistemas tecnológicos diferentes podem ter exigências diferentes e exigir mudanças profundas do equilíbrio anterior. Assim, parece que a evolução das estratégias patronais, no que diz respeito à participação dos assalariados, está relacionada à evolução das exigências tecnológicas. E, aqui, consideraremos a hipótese de que a introdução das novas tecnologias envolve o estabelecimento de outras relações sociais, outras relações de trabalho, outras relações profissionais e um outro tipo de organização.

Se, de fato, nos referirmos à importante, e cada vez mais abrangente, literatura sobre as novas tecnologias, constataremos que elas pressupõem um recurso de natu-

---

[2] Cf., entre outros, o artigo de M. Maurice, "Sociologie du travail à 20 ans", *Sociologie du Travail*, nº 1, 1980.

reza bem específica, que trata dos conhecimentos operários. Em uma organização de tipo taylorista "clássico"[3], sabe-se que os conhecimentos operários são constantemente mobilizados. Ao contrário da doutrina oficial taylorista, segundo a qual basta os operários se conformarem estritamente às prescrições tecnológicas e às ordens para que as operações de trabalho se desenvolvam de maneira conveniente, conhecimentos e experiência não formalizados provenientes da prática e do aprendizado dela resultante são indispensáveis para atenuar os imprevistos e as disfunções inerentes a qualquer atividade. É clandestinamente que esses conhecimentos são utilizados: não são reconhecidos oficialmente, não são considerados nas classificações e, portanto, não são remunerados.

Na realidade, os supervisores conhecem bem os truques, manhas, paliativos, procedimentos inventados e utilizados diariamente pelos operários, mesmo pelos que têm menos qualificação. Fazem parte da astúcia operária, e é nela que se baseia o bom funcionamento do sistema.

Em suma, uma parte da eficácia da organização reside nessa atividade oculta, que contradiz a racionalidade autoproclamada do taylorismo. E também, graças a essa atividade oculta, foram atingidos índices prodigiosos de produtividade durante os anos de grande crescimento econômico.

Exigências de transparência

Com a introdução de novas tecnologias, essa situação não é mais apropriada. Para garantir o sucesso da automação, é preciso imperativamente eliminar todas as zonas ocultas e funcionar com uma transparência completa. Como explica o diretor de uma seção de métodos (na indústria automobilística)[4], a capacidade de se virar clandestina dos operários – que passam por cima das estritas instruções e das prescrições tecnológicas para que "a coisa funcione" – exerce um papel contra a eficácia da organização no caso de mecanismos automáticos novos, sofisticados e extremamente onerosos, pois "multiplicando os paliativos, chega-se a uma situação em que as informações sobre os problemas dos equipamentos não remetem mais aos que os conceberam", e estes não têm mais a possibilidade de adaptar esses equipamentos e torná-los capazes de altos desempenhos. Ora, é preciso compreender que, na verdade, essas tecnologias (robôs, autômatos...) não são confiáveis: "Para vários membros do grupo, é possível se perguntar se não seria prudente considerar que o estado natural de uma máquina é estar em pane ou, em todo caso, funcionando mal"[5].

---

[3] Cf. P. Bernoux, *Un travail à soi* (Toulouse, Privat, 1981); I. Oddone, A. Re e G. Briante, *Redécouvrir l'expérience ouvrière* (Paris, Éditions Sociales, 1981); Y. Lescot, G. Menahem e P. Pharo, *Savoirs ouvriers, normes de production et représentations* (Boulogne, ACT, 1980, Rapport Cordes); H. Desbrousses e B. Peloille, *Pratique et connaissances ouvrières dans l'industrie capitaliste*, cit.; R. Linhart, *L'établi* (Paris, Seuil, 1978); D. Linhart, *L'appel de la sirène*, cit.

[4] Cf. Groupe d'Échanges et de Réflexions sur l'Automatisation et l'Organisation du Travail, "Propos raisonnables sur l'automatisation de l'industrie", A.M.E.S.-C.R.G., fev. 1984.

[5] Ibidem.

Portanto, é absolutamente decisivo "acelerar os diagnósticos de panes, a descoberta dos sintomas"[6]; é preciso necessariamente garantir o repasse sistemático e imediato de todas as informações necessárias para melhorar esses equipamentos. Qualquer atividade clandestina que os operários desenvolvam para se virar, apesar dos defeitos, das panes, das disfunções, como por exemplo passar a uma atividade manual para substituir um robô com defeito em um setor flexível, atrapalha o desempenho desses equipamentos, atrasando sua adaptação progressiva. Essas atividades representam uma perda de ganhos para a empresa. Seria necessário que os operários aceitassem aplicar literalmente as instruções e, em particular no caso do exemplo citado, observassem a pane (em vez de remediá-la, passando à atividade manual), e transmitissem sistematicamente todas as observações e constatações aos respectivos responsáveis e aos especialistas. Não convém mais que os assalariados mobilizem clandestinamente sua sabedoria, seus conhecimentos; é preciso que circulem e alimentem diretamente o trabalho dos programadores e dos engenheiros.

Condutas profissionais perfeitamente adaptadas à organização taylorista do trabalho em sistema técnico estável não são mais adequadas quando se desenvolve a automação dos equipamentos.

O desrespeito às instruções (anteriormente necessário para exercer a atividade profissional) e a capacidade clandestina de se virar convertem-se em obstáculos para a rentabilidade de máquinas muito caras. Assim acontece com os operários, mas também com os responsáveis, de nível hierárquico elevado, pela fabricação:

> O respeito rigoroso às instruções e aos métodos é indício de uma situação muito conflituosa: aplicam-se estritamente as escalas de trabalho, respeitam-se os protocolos de reparação e deixa-se o pessoal parado durante esse tempo. Isso tem um efeito desastroso sobre a produção e, em pouco tempo, desencadeia as críticas da direção. Talvez, no Japão, as direções estejam convencidas de que o respeito às regras é um método que, a longo prazo, compensa, mas isso ainda não acontece conosco: respeitar as regras é, atualmente, uma arma utilizada (raramente) pelos fabricantes para levar um conflito às autoridades superiores e solicitar uma arbitragem em seu favor.[7]

É preciso salientar, aqui, da mesma maneira que Christophe Midler[8], que os critérios de avaliação da eficácia das diferentes funções na empresa não são adaptados a essas fases de automação, em que os imperativos dizem respeito apenas à colaboração dada aos que a concebem e aos encarregados de melhorar a confiabilidade dos equipamentos. Em suma, é preciso que todos aceitem desempenhar o papel; aceitem contribuir para uma grande obra, que ultrapassa as funções estritas de cada um e que diz respeito à aposta na automação, apresentada como necessária para melhorar o desempenho da empresa e garantir-lhe uma competitividade real. Para os dirigentes,

---

[6] C. Mahieu, *À propos de quelques expériences participatives dans l'établissement de Renault-Douai*, datilografado, dez. 1983.

[7] Groupe d'Échanges et de Réflexions sur l'Automatisation et l'Organisation du Travail, "Propos raisonnables sur l'automatisation de l'industrie", cit.

[8] *L'organisation du travail et ses déterminants*, 1980 (tese de 3º ciclo).

trata-se de passar os interesses da empresa na frente do desempenho de seus próprios serviços, desempenho sobre o qual se consideram julgados e avaliados, e que podem, às vezes, entrar em contradição com os interesses da empresa[9].

Para os operários, trata-se de aceitar cooperar às claras. Trata-se de tornar perfeitamente visíveis e legíveis seus conhecimentos extraídos da experiência profissional, de fazer com que seus serviços rendam lucros. De se conformar estritamente ao que se espera deles. Além do levantamento de conhecimentos, a que devem se submeter, exige-se deles uma confiabilidade total. Nada de "deixá-los se virarem" sozinhos. Como explica A. d'Iribarne:

> Observa-se um papel acrescido de atitudes como a cooperação e a confiabilidade. A automação dos sistemas complexos integrados dispensa o homem do centro da produção e reduz suas intervenções. Sua confiabilidade depende de sua capacidade técnica, mas também de seu sistema de valores.[10]

A palavra-chave é abandonada: aqui se requer um outro sistema de valores. Uma outra cultura. E sobre isso, encontram-se na literatura, principalmente patronal, constantes referências a uma cultura de empresa, a uma moral da empresa. E que atinge todo o mundo. Segundo um diretor de empresa (no caso, da construção naval):

> A Concepção e Fabricação Auxiliadas por Computador (CFAO) somente tem interesse se for aceita, desejada e controlada pelos usuários. Ela não deve cair de pára-quedas, nem na fabricação nem nos estudos. Seria conveniente criar na empresa uma cultura da CFAO para sensibilizar os usuários futuros e torná-los receptivos à nova tecnologia [...]. Ao envolver um grande número de agentes na preparação da opção, tem-se mais garantia de que o produto será aceito e integrado à prática.[11]

Cultura de empresa, moral da empresa são, a partir de agora, as novas armas das políticas patronais. O controle direto (relativizado, é verdade, pelas parcelas de autonomia que representam, para os operários, os imprevistos e as disfunções do sistema) é substituído por um outro tipo de controle, pela interiorização. No sistema taylorista clássico, é preciso conter o máximo possível os operários, lutar contra sua "dispersão"[12], tão nefasta à produtividade e que representa o modo de resistência operária à pressão patronal. A organização científica do trabalho é o meio de obrigar os trabalhadores a produzirem em um ritmo forte e regular, o que é primordial em um processo de trabalho em que o homem representa a principal fonte de produtividade.

Com o desenvolvimento de sistemas complexos automatizados, como diz de uma maneira impressionante E. Zuscovitch[13], a utilização da automação visa essencial-

---

9 G. Salaman e K. Thompson, *Control and ideology in organizations* (Cambridge, MIT Press, 1981).

10 A. d'Iribarne, "Textes sur les nouvelles technologies, les politiques d'entreprise et les qualifications", *Rapport Lest*, mar. 1984.

11 Groupe d'Échanges et de Réflexions sur l'Automatisation et l'Organisation du Travail, "Propos raisonnables sur l'automatisation de l'industrie", cit.

12 F. W. Taylor, *La direction scientifique des entreprises*, cit.

13 Citado por M. Delpierre, "Automatisation: état des débats et enjeux sociaux", *Last Clerse*, jun. 1984.

mente a reduzir "a dispersão ou a inação do capital para garantir sua rentabilidade" e não mais a do trabalhador. O que se exige dele provém de uma outra forma de controle: é preciso que ele coopere e participe dessa luta de todos contra a "dispersão" do capital. Demanda-se que se engaje em uma outra cruzada pela produtividade, que se solidarize com outros assalariados, qualquer que seja sua função e sua posição hierárquica; que se insira em uma rede de informações, em que cada um dá sua contribuição pessoal, e que seja totalmente confiável, pois questões importantes dependem da conformação de seu comportamento. Daí a pertinência de uma moral que substitui uma disciplina obrigatória e repressiva e que simboliza uma participação consensual dos assalariados nas atividades da empresa.

Isso representa uma profunda ruptura das condutas e práticas normais operárias na fábrica, uma transformação radical dos sistemas de valores e de atitudes. Não se trata de uma simples mudança. O envolvimento dos operários com seu trabalho, que traduz sua capacidade de se virar clandestinamente, não significa aderirem aos objetivos da empresa, aceitarem sua lógica e se identificarem com seus interesses. Embora essa capacidade de se virar manifeste um consentimento objetivo (eles fazem mais e melhor do que é estritamente exigido deles de acordo com as normas da organização taylorista e, agindo assim, reforçam essa organização e a tornam viável e mais produtiva), não pode ser vista como uma adesão, uma aceitação subjetiva. Poderíamos, ao contrário, qualificar uma atitude como essa de consentimento paradoxal, pois o envolvimento dos operários que torna viável o sistema organizacional, na verdade, corresponde a uma negação desse mesmo sistema, a uma revolta contra sua lógica.

Envolvimento operário e consentimento paradoxal

Ao combater os imprevistos, as disfunções da organização taylorista, os operários certamente contribuem para torná-la possível, mas demonstram aos outros e, ao mesmo tempo, diariamente a si mesmos a irracionalidade, a ineficácia dessa organização. Fazem a demonstração irrefutável de seus fracassos: ela não é a *one best way*, pois sem a capacidade de se virar dos operários, ela simplesmente não funciona.

Na realidade, por essa ação, eles se impõem na organização e se opõem a ela. Constroem para si espaços de liberdade (de fazer coisas diferentes do que decretam as instruções), constituem para si margens de manobra que lhes permitam encontrar uma identidade distinta do operário intercambiável, previsto nos princípios da Organização Científica do Trabalho (OCT), do "operário-massa", como alguns sociólogos muito rapidamente conceitualizaram. Uma identidade que não é controlada pela organização, que escapa de seu controle e, principalmente, que a contesta; identidade individual do operário em seu posto de trabalho, que apreende uma maneira de ser eficaz, estigmatizando a ineficácia da organização; identidade coletiva, quando se instauram trocas de experiências, de ajudas, de formas de solidariedade necessárias à atividade profissional, e que também escapa às veleidades de controle todo-poderoso da organização.

Entendemos que esses comportamentos de envolvimento no trabalho, de "dedicação", sejam, entre os próprios operários, compatíveis com comportamentos de abandono do emprego, de recusa declarados; comportamentos deliberados de absenteísmo ou até mesmo, às vezes, de sabotagem, de dilapidação, que podem ser interpretados também como uma maneira de deixar sua marca, de impor a realidade de uma identidade individual ou coletiva.

Quando se considera a medida da dimensão conflitante do envolvimento dos operários com seu trabalho, da perspectiva paradoxal de seu "consentimento", constata-se que as novas orientações patronais, que objetivam garantir a modernização da empresa, levam a importantes mudanças e, principalmente, fazem com que os operários rompam seus laços de solidariedade horizontal (estabelecido entre companheiros com base em uma contestação da lógica imposta pela organização do trabalho), ou seja, na realidade, rejeitem o fato de pertencer, de ter uma vida ligada a uma cultura e a uma consciência operária. Ora, se na prática, cotidianamente, cooperam de maneira clandestina, será que estão prestes a trocar sua inserção conflitante na empresa por uma solidariedade a ela?

Por que e como aceitariam novas regras do jogo, instaurando uma transparência total e, de fato, eliminando as zonas de liberdade, de poder e de contestação que lhe conferem conhecimentos guardados e utilizados clandestinamente, aos quais estão ligadas uma identidade individual e coletiva?

Por que e como passariam de uma solidariedade entre companheiros consolidada por uma hostilidade que, na prática, deve ser interpretada como uma hostilidade de classe contra os chefes, a uma inserção consensual?

Quais são os argumentos patronais em favor dessa mudança na situação? Quais são as contrapartidas oferecidas suscetíveis de modificar as mentalidades, as atitudes e as formas de solidariedade operárias? O que levaria os operários, até o presente vítimas das políticas repressivas patronais – porque simplesmente existe um antagonismo fundamental entre operários e patrões –, a se transformarem em perseguidores, em nome do patronato, da "dispersão do capital", para retomar a expressão de E. Zuscovitch?

Os argumentos do patronato

A primeira resposta que, de imediato, vem à cabeça remete evidentemente à necessidade de uma saída da crise, que beneficiaria a todos e que viria de um aumento da competitividade das empresas francesas, baseado em uma utilização consensual das novas tecnologias. Que seja. Mas é possível perguntar se esse argumento tem peso e, sobretudo, se ele não tem um duplo sentido. De fato, sabe-se, como formula muito bem A. d'Iribarne:

> A difusão dessas novas tecnologias se faz em um contexto de concorrência severa entre empresas e países, tornando dominantes as preocupações com a produtividade do trabalho e a rentabilidade [...]. Elas se inscrevem em um contexto de antagonismo entre atores (empregadores, assalariados, poderes públicos), do ponto de vista da repartição da carga de investimento, da carga salarial, da carga de reconstituição da força de trabalho, do bem-estar e do poder.[14]

[14] A. d'Iribarne, "Textes sur les nouvelles technologies, les politiques d'entreprise et les qualifications", cit.

Em suma, encontramo-nos em uma situação paradoxal: no momento em que as empresas têm menos contrapartida a propor aos assalariados é que elas procuram estabelecer um consenso. No momento em que as diretorias das empresas não podem mais recuar, acuadas pela inadaptação da organização social e técnica do trabalho, é que se voltam para os assalariados, pedindo-lhes para cooperar, participar, integrar-se em uma nova moral da empresa, prometendo-lhes menos, principalmente no plano dos salários.

No entanto, um elemento atua em favor do patronato. Reside na desestabilização que levam suas incessantes buscas de colocar em questão o *statu quo*, sua vontade de revolucionar a solidariedade existente no âmbito dos coletivos de trabalhadores[15] e de perturbar as estratégias sindicais.

Além dos próprios conteúdos das transformações almejadas, a conduta que consiste em modificar, desestruturar, recompor a organização do trabalho e a gestão da mão-de-obra leva a uma certa técnica de desorientação e, conseqüentemente, ao enfraquecimento dos "parceiros de quem se fala". Mesmo que essa conduta seja guiada apenas por um empirismo tateante e, às vezes, contraditório, ela tem seus trunfos. E talvez aí se encontre uma das razões do enfraquecimento sindical.

São argumentos desse tipo que podem ser sustentados em prol das orientações atuais do patronato (ou, mais precisamente, de uma parte do patronato, aquele que prega em favor da participação, do consenso etc.). Mas convém ressaltar sua especificidade em relação às orientações anteriores, para avaliar o que está em jogo aqui e lembrar a profunda ruptura que elas acarretam.

Até recentemente, as políticas patronais inovadoras em matéria de organização do trabalho visavam a "remotivar" os assalariados. Impressionadas com os acontecimentos de maio de 68, e também com as greves violentas dos operários especializados antes e depois de maio de 68, as diretorias das empresas eram povoadas pelo fantasma da recusa dos assalariados a continuar trabalhando nas mesmas condições. Essa idéia de remotivação era nova, pois todas as táticas anteriores tinham por objetivo principal controlar, supervisionar e reprimir ao máximo os assalariados. Introduz-se, ao contrário, a idéia de que a contestação do taylorismo, os comportamentos de recusa são tão importantes, que comprometem a busca de um crescimento industrial, até então desigual; de que eles colocam em questão o círculo virtuoso (ganhos elevados de produtividade – grande produção – aumento dos salários – consumo alto). A idéia de que a organização taylorista do trabalho, que coíbe totalmente os indivíduos a ponto de transformá-los em verdadeiros robôs, tem uma lacuna muito importante em relação às aspirações cada vez maiores. Daí a necessidade de transformar essa organização e a vontade de "remotivar" os trabalhadores (para que eles continuem a produzir com altas taxas de produtividade), que resulta paralelamente na opção de substituir, quando possível, indivíduos que se tornaram muito "caprichosos" por sistemas automatizados mais confiáveis.

---

15 R. Linhart, "Le taylorisme entre les deux guerres: quelques problèmes", *Travail et Emploi*, nº 18, out.-dez. 1983.

É assim que se abre o período da década de 1970, durante o qual se propagam discursos sobre a falta de interesse pelo trabalho industrial, e são desenvolvidas diversas experiências de "humanização" do trabalho: rotação, ampliação, ampliação das tarefas, grupos autônomos de produção. Todas essas experiências baseiam-se, de fato, na ignorância de uma parte importante da realidade, a face oculta das situações de trabalho em que os trabalhadores demonstram diariamente que sabem mais, que fazem mais e melhor do que o que a organização taylorista demanda. É possível pensar que, na verdade, uma das causas do pouco êxito dessas experiências (que tiveram apenas uma difusão restrita) reside no fato de se apoiarem em falsas suposições: a valorização do trabalho que elas estabelecem como objetivo subentende uma desvalorização efetiva dos assalariados, e as modalidades dessa valorização, se não integrarem a realidade que constitui a face oculta das situações de trabalho, só podem ser inadequadas.

Atualmente, trata-se de algo inteiramente diferente. Como vimos, as novas orientações baseiam-se, ao contrário, no reconhecimento dos conhecimentos, das experiências dos operários, mesmo dos menos qualificados, e apóiam-se na aposta de que é possível trocar esse reconhecimento por uma lealdade operária para responder a uma exigência de ordem técnica:

> A inovação técnica deve ser dominada por todos aqueles que trabalham com ela, sob pena de esterilidade. De fato, e foi bem pensada pelos que a conceberam, comprometidos com a rentabilidade, bem apoiada em instrumentos e procedimentos confiáveis, uma inovação somente pode ser desenvolvida com a condição de ser, concreta e cotidianamente, aceita e apropriada pelos coletivos operários.[16]

A obtenção dessa lealdade operária, em um ambiente consensual, representa uma aposta, se nos referirmos às modalidades particulares – paradoxais – do envolvimento operário, do consentimento operário[17].

Por parte dos sindicatos

Por parte dos sindicatos também é possível falar de reorientação, para não dizer reviravolta. Ao participarem efetivamente do debate sobre o envolvimento dos assalariados e de seus representantes sindicais na definição de suas tarefas, nas opções tecnológicas e na gestão da empresa, inauguraram uma nova era.

Um conflito funcional

Até meados da década de 1970, ou seja, antes de se desencadear a crise do sindicalismo e a crise econômica, os sindicatos mantinham uma estratégia de não-negociação da organização do trabalho. A idéia de uma participação dos sindicatos e dos assalariados na evolução do trabalho era quase um tabu. A esmagadora maioria

---

[16] M. Delpierre, "Automatisation: état des débats et enjeux sociaux", cit.

[17] Um debate anglo-saxão sobre esse tema do consentimento foi iniciado por M. Burawoy, *Manufacturing consent* (Chicago, University of Chicago Press, 1974).

dos conflitos e das greves das décadas de 1950, de 1960 e do início da década de 1970, que haviam sido desencadeados pelos sindicatos ou retomados por eles, terminou em negociações sobre os salários ou, de modo mais geral, sobre o contrato de trabalho.

Como salienta Sabine Erbès-Seguin, "ao longo de todo esse período, o salário serve de equivalente geral para o conjunto das reivindicações dos trabalhadores"[18], e R. Boyer assinala, a título de exemplo, que a instauração do regime de 3 x 8 foi feita, a maior parte do tempo, em troca da compensação em termos de salários diretos: "nos anos 1960 quaisquer que tenham sido a intensidade e a orientação dos conflitos do trabalho, é raro não terem sido resolvidos fundamentalmente por aumentos de salários"[19].

R. Boyer, como outros economistas da Escola Francesa de Regulação, insistiu amplamente na funcionalidade perfeita de uma estratégia sindical como essa no âmbito de um sistema econômico fordista. Essa estratégia de fato alimenta um círculo virtuoso a que já nos referimos. Mas a que se devia ela fundamentalmente? De uma maneira, sem dúvida, esquemática, que mantém apenas fortes tendências e vai além das *nuances* da área, é possível arrolar um certo número de fatores explicativos de natureza diferente.

Fatores de ordem política, que corresponderiam à recusa dos grandes sindicatos operários de cooperar, de colaborar com o patronato, intervindo nos problemas da organização do trabalho; recusa de preparar essa organização do trabalho, de tentar torná-la suportável, o que limitaria as possibilidades de contestação de um sistema do qual se nega a legitimidade.

Fatores de ordem sociológica remeteriam ao fato de que, na França da década de 1950 e ainda no início da de 1960, o aumento do poder de compra parecia um objetivo inteiramente prioritário. Simplesmente, significou o acesso ao conforto material, até então muito restrito, e há uma enorme tendência a esquecê-lo.

Para conseguir sua generalização, era preciso um sistema produtivo muito eficiente, e um grande número de operários e sindicalistas pensava que o sistema taylorista era o mais eficaz[20] e que era preciso aceitá-lo para se obter um maior bem-estar material. A pesquisa de Claude Durand[21], na metalúrgica de Mont-Saint-Martin em 1956, demonstra como, na década de 1950, os operários acreditavam que o progresso técnico, em um sistema estável, poderia trazer mais felicidade.

Fatores de ordem socioeconômica residiriam na intransigência patronal. É possível ter como hipótese (houve muito poucos estudos sobre essas questões para que se possa ser afirmativo e preciso) que os diretores de empresas não estavam absoluta-

---

[18] Em sua tese de doutorado, citada por R. Boyer em "Stratégies syndicales, rapport salarial et accumulation de mai 1968 à juin 1982", *CEPREMAP*, nº 8-222, nov. 1982.

[19] R. Boyer, "Stratégies syndicales...", cit.

[20] Cf. A. Borzeix, *Syndicalisme et organisation du travail*, Rapport CNAM, 1980. Cf. também R. Linhart, *Lénine, les paysans, Taylor* (Paris, Seuil, 1976).

[21] Cf. C. Durand, "Sociologie du travail à 20 ans", *Sociologie du Travail*, nº 1, 1980.

mente dispostos a fazer concessões no plano da organização do trabalho, que, parece, era de seu domínio particular, por um certo número de motivos sobre os quais seria conveniente, um dia, nos debruçarmos.

O ponto culminante dessa lógica situa-se, sem dúvida, nos acordos de Grenelle, em 1968, e aproxima-se de um paradoxo, como salienta Y. Lichtenberger[22]: uma explosão social de grande amplitude na qual predominam as reivindicações para melhorar a qualidade de vida, em que prevalece a contestação do trabalho e das regras do jogo da sociedade, termina em um aumento geral de 10%.

Pode-se dizer que esse ponto culminante estigmatiza, por seu lado paradoxal, a desestabilização de um sistema, em perfeito funcionamento, de relações entre sindicatos e patronato.

Sistema em perfeito funcionamento porque as estratégias de reivindicações de uns e as estratégias de concessões dos outros se harmonizam em benefício de um bem maior, um crescimento econômico muito grande (mesmo que ele se traduza em condições de trabalho muito insatisfatórias, que são o preço a ser pago por esse *deal*), mas que se baseia em um conflito agudo e permanente.

O que aparece como uma harmonia de resultados corresponde a um estado de antagonismo violento: luta dos sindicatos para obter a maior redução possível não só dos lucros em relação aos salários como da rigidez patronal, que se traduz em ritmos elevados e uma vida mais dura no trabalho.

Para ilustrar esse período, podemos considerar o exemplo da mudança relativa à participação dos assalariados nos lucros da empresa, promulgada pela lei de agosto de 1967. Ela é ilustrativa, pois trata de fazer os assalariados participarem não da definição de suas tarefas, nem das escolhas tecnológicas, nem das grandes decisões da empresa, e sim dos benefícios financeiros da empresa. Ora, essa mudança determinada pelo general De Gaulle foi totalmente repentina. Na verdade, ela deveria regular, de maneira consensual, uma relação que era essencialmente conduzida de maneira conflituosa. Ao impor a aparência de uma harmonia, essa mudança irritava profundamente os sindicatos, cuja estratégia consistia em manter uma pressão e uma relação de força permanentes, e inquietava o patronato, que temia o desencadeamento de uma engrenagem. Como escreveu Jean-Daniel Reynaud:

> [foi uma] mudança totalmente autoritária: os empregadores temiam, apesar da garantia de que não se tratava de desestabilizar "a iniciativa e a autoridade" dos diretores, a entrada do Cavalo de Tróia. Os sindicatos sempre haviam rejeitado a "associação entre o capital e o trabalho" e esse novo avatar tinha um ar de integração.[23]

Disfunções e reflexões

1968 representa um ano de articulação. Mesmo que os efeitos mais importantes tenham levado muito tempo para se manifestar, houve um longo amadurecimento

---

22 Intervenção no colóquio sobre a flexibilidade, organizado pela CFDT, em novembro de 1984.

23 J.-D. Reynaud, *Les syndicats en France* (Paris, Seuil, 1975).

dos parceiros sociais. Os patrões lançaram-se, como já me referi, em todos os tipos de experiências "de humanização" do trabalho, conscientes de que o *statu quo* negociado fora colocado em questão por uma parte dos assalariados e, talvez, prevendo e tentando evitar uma reviravolta sindical. Por sua vez, os sindicatos operários iniciaram uma longa reflexão sobre seu papel na organização do trabalho, na gestão e nas aspirações da classe operária. Empreendimento de grande fôlego, cujos primeiros sinais surgiram em meados da década de 1970 em grandes debates, nas Confederações e Federações CGT e CFDT [Confederação Geral do Trabalho e Confederação Francesa Democrática do Trabalho], sobre formas de lutas mais enraizadas nas situações concretas de trabalho. Já se falava em conselhos de fábrica, em grupos homogêneos de trabalhadores etc. Na CFDT falava-se, sobretudo, de autogestão, pois é a modalidade que parecia mais adaptada à vontade de arcar com mais responsabilidades, mais iniciativa no andamento da empresa e na organização do trabalho. Mas como observa também J.-D. Reynaud, "a autogestão é clara em relação ao que se recusa: co-gestão, associação, integração"[24].

Portanto, o pano de fundo sobre o qual se desenvolvem as reflexões e os debates sindicais é sempre o antagonismo fundamental entre assalariados/sindicatos e patronato. Não é jamais uma questão de pacto nem de cooperação, mas uma maneira de estarem presentes também nessa linha de batalha.

> Os conflitos de longa duração sobre o emprego, tendo em mente o mais célebre deles – Lip –, levaram a um amadurecimento cada vez maior da idéia de que os sindicatos não podiam mais se permitir uma atitude puramente defensiva, e deveriam desenvolver propostas concretas para tentar sair dos impasses provocados, inexoravelmente, pela passividade dos poderes públicos e pela longa duração dos procedimentos judiciários.[25]

Tomar posição, atenuar as carências dos patrões, ajudar as empresas prestes a falir a sobreviverem, fazer propostas industriais não significava cooperar, e os sindicatos denunciavam todas as formas patronais de cooperação direta dos assalariados sob a forma de grupo autônomo ou de círculos de qualidade (que começaram a surgir em meados da década de 1970).

Mas tudo levava os sindicatos a se envolverem mais: o desenvolvimento da crise econômica com seu cortejo de falências e de desemprego, mas também o enraizamento institucional do sindicato na empresa com o reconhecimento, em 1968, da seção sindical da empresa e, principalmente, a grave crise que abalou o sindicalismo a partir dos meados da década de 1970, quando o número de filiados dos grandes sindicatos operários começou a diminuir regularmente. Qual o motivo dessa crise dos sindicatos? Essa questão está longe de ser resolvida. No entanto, é possível enumerar alguns fatores explicativos, entre eles o peso da crise econômica, pois esta torna os sindicatos simplesmente menos capazes de altos desempenhos. Com o estreitamento de suas margens de benefícios, de seus lucros, os diretores das empresas endurecem,

---

[24] Ibidem.

[25] M. Capron, *L'intervention économique des travailleurs dans l'entreprise* (Paris, Cesta, 1984).

tornam-se intransigentes, e torna-se cada vez mais difícil obter aumentos de salários. Os sindicatos que, durante os anos favoráveis de crescimento econômico, haviam conseguido importantes e constantes vitórias na linha do poder de compra, viram-se derrotados. Pareciam ainda menos confiáveis aos olhos de sua base porque não lutavam mais contra as demissões e pela manutenção dos empregos.

Mas também, progressiva e inexoravelmente, explodia o descontentamento dos assalariados em relação à vida no trabalho, em relação às condições de trabalho. Recusavam o taylorismo que regia sua sorte e sobre o qual não era mais possível afirmar, na década de 1970, que representasse a *one best way*.

Todo mundo reconhece, inclusive os dirigentes patronais, que ele representava um desperdício de competências e não era mais humanamente aceitável. Ora, os sindicatos jamais haviam combatido e eram até contrários a iniciativas como a dos horários variados que, reduzindo um pouco as obrigações, correspondiam a certas aspirações bem reais.

Manifestavam-se, assim, cada vez mais, aspirações não levadas em conta pelos sindicatos, que testemunhavam uma defasagem crescente entre as instâncias sindicais dirigentes e a base.

Reorientações

Sob o peso de todas essas mudanças, a CFDT tomou uma decisão importante antes mesmo da chegada da esquerda ao poder. Decidiu pressionar as decisões. Com a publicação do *Tertiaire éclaté* em 1979, é o fim de uma etapa, "de uma conduta defensiva sempre percebida externamente como negativa"[26]. Em setembro de 1979, durante o colóquio "Informática e Sociedade", o secretário-geral da Confederação, Edmond Maire, tornou públicas nove propostas da CFDT para permitir o controle dos investimentos em informática pelos trabalhadores. Em 1980, o que estava em jogo era claramente definido: no colóquio UCC–CFDT, declarou-se que "a proposta ou a contraproposta industrial ou técnico-organizacional deve tornar-se uma ferramenta da ação sindical. Somos favoráveis a um sindicato de reivindicações e de propostas"[27]. Em maio-junho de 1981, podia-se ler na *CFDT-Aujourd'hui*[28]:

> Se as modificações em curso são importantes, se as novas tecnologias dão origem a uma nova organização do trabalho, é impossível basear uma estratégia apenas na defesa dos elementos do passado ou, no mínimo, contentar-se com isso. Uma atitude ofensiva, ao contrário, obriga a basear-se nas opções não para uma ilusória "co-gestão", mas para uma melhor intervenção dos trabalhadores para conhecer, apreender e transformar o que eles vivenciam.[29]

---

[26] Cf. Dossiê informativo, realizado com os participantes do ciclo de formação dos delegados sindicais para a negociação sobre a introdução de novas tecnologias (INPACT-CFDT, 1984).

[27] Ibidem.

[28] Na opinião de A. Billous e C. Panis.

[29] Dossiê INPACT, cit.

Essa mudança de rumo ligada, diretamente, à introdução de novas tecnologias e sobretudo da informática, sem dúvida deve ser relacionada à "terceirização" dos filiados à CFDT. A reflexão da Confederação foi muito alimentada por pesquisas efetuadas no setor terciário. Já citamos o *Tertiaire éclaté*, que simbolizou uma virada certa; mas antes, houve "os desgastes do progresso" (uma série de testemunhos de trabalhadores e trabalhadoras que utilizavam a informática em 1976). A influência dessa mudança na composição socioprofissional afetou outros planos; principalmente a imagem de que a Confederação era formada pelos que ela defendia, eles não constituíam mais, na linguagem sindical, um todo homogêneo e indissociável, uma classe operária unida e movida por uma única vontade, mas sobretudo um agrupamento de assalariados com aspirações diversificadas[30].

Elaborada com base em elementos novos ou, só recentemente, levados em conta (novas categorias de assalariados, novas tecnologias), essa estratégia de envolvimento nas decisões foi aprofundada e sistematizada. Assim, no 39º Congresso, declarou-se que

> A CFDT quer, a começar pelos locais de trabalho, ampliar a ação reivindicatória para intervir em todas as decisões fundamentais [...]. No âmbito da empresa, a CFDT quer ser consultada e poder influenciar as decisões relativas a investimentos [...]; as relações no trabalho e sua organização necessitam ser redefinidas. O que produzir? Como? Com que relações de produção? Essas são as reflexões que governam nossa reflexão.[31]

A CGT também foi atingida pela crise. "A crise nos obriga a considerar as coisas de outra maneira", escreve J.-L. Moynot[32].

> A conduta da Federação CGT da metalurgia e de seus sindicatos da siderurgia para lutar contra o plano governamental, impedir a destruição de uma enorme parte da capacidade dessa indústria e assegurar seu futuro e o dos trabalhadores, consiste em reivindicar uma modernização, alternativas tecnológicas, investimentos cujo conteúdo seja inseparável das diferentes reivindicações que permitem garantir o emprego, melhorar as condições de trabalho e fortalecer a iniciativa dos trabalhadores.[33]

Os problemas da vida no trabalho, a necessidade de lutar para modificar as condições e a organização do trabalho se impunham principalmente no 40º Congresso (1979), em que foram também abordados os conselhos de fábrica.

Mas foram muitos vaivéns, e o 40º Congresso representou o ponto culminante de uma tendência, certamente profunda, mas que sofreria um refluxo até 1981, até a chegada da esquerda ao poder, data em que a guinada definitiva parece se dar. G. Alezard, sucessor de J.-L. Moynot, disse em 1982:

> Se quisermos avançar no que diz respeito aos problemas de produção, do trabalho, da produtividade, da eficácia econômica, é preciso refinar nossas propostas e pressionar as

[30] A. Borzeix e D. Linhart, "Syndicats et travailleurs: la base d'une nouvelle donne", no colóquio *L'assise du syndicalisme*, Univ. Dauphine, nov. 1984.

[31] M. Capron, *L'intervention économique des travailleurs dans l'entreprise,* cit.

[32] J.-L Moynot, *Au milieu du gué* (Paris, Presses Universitaires de France, 1982).

[33] Ibidem.

> decisões, orientar principalmente a gestão no setor público, mas também nos outros, para que os trabalhadores comecem a intervir nesse domínio de modo a tirá-lo das pressões esclerosadas do lucro capitalista.[34]

Nesse caso, estamos longe da recusa veemente da CGT de se misturar aos negócios dos patrões, de se ocupar da gestão e de se envolver nas decisões da empresa, mesmo que ela tivesse muito naturalmente elaborado projetos industriais.

Evoluções internas diferentes, em tempos diferentes, mas que chegaram à mesma decisão: a de se envolverem como sindicatos nos negócios das empresas; decisão legitimada, sem dúvida alguma, para uns (mesmo que se trate de uma legitimação *a posteriori*), assim como para os outros, pela chegada da esquerda ao poder e pelo desenvolvimento das nacionalizações.

Mas outra orientação importante acompanhava essa decisão. A de deixar, para os assalariados, um lugar inteiramente seu. Era preciso que eles pudessem se expressar fora do canal sindical, que emitissem propostas, reivindicações, manifestassem necessidades. E que fossem considerados, pelas diretorias das empresas, dirigentes sindicais.

Por que essa conduta, à primeira vista, surpreendente, por parte de sindicatos que se vêem como porta-vozes dos trabalhadores? Conduta, aliás, rejeitada categoricamente pela Força Operária (FO)?

Conduta comum aos dois sindicatos, CFDT e CGT, mas com motivações diferentes. Embora ambos estivessem igualmente preocupados em favorecer a adesão de uma forma de democracia na empresa (com a emergência de uma expressão operária reivindicatória e autônoma), não esperavam exatamente a mesma coisa.

Para a CFDT, parece que essa expressão proveniente de grupos homogêneos de produção constituía uma prioridade indispensável para alcançar as aspirações e as reivindicações dos assalariados em suas especificidades, pois, em pequenos grupos homogêneos, poderiam expressar livremente suas necessidades, aspirações que, se não fossem satisfeitas depois de transmitidas às diretorias das empresas, os sindicalistas transformariam em reivindicações.

Para a CGT (simplificando como, aliás, foi feito para a CFDT), esses grupos representavam sobretudo uma oportunidade, uma possibilidade de se aproximarem da base, não tanto para atingir sua diversidade, suas especificidades e integrá-las em sua estratégia reivindicatória, mas para descobrir uma verdadeira linha política de massa, uma atividade de massa; e principalmente porque as instâncias dirigentes se envolveriam nas decisões de política industrial, de política da empresa e de gestão econômica[35].

Ambas, CFDT e CGT, viam na mobilização direta dos assalariados um meio de melhorar os desempenhos das empresas, um meio de luta contra a irracionalidade do taylorismo e contra o desperdício ligado a uma gestão malfeita (sobretudo a CGT). Mas poderíamos levantar a hipótese de que, para a CFDT, tratava-se mais de ajudar as empresas a sobreviver, para defender o emprego, esperando que não se delineasse uma nova ordem econômica e social, do que de recuperar uma produtividade capaz

---

34 Citado por M. Capron, *L'intervention économique des travailleurs dans l'entreprise*, cit.

35 Cf. *Les cahiers du séminaire Arlet*, n°s 2, 3 e 4.

de ressuscitar o crescimento econômico anterior. Podemos levantar a hipótese de que a CFDT orientou sua estratégia e sua ação com a convicção de que tinha início uma nova era, com novas normas econômicas e sociais, com uma nova classe "operária", mais dividida, mais diversificada e em que o operário não era mais a figura dominante, e que tudo isso impunha uma transformação radical de seus modos de ação, de sua estratégia e de seu papel.

Poderíamos ainda levantar a hipótese de que, para a CGT, era o caso sobretudo de se mobilizar e de mobilizar os trabalhadores para retomarem uma produtividade e um desempenho econômico que permitissem a reconciliação com as estratégias de lutas sindicais anteriores e a superação da crise que o sindicalismo atravessava naquele momento. Portanto, convergia para as mesmas orientações, mas se baseava em motivações e estratégias diferentes. Os sindicatos estavam dispostos a se envolver e "a envolver" os assalariados nos problemas relativos à organização do trabalho e à gestão. Tinham um longo caminho a percorrer e, nele, as preocupações com a remotivação de uma base um pouco vacilante estavam presentes. No momento em que as diretorias das empresas, talvez por razões mais de ordem técnica, tinham necessidade de sua cooperação.

Portanto, havia diversas solicitações dos assalariados, cuja expressão parecia necessária, indispensável: para que os sistemas técnicos complexos funcionassem, para que se retomasse uma grande produtividade, para que se adaptasse à ação sindical. Tudo se associava para que os assalariados tivessem um papel diferente. Mais ativo, pelo menos oficialmente.

O Legislativo

Foi feito um esforço para construir o cenário desse novo papel. O relatório Auroux (no outono de 1981) sobre os novos direitos dos trabalhadores, seguido por leis de 1982 que propiciaram que ele fosse colocado em prática, foi considerado uma das grandes e audaciosas reformas do novo governo.

Três tendências estão subentendidas nessas leis: a primeira reforça o poder e o papel dos sindicatos na empresa (com a obrigação de negociação anual dos salários e o direito a uma informação econômica maior para os sindicatos); a segunda protege a coletividade de trabalho (limitando a utilização de mão-de-obra temporária); e a terceira institui o direito dos trabalhadores de se expressarem, direta e coletivamente, sobre as condições e a organização de seu trabalho. Foi esse novo direito que mais tocou os espíritos e chocou bastante uma boa parte do patronato. É verdade que, ao contrário das duas primeiras orientações (fortalecimento dos sindicatos e defesa da homogeneidade da coletividade de trabalho), ela representa uma inovação.

Até então, o Legislativo havia instituído e, depois, progressivamente reforçado os direitos apenas dos representantes dos trabalhadores. Lembremo-nos: em 1945, deu-se a criação dos comitês de fábricas. Seus "poderes" dizem respeito fundamentalmente às obras sociais que eles controlam e gerenciam[36]. Mas são consultados sobre os

[36] Cf. J.-D. Reynaud, *Les syndicats en France*, cit.

domínios técnicos e econômicos da empresa, e a lei de 18 de junho de 1966 deixa claro sobre o que são consultados (formação profissional, andamento geral da empresa) e sobre o que são informados (saldo das empresas, investimentos e salários). Em 1971, a lei sobre a formação profissional confia-lhes a análise dos projetos de formação, e a de 1973 especifica suas responsabilidades na avaliação das condições de trabalho. Anteriormente, como já evoquei diversas vezes, houve o reconhecimento da seção sindical na empresa (1968).

O Legislativo limitou-se, assim, a reconhecer a ação sindical e a reforçar os poderes e os direitos dos representantes dos assalariados. Mas jamais os assalariados, como tais, tiveram direitos reconhecidos sobre as condições e o ambiente de trabalho. As raras ocasiões em que eles estiveram diretamente envolvidos com o andamento da empresa, foi sob a forma de participação financeira. Certamente, na prática, modalidades de negociações diretas – longe dos representantes sindicais – entre chefias e assalariados existiram sob o estímulo, na década de 1970, das diretorias das empresas, que experimentaram diversas formas de grupos de trabalho, grupos de intercâmbio, de desenvolvimento, círculos de qualidade etc.

Mas não havia nisso nenhum direito dos assalariados: essas formas de negociação ou de participação derivavam apenas do livre-arbítrio das diretorias das empresas. As relações profissionais eram, então, bipartites. Sindicatos e patronato eram os únicos habilitados a dialogar, a negociar.

Ao instituir um direito de expressão direta e coletiva dos assalariados, as leis de 1982 deram origem a um problema inesperado. Sem dúvida, fortaleceram também (poderíamos dizer em termos clássicos) as atribuições dos representantes dos assalariados e principalmente do comitê de fábrica[37], mas indiscutivelmente criaram as condições para que uma terceira voz, a dos coletivos de assalariados, encontrasse um lugar no diálogo até então reservado apenas aos representantes dos assalariados e do patronato. Na verdade, determinou-se que "os assalariados beneficiam-se de um direito de expressão direta e coletiva relativa ao conteúdo e à organização de seu trabalho, assim como sobre a definição e a execução de ações destinadas a melhorar as condições de trabalho na empresa" (art. L 461).

Havia nessa orientação muito inovadora uma nítida vontade de adaptação e de compromisso. Os grupos de expressão habilitados a fazer demandas e a emitir opiniões sobre as condições e a organização de trabalho correspondiam, à primeira vista, muito bem ao que inúmeros diretores de empresas desejavam ver acontecer: um diálogo profissional entre operadores de base e diferentes níveis da hierarquia.

---

[37] L 431: "O CE é e tem por objeto garantir uma expressão coletiva dos assalariados, que permita que se considerem permanentemente seus interesses nas decisões relativas à gestão e à evolução econômica e financeira da empresa, à organização do trabalho e às técnicas de produção [...]"; L 432: "O CE é informado e consultado antes de qualquer projeto importante de introdução de novas tecnologias, quando estas são suscetíveis de ter conseqüências sobre o emprego, a qualificação, a remuneração, a formação ou as condições de trabalho do pessoal". Outras prerrogativas mais explícitas ainda se referem aos postos de trabalho, ao papel do CHS etc.

Na prática, eles não eram tão diferentes dos diversos grupos e círculos instituídos, desde então, em um grande número de empresas. Por outro lado, esse diálogo profissional pretendido pelos empregadores foi instituído, naquele momento, como um direito dos trabalhadores, foi apresentado como símbolo de um avanço da democracia na empresa: os assalariados tinham o direito à voz. E, sobretudo, não enfraquecia os sindicatos, uma vez que, ao contrário, essas mesmas leis reforçavam suas prerrogativas.

Instauração de uma certa forma de democracia na empresa, com um direito dos trabalhadores, fortalecimento dos sindicatos, institucionalização de um intercâmbio profissional entre assalariados de base e chefias, eis em suma o que permitiu a uns e outros obterem vantagens.

Em todo caso, para os sindicatos e empregadores, embora se chegasse a conhecer *grosso modo* as exigências de ambos, na verdade, nada permitia desvendar as reivindicações dos assalariados, precisamente, a partir do momento em que elas não eram conduzidas por seus representantes sindicais. Nada permitia pensar também que fossem homogêneas. Aliás, é preciso lembrar que o relatório Auroux, assim como as leis que o tornaram efetivo, não foram submetidos a nenhuma mobilização: o direito de expressão dos assalariados foi recebido, pelos interessados, sem o menor entusiasmo.

Uma questão em jogo para os outros, a expressão dos assalariados tomava forma institucional, naquele momento, graças ao Legislativo. Ao Legislativo que, visivelmente, procurava transformar as relações profissionais e tornar possível o estabelecimento de um consenso na empresa. Sem dúvida, ele fortaleceu os sindicatos, mas modificou o curso da natureza de sua ação reivindicatória, enraizando-os na empresa, envolvendo-os mais nas opções tecnológicas, no desenvolvimento da empresa, quase os saturando de informações econômicas, financeiras e técnicas. De certa maneira, isso correspondia às suas preocupações mas, sem dúvida, contribuiu para atenuar qualquer virulência situada na linha direta da ideologia da luta de classes. Por outro lado, estava ligado à filosofia patronal dos grupos de negociação direta entre assalariados e chefias, mas a tornou um direito dos assalariados e os revestiu de um espírito mais democrático.

Muitos viram nas leis Auroux um ato decisivo com o objetivo de introduzir na empresa um terceiro ator – os coletivos de trabalhadores – ao lado dos sindicatos e das direções patronais[38]. Com distanciamento e nos meandros das análises das estratégias de uns e de outros, podemos afirmar que o relatório Auroux e as leis nele inspiradas representaram uma reforma profundamente ambígua, buscando acima de tudo preparar as condições de um consenso na empresa. E, ao confiar aos sindicatos e às direções patronais a preocupação de negociar as condições e as modalidades de expressão dos outros (os assalariados), de certa maneira, não procurou consolidar uma aliança sagrada destinada, aos primeiros, a reanimar a ação sindical e, aos outros, a obter ganhos substanciais de produtividade.

[38] Cf. A. Borzeix, D. Linhart e D. Segrestin, "L'expression directe et collective des salariés. Premier bilan", *Politique Aujourd'hui*, jul.-ago. 1984.

Com as leis Auroux, o Legislativo constrói, então, o cenário de uma situação que favorece a cooperação entre os sindicatos, os trabalhadores e as diretorias das empresas; cooperação conjunturalmente possível se nos referirmos às tendências profundas da evolução das estratégias de alguns grandes sindicatos e de uma parte do patronato.

A prática do consenso

Um direito torto

E no entanto:

> Em primeiro lugar, aplicaremos essas leis, continuando a denunciá-las. Nosso protesto será permanente. Em segundo lugar, queremos dar continuidade ao movimento iniciado que diz respeito à expressão dos assalariados. Continuaremos, então, o movimento que, das reuniões de intercâmbio aos círculos de qualidade, passando pelas ERACT [Équipes de Recherche pour l'Amélioration des Conditions de Travail] ou pelas equipes autônomas, se esforça há dez anos para dar a cada assalariado mais responsabilidade e iniciativa em sua vida no trabalho. Em terceiro lugar, essa lei deve ser utilizada para motivar e revalorizar os trabalhadores.[39]

Com essa declaração provocadora, durante uma entrevista coletiva em 1989, o vice-presidente do Conselho Nacional do Patronato Francês (CNPF), Yvon Chotard, colocou as coisas em seu devido lugar.

Para o patronato, não se tratava de se saturar de democracia, de conceder direitos aos trabalhadores, de dar espaço para a contestação do sistema e da autoridade. Tratava-se apenas de criar as condições sociais da eficiência tecnológica, utilizando o máximo possível a capacidade e os conhecimentos dos trabalhadores. O que só poderia ser feito em um clima de cooperação voluntária, com base no voluntariado. Essa era a palavra-chave. E que distinguia todas as experiências patronais de negociação desse direito deliberado sob medida pelo Legislativo, mas que, na realidade, contrariava as estratégias patronais.

Vimos na primeira parte deste capítulo: para o patronato, a questão fundamental residia na capacidade que ele teria de conseguir que os assalariados cooperassem explicitamente, com base em uma adesão franca e claramente manifesta com os objetivos da empresa. Era preciso que os assalariados aceitassem contribuir para beneficiar a empresa com suas aptidões até então desconhecidas, *nas condições promulgadas pelos dirigentes das empresas*. Por isso, todos os grupos em que foram aplicadas essas regras do jogo somente poderiam funcionar com base em um acordo *a priori* com todos os membros desses grupos. A estratégia das diretorias das empresas baseava-se em uma espécie de aposta que o bom funcionamento desses grupos de voluntários permitiria resultados passíveis de interessar e seduzir os outros assalariados. Portanto, era com um fenômeno de ordem didática e de contágio que contavam os dirigentes de em-

[39] Citado por D. Jaillon, "Travail en équipe et expression des salariés", *Autogestions*, nº 14, 1983.

presas. Na realidade, tendo os assalariados tudo a ganhar com uma atitude de cooperação ativa (possibilidade de colocar em evidência sua capacidade, de desenvolvê-la em um clima que não era mais autoritário, mas cooperativo, de obter melhores resultados com seu trabalho, de ajudar no êxito da empresa do qual seu destino dependia inteiramente) e nada a perder (uma solidariedade entre companheiros baseada em um antagonismo de classe mas que, aos olhos do patronato, parecia consideravelmente passadista e nefasta à empresa assim como a qualquer saída da crise).

Dessa maneira, podemos apresentar a idéia de que, para alguns diretores de empresas, esses diferentes grupos de trabalho, de intercâmbio e círculos de qualidade, além de sua operacionalidade imediata, porque reuniam assalariados *a priori* adeptos dessa nova filosofia das relações sociais, representavam uma alavanca para a difusão de um certo estado de espírito que preparava para o famoso consenso; a partir do qual também se experimentariam novos circuitos de intercâmbio, de informação, de cooperação, de novos tipos de relações entre diferentes assalariados da empresa, uma nova forma de solidariedade.

Em um dispositivo como esse, a autoridade, os diferentes dirigentes hierárquicos e funcionais são diretamente visados. Eles também têm de evoluir, têm de trocar suas mentalidades muitas vezes fracionadas e faccionadas por um espírito de verdadeira cooperação para o bem da empresa.

> Na empresa comum, muitas vezes, observa-se uma má circulação das informações não-rotineiras que, no entanto, seriam úteis a vários serviços. Nossos sociólogos estudaram esse fenômeno e o consideraram normal e inevitável; sendo as informações não-rotineiras fonte de poder (em relação aos subordinados, chefes e colegas), é normal que cada qual se esforce para captá-las e transformá-las em um segredo (ou em um privilégio de casta) até o momento de utilizá-las para influenciar as decisões. Ora, acontece que é possível observar na França – e mais ainda no Japão – empresas em que a informação não-rotineira, captada por múltiplas vias e muito amplamente difundida, está à disposição de todos como meio de estudos e de ação. Essas empresas obtêm com esse processo uma superioridade na qualidade das decisões e na rapidez da ação.[40]

Portanto, a estratégia desenvolvida pelos empregadores era da mesma natureza quer se tratasse dos gerentes, dos supervisores ou dos operários. Tratava-se de criar condições para que eles renunciassem aos interesses sectários, ligados a uma solidariedade de classe para uns, a uma política de clã ou de constituição de poder individual ou fracionado para outros. Era preciso que se instaurasse a transparência e a confiança. É disso que dependia o êxito ou o fracasso das iniciativas patronais de negociação.

E para obter essa confiança, para instaurar essa transparência, era preciso um longo aprendizado, principalmente por meio do estabelecimento de diversos grupos de intercâmbio, de trabalho, de qualidade etc. que se baseassem em um acordo *a priori* com os assalariados; como explica Jean Simonet, diretor do Departamento de Formação do Instituto de Recursos Humanos:

[40] O. Gélinier, "Émergence d'une morale de l'entreprise", *Repères bibliographiques*.

> Círculos de qualidade, grupos de desenvolvimento, círculos de monitoramento, grupos de inovações, equipes de produção de idéias, grupos de iniciativas... as denominações são variadas, mas a realidade básica é a mesma: os assalariados *reagem favoravelmente* a uma iniciativa da direção e se reúnem com regularidade em pequenos grupos para analisar e resolver problemas cotidianos de trabalho.[41]

Como situar, em relação a esse longo processo que representa o esforço patronal de constituição de uma solidariedade empresarial, a instauração de um direito de expressão dos assalariados forjado pelo Legislativo? Muitos sociólogos e analistas políticos, no início, associaram círculos de qualidade e grupos de expressão, situando-os em uma mesma perspectiva de inovação social. Ambos não se baseiam no reconhecimento de conhecimentos, na experiência dos operários necessários ao bom funcionamento do processo de trabalho? No reconhecimento de uma distorção entre uma organização oficial do trabalho e uma organização efetiva? E na necessidade de romper com essa distorção hipocritamente não reconhecida e, em última análise, contraproducente? Ambos não consistem em permitir aos assalariados serem ouvidos pelos dirigentes hierárquicos e influenciarem a organização e as condições de trabalho?

No entanto, e o patronato não estava enganado a respeito disso, recusando-o categoricamente no início, o direito de expressão é, por natureza, totalmente diferente. Ele escapa da lógica da empresa, pois é um direito e vem de fora. Ligado à chegada da esquerda ao poder, apresentava-se também como a concretização de reivindicações sindicais anteriores. Longe de atenuar o conflito, o antagonismo entre operários e patronato acabou reforçando somente a posição dos operários nessa relação de forças.

Na verdade, na maior parte do tempo[42], ele foi percebido pelos assalariados como uma conquista do poder do supervisor, do poder da diretoria. Não foi percebido como um instrumento de cooperação, mas, ao contrário, como um meio de impor, diante da arrogância ou da indiferença das chefias, reivindicações relacionadas às situações de trabalho. No início, o direito de expressão simboliza um ganho em detrimento do poder hierárquico, um trunfo dado aos assalariados pelo poder socialista a fim de reforçar suas posições em uma relação fundamentalmente antagônica com os empregadores. Quando tentam instaurar um diálogo com as chefias (até então praticamente inexistente), as condições são dadas por eles, assalariados de base, e aí está uma das diferenças fundamentais entre os círculos de qualidade e os grupos de expressão. Estes levantam problemas que não são necessariamente os que as chefias gostariam de ver levantados e de resolvê-los. São os iniciadores do debate; são eles que colocam as questões; não se consideram mobilizados para ajudar as chefias a resolverem seus problemas. O grupo de expressão, pelo menos no início, é na maior parte das vezes um espaço de reivindicações virulentas, que ultrapassam inclusive o campo

---

41 J. Simonet, *Autogestions*, nº 14, 1983, citado em *Repères bibliographiques*.

42 Pelo menos de acordo com os primeiros resultados de uma pesquisa realizada sobre a instauração do direito de expressão em algumas empresas. Pesquisa conduzida no Laboratoire de Sociologie du Travail do CNAM por A. Borzeix, D. Linhart e D. Segrestin.

delimitado pelas negociações entre o patronato e os sindicatos. De tal modo que o supervisor, que sempre participa dessas reuniões e muitas vezes as estimula, fica em uma posição quase impossível, próxima à do bode expiatório. Cabe a ele assegurar, de fato, aos de hierarquia superior à sua, a transmissão das opiniões do grupo, que contesta ao mesmo tempo sua autoridade e a de seus superiores.

Nesse contexto, na maior parte das vezes, a hierarquia superior não está disposta a concordar com as regras do jogo. Os superiores hierárquicos percebem também esse direito de expressão como uma intrusão externa insuportável, que fortalece os assalariados da base, em um clima de antagonismo. Eles o vêem como uma arma dirigida contra eles, como uma perda de seu poder em uma relação de forças sempre ameaçadora. Esse direito impede a possibilidade de escolherem os assalariados com os quais poderiam dialogar e dar início a uma cooperação frutífera.

Com esse direito, eles se consideram atacados por reivindicações que não podem satisfazer ou que não querem fazê-lo porque teriam a impressão de ceder. Em inúmeros casos, as respostas às "demandas e opiniões" dos grupos de expressão são evasivas ou postas de lado. Os prazos de resposta aumentam. Os assalariados reunidos em grupos de expressão recebem como uma afronta essa negligência demonstrada por seus superiores. O supervisor se considera em uma posição cada vez mais desconfortável. Estamos, aqui, longe de condições que possam favorecer uma solidariedade vertical e um consenso na empresa.

Para simplificar, podemos apresentar três cenários possíveis para esses grupos de expressão.

O primeiro consiste em um endurecimento puro e simples. A hierarquia superior desdenha sistematicamente todas as questões que não lhe convêm e exacerba, assim, o ressentimento dos assalariados, que se consideram despojados de um direito que não conseguem que seja reconhecido. Com isso, a animosidade em relação às chefias é acirrada. Recusam-se a continuar a se reunir, e o clima se deteriora.

O segundo corresponde à vontade da hierarquia superior de, aos poucos, levar o grupo de expressão a formular questões aceitáveis e construtivas, engajá-lo em um processo de mudança mais próximo da cooperação racional do que pura e simplesmente reivindicatório. Ela responde favoravelmente a alguns tipos de resoluções e leva o grupo, ou melhor, tenta levá-lo a um aprendizado que desemboque em modalidades diferentes de expressão, na verdade, próximas das que alimentam os grupos de negociação de tipo patronal. Também nesse caso, são possíveis duas situações. A primeira corresponde à recusa dos assalariados do grupo a se engajarem nesse processo de aprendizado: eles consideram que têm o direito de se expressar como querem o que lhes interessa, e não de dissimular, de transvestir suas reivindicações para se fazerem entender. De seu ponto de vista, se a hierarquia superior se nega a concordar com as regras do jogo, não há mais razões para continuarem a se reunir. O direito de expressão é inaplicável. Na segunda situação, o grupo deixa-se levar progressivamente por esse jogo de sucessivas aproximações, a fim de encontrar a maneira, a formulação e os temas suscetíveis de dialogar. Estamos, então, muito próximos do funcionamento dos círculos qualidade.

O terceiro cenário é o de um verdadeiro grupo de expressão. O grupo emite demandas e opiniões livremente, às quais a hierarquia se esforça para responder, satisfazendo a uma parte delas e apresentando os motivos de rejeição das outras. Mas parece que esse terceiro cenário corresponde sobretudo às primeiras reuniões dos grupos e que, progressivamente, passa-se para o primeiro ou para o segundo cenário.

Raramente a situação tem a ver com o que se podia imaginar por ocasião da promulgação das leis, ou seja, com uma livre propagação da expressão operária na empresa. Na prática[43], percebe-se que a organização desse direito de expressão, principalmente as modalidades da passagem do oral para o escrito, nega o símbolo de uma expressão operária. Uma hora e meia de debates animados termina em uma folha de papel regulamentar com quatro ou cinco questões redigidas de forma resumida e cuidadosamente organizadas em colunas com um espaço, na frente, reservado às respostas da hierarquia superior. É com base nessa conversão redutora do verbal em uma formulação sujeita aos regulamentos que se constrói o diálogo com as chefias. Se acrescentarmos que um grande número de diretorias de empresas está preparando a informatização desse intercâmbio, teremos uma idéia da estreiteza – pelo menos simbólica – do papel concedido aos membros do grupo de expressão.

Para as estratégias patronais que objetivam desenvolver cada vez mais as bases de uma cooperação solidária vertical, as bases de um consenso na empresa, o direito de expressão representa uma ameaça, pois cristaliza os antagonismos em vez de atenuá-los. Além disso, na maior parte das vezes, os obstáculos que ele encontra em seu caminho (bloqueio das chefias, tática de desvios) simplesmente estimulam, intensificam esses antagonismos. Pode-se dizer que, sob o pretexto de favorecer a instauração de um consenso com a participação dos assalariados, o Legislativo – sem dúvida, involuntariamente – agiu em detrimento, por um lado, dos empregadores, comprometendo momentaneamente sua estratégia de "pequenos passos" para uma outra moral, consensual, na empresa; por outro, dos assalariados, deixando-os impossibilitados de impor o reconhecimento de seus direitos. E, provavelmente, em detrimento também dos sindicatos.

Um direito inoportuno

De certa maneira, o direito de expressão deixa também os sindicatos em uma posição desconfortável. Ainda que corresponda (exceto no caso da FO) a uma de suas preocupações e até mesmo a uma de suas reivindicações, uma vez que os aproxima de sua base, ainda que lhes permita alcançar as aspirações mais específicas de diferentes categorias de assalariados e caminhe no sentido de uma introdução da democracia na empresa, revela uma certa situação de fato desfavorável aos sindicatos: sua impossibilidade de ajudar a pôr em prática esse direito, tal como ele é compreendido pelos assalariados; sua impossibilidade de dele tirar proveito para fortalecer sua posição, alimentar sua ação.

---

[43] A. Borzeix, D. Linhart e D. Segrestin, "L'expression directe et collective des salariés. Premier bilan", cit.

Essa impossibilidade pode ser atribuída a dois motivos básicos:

- A falta de tempo e de forças para estimular esse direito, estimulá-lo e também protegê-lo é um deles. Para que esse direito se torne efetivo, é preciso que seja apoiado, que existam iniciativas de provocar as reuniões, de preparar seu conteúdo. Muitas vezes os grupos de expressão, tais como são constituídos de acordo com a lei ("os grupos das leis Auroux", como várias vezes são chamados pelos assalariados), não têm uma identidade coletiva verdadeira, e é sobre os sindicalistas que recai naturalmente a responsabilidade de ajudar os grupos a se reunir. É preciso também, para que essas reuniões tenham força, do ponto de vista sindical, que os sindicatos analisem as demandas e opiniões expressas por esses grupos, que as considerem em seus cadernos de reivindicações. Ora, na maioria das empresas, essas forças não existem, o número de delegados é insuficiente para enfrentar essa enorme tarefa (que constitui o estímulo e a continuidade dos grupos de expressão), e que demanda muita disponibilidade no momento em que aumentam as responsabilidades dos sindicatos em outras áreas. Os militantes já adquiriram, na maioria das vezes, inúmeras informações econômicas, técnicas, financeiras, abundantemente disseminadas, que se sobrepõem às suas atividades clássicas e que praticamente não lhes permitem mais se dedicar às novas iniciativas que se manifestam na empresa.
- A falta de motivação é também um fator decisivo. Na maior parte do tempo, os militantes sindicais de empresa estão longe de se convencerem, como seus dirigentes de federações e de confederações, da utilidade desse direito e de seu papel histórico.

Com muita freqüência, os sindicatos mantêm a convicção de que, se os assalariados se expressam sozinhos, há grandes riscos de se deixarem manipular (essa era a posição oficial de suas instâncias sindicais diante das formas anteriores de negociação direta entre chefias e assalariados), e de que, com o tempo, o sindicato não tenha mais razões de existir, uma vez que seu papel primordial é o de porta-voz. Às vezes, eles sentem profundamente que o direito de expressão, em sua própria essência, simboliza uma desvalorização do papel sindical e anuncia seu desaparecimento ao longo do tempo: se os assalariados podem se expressar sozinhos, é porque finalmente existe democracia suficiente na empresa e, na verdade, não há mais necessidade de sindicalistas para se interporem entre a força repressiva das diretorias das empresas e a vulnerabilidade dos assalariados sem proteção. No fundo, o sindicato não é, entre outras coisas, a garantia institucional por parte daqueles que correm o risco de se expressar por si próprios e pelos outros? Admitir que, a partir de então, há possibilidade e espaço para uma livre expressão dos assalariados significa admitir simbolicamente que o sindicato não tem mais razão de existir. Da mesma maneira, reconhecer que as aspirações e as necessidades dos assalariados não são mais homogêneas, mas específicas dos grupos, é (sempre de acordo com a lógica desses militantes sindicalistas) negar os direitos às representações sindicais de falar em nome de todos. Vê-se que o estabelecimento da expressão direta e coletiva em grupos de trabalho representa, para um grande número de sindicalistas, uma transformação importante das noções que eles têm de seu papel e de sua ação. Ora, eles ainda compartilham uma concepção, na maioria das vezes clássica, de seu papel na empresa, de sua missão. A repressão, que continua a atingir muitos deles, é motivo para reforçar sua convicção da utilidade do papel tradicional dos sindicalistas, que servem de anteparo aos assalariados contra a opressão patronal e que devem manter uma tensão constante na relação de forças para, em seguida, ter possibilidade de negociar em condições decentes.

Os dirigentes de federações e de confederações esforçam-se, em vão, para multiplicar as sessões de formação, de intercâmbio sobre a escolha da expressão; eles têm muita dificuldade para conseguir transmitir sua linha política: pouco persuadidos, fixados em torno de uma visão tradicional do papel do sindicato (combater os patrões e tomar os golpes para proteger os assalariados, de quem são os únicos representantes legítimos), submersos nas múltiplas tarefas, enquanto seu número é cada vez menor, os sindicalistas de base não sabem o que fazer realmente com esse novo direito que lhes "cai" em cima como um mal, uma ameaça a mais.

Afastados de uma base da qual procuram se reaproximar, os dirigentes sindicais de instâncias federais não estão se distanciando também de um certo tipo – não negligenciável no plano numérico – de militantes sindicais de empresa?

Portanto, um direito problemático para os parceiros sociais que, nele, viam "conjunturalmente" os termos possíveis de um consenso social na empresa. Mas um direito sociologicamente interessante, uma vez que deixa claro as dificuldades e os limites reais de qualquer transformação da organização do trabalho em um sistema fundamentalmente inalterado.

Um direito politicamente determinante porque põe em cena e revela, comparando-os aos outros, aqueles que, até o momento, eram somente representados e comandados. Um direito historicamente marcante, pois, sem dúvida, para uns e para outros (sindicatos, dirigentes superiores e trabalhadores), cada qual à sua maneira, haverá matéria para tirar lições de um certo tipo de fracasso, matéria para conseqüentemente reorientar estratégias e práticas. De qualquer maneira, não se trata de um direito insignificante, mas sobretudo de uma garantia seminal no mundo do trabalho.

4

A PROPÓSITO DO PÓS-TAYLORISMO[1]

Ao ler artigos de P. Veltz, P. Zarifian e J.-L. Laville, que são ricos em análises originais e pertinentes, sinto uma espécie de mal-estar. Na verdade, esses autores postulam uma mudança atual do modelo socioprodutivo. Constatam a urgência e o aumento de pressões de um novo tipo (exigências de qualidade, diversidade, inovações, prazos mais curtos), que supostamente arruínam o modelo organizacional taylorista-fordista (para retomar a expressão de P. Veltz e P. Zarifian). Descrevem as características proeminentes, desde já perceptíveis, do novo modelo do futuro: trabalho cada vez menos prescritivo, cada vez mais abstrato e coletivo, cada vez mais autônomo e responsável, enraizado em um funcionamento cada vez mais integrado e cooperativo de diferentes ocupações e atividades da empresa.

Um debate truncado

Esses autores postulam o fim de um modelo com base em sua definição em termos estáticos e em sua comparação a fatos novos (as exigências de natureza diferente) apresentados como exógenos. Há algo de tautológico nisso. Por outro lado, postulam que o novo modelo (que ainda não existe, sendo a transição complexa e cheia de armadilhas) será articulado em torno de novas situações e figuras profissionais já empregadas ou prestes a sê-lo. Há algo de contraditório: não é, de fato, a prova de que o modelo pode evoluir, uma vez que já tem em si elementos novos?

Esse sentimento de mal-estar que se tem com a leitura desses dois textos é alimentado pelo fato de os autores não explicarem o modo como caracterizam o modelo. Suas referências são as análises feitas pelos próprios fundadores (Taylor, Ford, Sloan)? Os ensinamentos que podem ser extraídos do funcionamento das empresas no início do século nos Estados Unidos, na época em que os fundadores eram gerentes (é essa

[1] Publicado anteriormente em *Sociologie du Travail*, nº 1, 1993.

a opção dos autores da famosa obra sobre a *lean production*[2])? A vulgata comum, ou sua própria construção teórica sobre a questão, mas com base em que elementos? Numa síntese de diversos textos existentes sobre a questão ou numa síntese de pesquisas sobre as diferentes modalidades de aplicação do taylorismo-fordismo na realidade diversificada das empresas, dos setores, dos países?

Em um artigo de Veltz e Zarifian, o modelo taylorista aparece, às vezes, como uma elaboração teórica realizada pelos autores (a essência do modelo residiria na decomposição do processo em operações e no estabelecimento de um modo local de pesquisa de eficiência baseada na produtividade dessas operações), outras vezes como um "referencial" em parte consciente, em parte inconsciente, das ações e das representações correntes. No artigo de J.-L. Laville, o esquema do modelo racional parece ter apenas a função de se opor palavra por palavra, de maneira comparativa, ao esquema do novo modelo em gestação.

Na realidade, percebe-se que nesse debate sobre uma mudança – ou não – do modelo socioprodutivo, há uma falta brutal de análises sobre as diferentes aplicações do modelo taylorista-fordista no tempo e no espaço e, portanto, sobre uma explicação de seus mecanismos de adaptação e de transformação. Não há textos que permitam acompanhar a dinâmica interna desse modelo, que com muita freqüência aparece – e esses dois artigos o ilustram muito bem – de uma forma imóvel e redutora. Supõe-se, então, que o simples fato de colocar paralelamente um modelo descrito de maneira rígida e fechada, com uma série de fenômenos novos apresentados como exógenos, só pode reforçar a idéia do fim de um modelo em prol de um novo, que se articularia em torno dos acontecimentos, que se alimentaria de sua especificidade.

Assim, por exemplo, para Veltz e Zarifian, assim como para Laville, o estabelecimento de novas formas de produção apela para a capacidade dos atores de se entenderem para trabalhar juntos e administrar, em relações de estreita cooperação, fluxos de informações, imprevistos, "acontecimentos". J.-L. Laville dá conta desse fenômeno com o conceito de pertença à comunidade produtiva. Por sua vez, Veltz e Zarifian insistem no fato de que a comunicação – no novo modelo – não significa somente transmitir o recado, "mas consiste, principalmente, em entrar em acordo ao mesmo tempo sobre objetivos comuns e sobre as interações entre atividades que a realização desses objetivos necessita".

Em que essas noções desestabilizam o antigo modelo?

Se aceitarmos, como o fazem explicitamente Veltz e Zarifian, que a defasagem entre o trabalho prescrito e o trabalho real é inerente ao modelo taylorista-fordista, seremos obrigados a admitir que uma certa forma de cooperação e de acordo é subjetivamente assumida pelos atores para permitir o funcionamento do modelo organizacional. Caso contrário, em que bases se daria a transição do trabalho prescrito para o trabalho real? O que levaria os agentes a transgredir os códigos e as ordens, se não

[2] J. P. Womack, D. T. Jones e D. Roos, *The machine that changed the world* (Nova York, Harper Perennial, 1991).

uma certa moral de trabalho comum, um sentimento de pertencer a uma comunidade produtiva? É possível que as mudanças relacionadas às novas regras levem à busca de significados diferentes para o fato de pertencer à comunidade produtiva, apelando para outros recursos mobilizadores; a verdade é que esses tipos de atitudes e de comportamentos existem no modelo taylorista-fordista e permitem que ele funcione, mesmo que não sejam explicitamente reconhecidos.

Se, em última análise, P. Veltz e P. Zarifian dão a entender que, em relação às regras que prevaleciam na época de sua hegemonia, o modelo taylorista-fordista era perfeito (não é porque as regras foram transformadas que ele foi colocado em questão, dizem eles), temos o direito de nos perguntar sobre essa perfeição (como fazem, de maneira singular, Piore e Sabel em *The second industrial Divide*[3]) e de recusar sermos prisioneiros do modelo a ponto de reproduzir sua ideologia: a da *one best way*. Por que os modelos hegemônicos seriam os mais perfeitamente adaptados a seu meio? Parece-me que é esse ponto de vista que leva os autores a identificar o futuro modelo com base nas exigências emergentes. Eles deduzem as características desse modelo de um raciocínio sobre a máxima adequação às novas exigências. O novo modelo não poderá ser perfeitamente adaptado a essas últimas e levará, então, a uma maior cooperação, horizontalidade, transversalidade...

Melhor do que abordar a questão nesses termos, penso que é bem mais interessante limitar-me a uma análise das evoluções em curso com base nas pesquisas disponíveis. A uma análise que dê a mesma importância ao que muda e ao que não muda, e que se esforce para compreender o projeto organizacional que resulta disso.

Os labirintos da mudança

Um "modelo organizacional" abrange várias esferas. Penso que é útil para a reflexão retermos três: a do funcionamento interno da empresa, a das relações sociais que ali prevalecem e, enfim, a da organização do trabalho *stricto sensu*. O sistema técnico e as dimensões estritamente econômicas a ele relacionadas, ao que me parece, estão presentes e são considerados em cada um desses três espaços. Além disso, cabe distinguir, por um lado, o que deriva do discurso e, por outro, o que está relacionado às práticas e aos resultados.

Fazendo um cruzamento desses dois planos (esferas da empresa e níveis de inserção na realidade), estaremos mais bem equipados para esclarecer o período complexo que atravessa uma boa parte das empresas francesas.

Comecemos pelo *funcionamento interno da empresa*: essa esfera abrange as lógicas de articulação e de coerência das diferentes grandes funções da empresa.

No plano do discurso, o tema onipresente é, sem dúvida alguma, o da coordenação, cooperação, integração, interação, solidarização das diferentes atividades da empresa; pretendemos dar as costas deliberadamente para a empresa burocratizada,

[3] M. Piore, C. Sabel, *The second industrial Divide: possibilities for prosperity* (Nova York, Basic Book, 1984).

compartimentada, piramidal (de acordo com os preceitos de Fayol), em que coexistem (quando não se enfrentam abertamente) clãs profissionais, ligados a corporativismos, e em que há uma oposição entre trabalhadores manuais e trabalhadores intelectuais. A partir daí, os objetivos (tais como transparecem em inúmeros discursos) consistem em englobar, em uma perspectiva mais harmoniosa e sistêmica, diversas lógicas produtivas de trabalho na empresa para uniformizar, homogeneizar as diferentes referências, as múltiplas regras, os critérios, em poucas palavras, as diversas racionalidades que se desenvolvem no âmbito de diversas atividades.

A inspiração explícita, mas também muitas vezes implícita, desse discurso reside no modelo japonês (pelo menos tal como este é percebido e compreendido pelos ocidentais) e suas características marcantes: transparência, interatividade, comunicabilidade, descentralização das decisões, mobilidade etc. A idéia principal, aqui, é de que os meandros de produção constituídos pela instauração e pela proliferação dos serviços funcionais (o trabalho indireto) inserem-se mais harmoniosamente na empresa em uma relação de interação permanente com a fabricação, e de que a busca de eficiência doravante é feita em uma base global e não mais somente local (ou seja, com o foco nas operações de fabricação).

No plano das práticas, podemos afirmar, à luz das pesquisas disponíveis[4], que inúmeros esforços são feitos para seguir no sentido preconizado. Inúmeras são as iniciativas que visam a introduzir uma cooperação horizontal entre diferentes atividades (fabricação, manutenção, qualidade, métodos, por exemplo) que utilizam novas tecnologias baseadas na informática (a Gestion de Production Assistée par Ordinateur – GPAO, com programas como o MRP [Managing Requirement Planning], que alcançaram um grande sucesso na França e que organizam um planejamento global de todas as principais atividades da empresa); que organizam equipes de projetos verdadeiramente pluridisciplinares; que desenvolvem uma forma de mudança participativa destinada a facilitar, por meio da homogeneização das linguagens e da comparação dos pontos de vista, a uniformização das referências, dos dados e dos coeficientes[5].

No que diz respeito aos resultados, parece que se encontram bem longe dos objetivos a que se propõem. Na verdade, há uma defasagem real entre a amplitude dos esforços admitidos nesse terreno e a fraca envergadura da mudança: os feudalismos profissionais não se deixam desenraizar tão facilmente do húmus da empresa, a hierar-

---

4 Cf. principalmente os trabalhos de especialistas em gestão do Centre de Recherche en Gestion (CRG) e do Centre de Gestion Scientifique (CGS). Por exemplo, A. Hatchuel, "Taylorism in the age of variety: production management in the 1980's", contribuição ao colóquio "La gestion des entreprises dans une perspective historique" (Paris, 1988); A. Hatchuel, J. C. Sardas e B. Weil, "La mise en oeuvre et le pilotage d'un GPAO: à chaque étape ses difficultés", *Revue Française de Gestion Industrielle*, nº 3, 1986; P. J. Berghozzi, "La gestion des projets innovatifs des structures *ad hoc* aux routines innovatives", comunicação no VII Seminário Internacional da Sociedade Internacional de Telecomunicação, Boston, MIT, julho de 1988.

5 Cf. P. Cohendet et al., *L'après taylorisme: nouvelles formes de rationalisation dans l'entreprise en France et en Allemagne*" (Paris, Economica, 1988), e, sob a direção de F. Stankiewicz, *Les stratégies d'entreprises face aux ressources humaines: l'après taylorisme* (Paris, Economica, 1988).

quia intermediária não mostra um grande entusiasmo em relação à idéia de se apagar para facilitar a comunicação e a descentralização. A empresa compartimentada, piramidal, terreno de manobra de estratégias profissionais clássicas, está longe de ser superada.

Um dos efeitos, provavelmente não previsto, é o interesse demonstrado por alguns sindicatos operários e de administradores (particularmente a Confédération Générale du Travail – CGT e a Union Générale des Ingénieurs, Cadres et Techniciens – UGICT) por esse campo da empresa. Querem influenciar algumas decisões de orientação decisivas, intervir nos critérios, nos coeficientes, nas opiniões em matéria de racionalidade econômica. Os esforços feitos nessa área, por diretorias preocupadas em introduzir mais transparência e eficiência, contribuíram para colocar em evidência sua importância estratégica, e o interesse por parte de alguns parceiros sociais de investir sua energia aí.

Entremos, agora, no *espaço das relações sociais*, que corresponde às modalidades ideológicas e culturais de mobilização dos assalariados. É preciso constatar a amplitude da mudança nesse terreno.

No plano do discurso, a onipresença do tema "a grande riqueza da empresa são seus homens" é tamanha, que se tem tendência a esquecer a amplitude da virada. *0 mépris* [Desprezo zero] (título do último livro de Serieyx) é *o que há de melhor* anunciado por inúmeras diretorias. E, no entanto, não faz tanto tempo assim, nos anos 1950, 1960 e até mesmo 1970, um outro palavrório ainda era habilmente empregado pelos dois lados. Uma língua guerreira, de desconfiança recíproca, correspondente à guerra ideológica de trincheira inserida na empresa entre operários e dirigentes.

Cabe dizer que a legislação socialista contribuiu bastante para alimentar esse discurso humanista da empresa. O relatório Auroux e as leis de mesmo nome introduziram a idéia de que as empresas estavam em condições de se tornar lugares em que a democracia tinha seu espaço, e em que os indivíduos continuavam a ser cidadãos; a idéia de uma reconciliação entre eficácia e valorização do "potencial humano". A referência explícita ou implícita do discurso provavelmente não deve ser aqui procurada no modelo japonês, mas muito mais em um antimodelo de Fayol que tanto marcou a mentalidade francesa.

As práticas estão relacionadas a um discurso tão vago e tão insistente? Estaria tentada a responder que sim. As mudanças organizacionais que objetivam aliviar as linhas hierárquicas e, sobretudo, a importância do dispositivo participativo na França demonstram que as diretorias não se contentam em falar. Milhares de círculos de qualidade, grupos de expressão, a moda dos projetos de empresas, os esforços realizados em matéria de comunicação, a multiplicidade de grupos de diversas naturezas, tudo isso coloca a França muito à frente dos países europeus em matéria de participação.

Mas os resultados não estão à altura nem dos discursos nem das políticas praticadas. Certamente não se poderia subestimar a mudança que afeta a esfera das relações sociais. Estas se descontraíram de modo geral, a autoridade não é mais absolutamente tão pesada, nem exageradamente minuciosa; as humilhações e a distância hierárquica geralmente não acontecem mais. Entretanto, não convém subestimar a resistência, as reticências a uma mudança mais audaciosa. A disposição da hierarquia intermediária em relação a grupos de expressão não costuma ser a mais favorável. Um enorme número de disputas de poder continua presente para que a participação realmente se enraíze no corpo da empresa e nela imprima sua marca[6]. Esses obstáculos à concretização do esforço participativo têm como efeito o desencorajamento dos que estavam dispostos a fazê-lo. Após a asfixia dos grupos de expressão, assiste-se a uma nova queda de interesse pelos círculos de qualidade. A persistência com a qual as direções de empresas estimulam, uma após outra, como sucessivas rajadas, fórmulas participativas, não chegam a mascarar a dúvida crescente desenvolvida por camadas cada vez mais importantes de assalariados.

Se nos preocuparmos agora com a terceira esfera, a da *organização do trabalho stricto sensu*, ou seja, com os princípios que estão na base da divisão do trabalho e, portanto, com a definição do significado das tarefas, das qualificações e das formações, estaremos aqui diante de um discurso muito inovador, ainda que menos apoiado. Se isso fosse verdade, já estaríamos na era do pós-taylorismo. As palavras são modificadas para abonar a idéia de novas formas de organização do trabalho qualificadoras e responsabilizantes, que rompem com um passado taylorista arcaico. Palavras novas substituem palavras antigas: não se fala mais de postos e tarefas, mas de missões, papéis ou funções; não se fala mais de qualificação, mas de competência e capacidade; não se fala mais de operário, mas de operador, piloto, condutor; não se fala mais de coletivos de trabalhadores, mas de grupo de assalariados polivalentes ou multifuncionais. Fala-se de carreiras com redes de pessoas competentes, pessoas "com potencial", mesmo entre os que executam as tarefas etc. Palavras que fazem sonhar e que lembram o modelo japonês (tal qual, mais uma vez, os ocidentais o representam).

No plano das políticas praticadas, de acordo com as pesquisas disponíveis, é possível distinguir três tipos de práticas: as que conduzem a formas de organização que rompem com alguns princípios tayloristas em matéria de organização do trabalho; as que levam a um fortalecimento do taylorismo e as que, apesar de importantes mudanças tecnológicas, reproduzem pura e simplesmente a organização anterior.

A primeira tendência é observável, sobretudo, nas indústrias de processo contínuo[7] (indústria de cimento, petroquímica, siderurgia...): nelas se encontram exemplos de organização qualificadora em que se desenvolvem grupos polivalentes com base em uma ampliação do campo e do nível de competência e englobando tarefas realmente técnicas. Esses grupos de operadores trabalham em estreita interação com os técnicos de escritório com os quais compartilham, assim, uma parte de sua profissionalidade. Aliás, parece que os artigos de Veltz e Zarifian e de Laville são

6 D. Martin (Dir.), *Participation et changement social dans l'entreprise* (Paris, L'Harmattan, 1990).

7 Cf. M. Sueur, "Ouvriers, agents de maîtrise et techniciens face à l'automatisation", *Cahier CEREQ*, v. 6; P. Zarifian, *Vers une sociologie de l'organisation industrielle: un itinéraire de recherches*, relatório de habilitação para orientar pesquisas, Université de Nanterre, jan. 1992; P. Bouffartigue, *Mutations technologiques et nouveaux modes d'expression des salariés: nouveaux profils sociaux de l'encadrement intermédiaire*, relatório de pesquisa, 1985.

fortemente influenciados por essas formas de evolução. Convém lembrar que essas indústrias têm sua especificidade: uma enorme intensidade de capital, que relativiza seriamente o impacto do custo da mão-de-obra, imperativos de segurança e de confiabilidade dos equipamentos absolutamente drásticos, um passado de crise muito profunda enfrentado por alguns desses setores, como a siderurgia, e uma tradição de segmentação muito grande do mercado de trabalho. Tudo isso explica que importantes esforços sejam admitidos para revalorizar uma mão-de-obra que desempenha um papel estratégico sem um demasiado peso econômico. Convém ressaltar que essas orientações inovadoras constituem apenas uma parte das políticas, em matéria de organização, nas indústrias de processo contínuo, enquanto as outras lembram mais as que vamos mencionar agora.

A segunda tendência, que não é numericamente tão importante quanto a primeira, corresponde a um enrijecimento taylorista das situações de trabalho e se encontra nas indústrias do vestuário e têxtil e na construção civil. Nelas, observa-se, principalmente na indústria do vestuário[8], um maior controle do ritmo de trabalho dos operários e uma maior pressão com a introdução de esteiras programáveis. Na indústria têxtil[9], assim como na do vestuário[10], assiste-se à instalação de uma polivalência empobrecedora, articulada a políticas de gestão desestabilizadoras da mão-de-obra. Além disso, na indústria têxtil, continuam a ser criados e reforçados serviços funcionais que diminuem a margem de manobra da fábrica.

A terceira tendência, que se caracteriza pela reprodução das organizações tayloristas anteriores, parece, ao contrário, amplamente dominante e caracteriza um número bastante grande de empresas francesas. Nesse caso, o papel da fábrica não é verdadeiramente revalorizado, sendo a fragmentação entre concepção, organização do trabalho, por um lado, e execução, por outro, amplamente mantida; o campo de intervenção profissional dos operadores não se amplia significativamente[11]. Poucos progressos são realizados para alcançar, de acordo com as palavras de M. Maurice[12], uma homogeneização do espaço de qualificação das empresas. As mudanças manifestadas continuam periféricas; trata-se nitidamente de atribuir, aos operadores de produção, tarefas de um primeiro nível de manutenção e de controle de qualidade, de estabelecer

[8] M. Bartoli e F. Cochet, *L'automatisation dans les industries de l'habillement, spécificités socio-économiques et contraintes techniques, vers un taylorisme assisté par ordinateur?*, relatório de pesquisa para o Ministère de la Recherche et de la Technologie, 1988.

[9] G. Agache e M. Sueur, "La recomposition des groupes socio-professionnels dans le textile", *Cahier CEREQ*, série Poète, 1988.

[10] F. de Oliveira, "Flexibilité organisationnelle et enjeu salarial", *Cahier du CEREQ*, série Poète, 1988.

[11] Um bom exemplo é dado pela pesquisa de M. Maurice, F. Eyraud, A. d'Iribarne e F. Rychener, *Des entreprises en mutation dans la crise: apprentissage et émergence de nouveaux acteurs*, Rapport LEST, 1987.

[12] M. Maurice, *Micro électronique et changements dans le contenu du travail, des qualifications et des formes de mobilisation professionnelle*, Rapport LEST, 1985; P. Zarifian, *Vers une sociologie de l'organisation industrielle: un itinéraire de recherches*, relatório de habilitação para orientar pesquisas, Université de Nanterre, jan. 1992; P. Bouffartigue, *Mutations technologiques et nouveaux modes d'expression des salariés, nouveaux profils sociaux de l'encadrement intermédiaire*, relatório de pesquisa, 1985.

"carreiras operárias", acompanhadas de programas de formação, que permitem mobilidades ascendentes mais numerosas, mas que, no conjunto, continuam retidas a um espaço paralisado da divisão do trabalho[13]. Ao mesmo tempo que, como enfatiza M. Maurice, as novas tecnologias baseadas na informática permitem e facilitam a descentralização de algumas tarefas de concepção-preparação na fábrica.

Nas três situações, assiste-se à proliferação de fórmulas participativas, tais como círculos de qualidade, grupos de intercâmbio e de desenvolvimento etc.

No caso da constituição de organizações qualificadoras, o dispositivo participativo visa a acompanhar as inovações introduzidas, a colocá-las em harmonia com os conhecimentos, com as sugestões dos operários. Nos dois outros casos, ao contrário, trata-se de atenuar as disfunções geradas pela defasagem entre uma organização de trabalho rígida, entravada por preceitos tayloristas utilizados sem flexibilidade, e um ambiente econômico e tecnológico cada vez mais turbulento e exigente[14].

Os círculos de qualidade, assim como os outros grupos pluridisciplinares, são, então, instrumentos destinados a buscar, na fonte, os conhecimentos, a experiência dos operadores, e a reinjetar permanentemente os elementos de conhecimentos práticos, de diagnóstico que permitem reajustar os procedimentos e os andamentos seguintes. Trata-se, segundo Laville, de uma forma de participação à distância, pois os que a efetuam não têm a liberdade de desenvolver sua capacidade no campo de sua atividade profissional concreta, mas apenas paralelamente, em reuniões organizadas pela chefia.

Desarmonias

Penso que esse ziguezague pelas diferentes esferas da empresa, articuladas em diferentes níveis da realidade, tem a vantagem de revelar a complexidade da própria noção de mudança relacionada ao mundo da empresa. Tem também a vantagem de colocar em evidência o fato de que os diversos componentes da empresa evoluem em ritmos diferentes. Se o plano do discurso é relativamente homogêneo e abrange todos os espaços da empresa, para postular uma ruptura com o modelo taylorista-fordista, parece que, no plano das políticas e dos resultados, um diferencial importante de evolução manifesta-se de acordo com as esferas da empresa[15].

Podemos nos perguntar por que gerentes que fazem discursos de mudança e, portanto, têm um novo paradigma em mente, limitam essa mudança ao campo de funcionamento interno da empresa e de suas relações sociais, e nitidamente marcam passo quando se trata de inseri-la nas fábricas. Um elemento de resposta gira em torno da questão, particularmente importante, da confiança na empresa. Existe um

[13] M. Freyssenet, "Processus et formes sociales d'automatisation", *Sociologie du Travail*, nº 4, 1992.

[14] D. Linhart, "Quels changements dans l'entreprise", *Cahier GIP*, nº 39, jan. 1990.

[15] D. Linhart, "Les méfaits d'un système organisationnel a-synchrone", em D. Linhart e J. Perriault (Dir.), *Le travail en puces* (Paris, Presses Universitaires de France, 1992).

déficit importante[16] de confiança nas empresas, entre diretorias (especialmente de área) e os que executam as atividades. Déficit que deve ser atribuído à herança, ainda recente, de décadas de lutas de classes nas empresas francesas, de manifestações abertas de interesses antagônicos, de culturas, de maneiras de ser entre os operários e os "colarinhos-brancos". Não é possível apagar uma marca como essa tão rapidamente; muitos dirigentes operacionais encontram-se diante de um dilema cruel: para tornar os discursos coerentes com as ações, sabem que é preciso combater também a organização do trabalho, virar as costas para a lógica taylorista, que divide excessivamente as funções e os papéis, que limita o campo de intervenção dos assalariados, sua responsabilidade e sua autonomia. Mas como fazê-lo enquanto se têm executantes que não se sabe se serão leais aos interesses da empresa, se aceitarão a racionalidade e os objetivos dominantes? Daí a resistência a se engajar de imediato no terreno minado da divisão do trabalho e na estratégia compartilhada por um grande número de dirigentes: dedicar-se a mudar os assalariados antes de mudar o trabalho.

É essa a quarta missão, a quarta função da administração participativa. Além do objetivo de acompanhar uma uniformização do funcionamento interno das empresas, além de estas descontraírem as relações sociais e introduzirem um pouco de democracia, e ainda além de atenuarem as disfunções geradas pela inércia da organização do trabalho, os dispositivos participativos provavelmente também têm o objetivo, mais sofisticado e menos facilmente perceptível, de entrar em uma batalha relativa à identidade, tendo em vista metamorfosear os assalariados que executam as tarefas.

Compreende-se ainda melhor a "inflação" participativa própria das empresas francesas: às múltiplas funções acrescenta-se a de levar, cada vez mais, os assalariados a interiorizar a maneira de raciocinar, os pontos de vista, a linguagem, as convicções, as racionalidades dominantes; a renunciar à sua sensibilidade arcaica. Chega-se, aqui, ao ponto central do artigo de Laville, o fato de pertencer à comunidade produtiva, evocado também, de forma menos elaborada, por Veltz e Zarifian.

No entanto, o que está em jogo não é tanto criar as condições de pertença à comunidade produtiva; é, sobretudo, alterar seu conteúdo, livrá-la de sua conotação perturbadora aos olhos das diretorias. Pertencer à comunidade produtiva no modelo taylorista-fordista é revestido de uma grande ambivalência: a comunidade de referência é uma comunidade de produtores (os coletivos operários), mas também uma comunidade de contestação da ordem estabelecida pela empresa. A busca da eficiência é feita por uma via de demarcação em relação aos modos de raciocínio impostos. Apresentamos a noção de *consentimento paradoxal* (juntamente com R. Linhart[17]) e de *participação paradoxal* (com A. Borzeix[18]) para tentar dar conta dessa atitude extremamente complexa, que consiste em elaborar, mobilizar conhecimentos empíricos

[16] D. Linhart, *Le torticolis de l'autruche: l'éternelle modernisation des entreprises françaises* (Paris, Seuil, 1991).

[17] D. Linhart e R. Linhart, "La participation des travailleurs: naissances d'un consensus", em *Décider et agir au travail* (Paris, Cesta, 1986).

[18] A. Borzeix e D. Linhart, "La participation: un clair obscur", *Sociologie du Travail*, nº 1, 1988.

e capacidades de microinovações que melhorem as condições e a eficácia da produção, imprimindo ao mesmo tempo uma desconfiança e uma distância em relação às regras do jogo da empresa taylorista-fordista.

Essa ambivalência é, na batalha relativa à identidade, o alvo dos dirigentes que objetivam criar uma comunidade produtiva sob medida. Várias táticas são identificáveis nessa área. Fundamentalmente duas podem ser caracterizadas: a que a empresa utiliza para reduzir a influência dos coletivos sobre os trabalhadores; a outra que, de modo mais sutil, combate diretamente a mentalidade desses coletivos por intermédio de modalidades de diálogo didático.

A primeira assume várias formas: pode se tratar de estabelecer políticas de individualização dos salários, das carreiras e da mobilidade sistemática; pode se tratar também da instauração de lugares concorrentes de sociabilidade. Os grupos de reflexão e de intercâmbio, os círculos de qualidade, às vezes, são mantidos, apesar de todos os obstáculos, com grandes recursos (tempo, orçamento, disponibilidade da chefia) para "emancipar" os assalariados de seus coletivos naturais e envolvê-los em outras comunidades, ensinar-lhes outros tipos de relações sociais, menos partidários e mais harmônicos com o espírito da empresa.

A segunda, que parece contraditória (mas as empresas procedem por tentativas nem sempre articuladas entre elas), busca transformar as mentalidades dos coletivos naturais; e o direito de expressão fornece, no caso, um meio inesperado de iniciar um trabalho dessa natureza.

Tática de enfraquecimento dos coletivos, por um lado, e trabalho sobre sua identidade, por outro, aproximam-se assim, apesar de sua incompatibilidade, do mesmo objetivo de criar, nos assalariados, um "sentimento de pertencer à comunidade produtiva" mais unificado com a empresa.

Para avaliar essa política, que não aparece em discursos, é mais apropriado dedicar-se diretamente a seus efeitos, pois estes correm o risco de sobrepujar os resultados previstos.

Na hipótese de se sustentar uma política como essa, os efeitos podem ser de duas ordens:

- o enfraquecimento dos coletivos leva a uma desestabilização das próprias fontes de conhecimentos, experiências, inteligências práticas, tão úteis para a empresa e tão procuradas por elas, pois é nesses coletivos que esses conhecimentos são criados, transmitidos e mobilizados diariamente;
- a transformação de coletivos produtores e contestatórios em grupos subjetivamente adeptos dos interesses da empresa, de acordo com seus objetivos, suas regras, seu modo de funcionamento, convencidos de sua legitimidade, corre o risco de anunciar o fim de seu envolvimento. Pelo menos, se pensarmos, como estou convencida (com base no acompanhamento de um grande número de grupos de expressão), que a contestação funciona muito bem como estímulo para criar. A transgressão da regra é fonte de afirmação de si (um "si" individual e coletivo), e os coletivos correm o risco de não mais estarem em condições de suscitar essa motivação, se suprimido seu direito de opor-se, insurgir-se, contestar.

5

OS LIMITES DA MODERNIZAÇÃO[1]

Há cerca de vinte anos, diversas reformas de gerenciamento transformaram as empresas francesas. Inúmeras pesquisas e estudos sociológicos que o comprovam estão registrados em diversas obras. Todas relacionadas à famosa questão da modernização, elas revelam análises, observações que esboçam as múltiplas mudanças e transformações relativas a inúmeras dimensões do mundo das empresas: suas estruturas, as relações sociais, o trabalho propriamente dito, as formas de emprego, o tempo de trabalho, a relação com o ambiente ao seu redor.

As problemáticas avançam com freqüência, implícita ou explicitamente, a noção de progresso: trabalho com tendência mais abstrata, mais intelectual, apoiado em competências maiores, papel decisivo da qualidade da comunicação e das interações no trabalho, maior engajamento da subjetividade, empresas com linhas hierárquicas reduzidas, com estruturas menos pesadas, dando mais espaço às instâncias transversais, ao comportamento participativo, e trabalhando por uma individualização das situações de trabalho e dos destinos profissionais. Todos valores portadores, em si mesmos, da idéia de uma melhora da vida no trabalho. Mesmo se observamos empecilhos, obstáculos a um progresso mais rápido, mesmo se identificamos problemas não resolvidos, a idéia dominante é a de abertura de um leque de possibilidades cheias de promessas, algumas delas já realizadas[2].

Certamente outras análises, outras abordagens mais reservadas, apresentam os sinais que tenderiam a relativizar a noção de progresso, enfatizando as dificuldades, as disfunções, as contradições que os assalariados enfrentam, a intensificação do trabalho e a maior eficácia das formas de controle. Apresentam também o desenvolvi-

[1] Publicado anteriormente com o título "La question de la confiance dans les relations de travail", em G. Jeannot e P. Veltz (Dir.), *Le travail, entre l'entreprise et la cité* (La Tour d'Aigues, Éditions de l'Aube, 2001).

[2] A título de ilustração desse posicionamento intelectual, citemos os trabalhos de P. Zarifian, principalmente *Travail et communication* (Paris, Presses Universitaires de France, 1996).

mento de uma racionalização da subjetividade, da palavra, uma maior interferência do empregador na vida privada, com a flexibilização das formas de emprego e dos horários[3]. Em outras palavras, na verdade, demanda-se mais engajamento dos assalariados, mas em condições cada vez mais problemáticas para eles, produzindo fenômenos de sofrimento sobre os quais cada vez mais pesquisadores trabalham[4].

A importância dos trabalhos que tratam dessas questões, a intensidade dos debates e as diferenças das interpretações, sem dúvida, revelam que estamos em um período de articulação. Interpreto esse período como aquele em que os gerentes, por meio da modernização, procuram redefinir as modalidades do contrato que estabelecem com seus assalariados.

Sabemos que o contrato de trabalho, que liga um empregador e seus assalariados, padece do que os economistas denominam insuficiência: o empregador faz um acordo de remunerar com um preço fixo o assalariado que, em contrapartida, aceita alienar um período fixo de seu tempo em benefício do empregador. Mas este jamais pode ter certeza de obter o máximo do que pode ser obtido nesse tempo que o assalariado lhe deve. Como tornar o mais rentável possível essa troca contratual? A organização científica do trabalho (OCT) é uma das soluções adotadas para tentar garanti-lo. A *one best way* apresenta-se, de fato, como a forma de organização que permite obter a melhor eficácia do trabalho. E toda a estrutura, a lógica de funcionamento da empresa, assim como a natureza das relações sociais que nela se dão, decorrem do seguinte: divisão entre concepção e execução, controle integrado da organização do trabalho. Mesmo se a chamada OCT e, portanto, o apelo ao uso da ciência para definir o trabalho, tem como objetivo convencer os operários de que o acordo é justo, que não há mais arbitrariedade nem despotismo, o próprio princípio que se encontra na base do taylorismo é o da inscrição da obrigação e do controle na definição da tarefa e de sua execução.

Nos moldes da modernização pretendida pelas diretorias para enfrentar as novas pressões do mercado, existe a ambição de sair dessa lógica, que institucionaliza o déficit de confiança na organização do trabalho e no funcionamento interno da empresa, para descobrir outras bases para a mobilização dos assalariados e para a utilização de seu tempo. Outras bases que garantam uma melhor qualidade e adaptabilidade do trabalho. Em outras palavras, os gerentes modernos estariam à procura de um novo acordo, baseado em relações de confiança. Sendo o objetivo perseguido o de que o assalariado procure, por si só, ser o mais eficaz, o mais rentável possível. Mas esse objetivo contém uma dificuldade que lembra a insuficiência inicial: como organizar o trabalho de modo que o assalariado seja cooperativo e adote, espontaneamente, as mais adaptadas e mais eficazes práticas profissionais? Esse objetivo complexo e

[3] Em J. Kergoat, J. Boutet, H. Jacot e D. Linhart (Dir.), *Le monde du travail* (Paris, La Découverte, 1998), cerca de quarenta contribuições insistem nas ambivalências da modernização e nas dificuldades que elas encerram para os assalariados.

[4] Principalmente C. Dejours, *La souffrance en France* (Paris, Seuil, 1997), mas também Y. Clot, *Le travail sans l'homme? Pour une psycologie des milieux de travail* (Paris, La Découverte, 1995).

ambivalente exige reformas, mudanças também ambivalentes, às vezes contraditórias, em que o equilíbrio entre a autonomia necessária e a necessidade de controle se mostra freqüentemente complicado. Isso permite compreender os posicionamentos intelectuais diferenciados com os quais os pesquisadores tentam dar conta dessas mudanças.

As próximas páginas pretendem contribuir para esse debate. Como essa questão da passagem de um tipo de mobilização para outro é gerenciada pelas diretorias modernizadoras? Que efeitos tem ela sobre as situações de trabalho e a vida dos assalariados? Em outras palavras, como as diretorias tentam conquistar confiança e como podem confiar? Como dar autonomia aos assalariados sem correr o risco de que esta se volte contra a diretoria?

Com base no conjunto de pesquisas de campo que consegui realizar no âmbito de diferentes estudos sobre as inovações gerenciais[5], formulo a hipótese de que um grande número de reformas, que transformam gradualmente o panorama das empresas e que foram mais ou menos inspiradas no modelo japonês, tem um duplo objetivo: por um lado, adaptar as estruturas, a organização, o modo de funcionamento interno da empresa às novas características do mercado (aspecto, na maioria das vezes, analisado nas pesquisas e colocados em prática pelos gerentes) e, por outro, "adaptar" os assalariados às novas exigências induzidas por uma empresa assim transformada, o que exige transformações mais complexas e mais difíceis de se interpretar. A hipótese pode se tornar ainda mais precisa: o objetivo do projeto gerencial é modernizar o comportamento dos assalariados por meio de uma modernização das estruturas e das modalidades de transformação da empresa.

Transformar as estruturas para modernizar o comportamento profissional

Os pressupostos dessa conduta são extraídos de contribuições da sociologia: por meio de um levantamento destas, os gerentes modernos fizeram o inventário da herança e constataram a natureza das empresas que eles devem adaptar às pressões de um mercado mais exigente.

Sob sua responsabilidade, eles encontraram, no início da década de 1980, empresas cuja organização era influenciada não só por uma tradição baseada nos princípios de Fayol, mas também pela herança de uma forte expressão da luta de classes durante os Trinta Gloriosos. Em outras palavras, empresas estabelecidas com base em lógicas cada vez mais tayloristas e burocráticas: com a presença de um grande número de cargos hierárquicos de peso, organização vertical dos circuitos de informações e de decisão e, sobretudo, estrita divisão de tarefas com supremacia da regra e da prescri-

[5] Pesquisas realizadas em diferentes contextos, desde o início da década de 1980, em empresas do setor privado (aeronáutica, eletrônica, automobilística, agroalimentícia, embalagem) e do setor público (Correios, Electricité de France – EDF) ou parapúblico (Caisse Nationale des Allocations Familiales – CNAF), com base em observações extraídas de entrevistas com membros da direção e com assalariados de diferentes níveis hierárquicos.

ção; características estas que levavam a uma grande rigidez, a importantes inércias que não combinavam com as ambições de flexibilidade, reatividade, adaptabilidade, que mobilizavam os gerentes modernos. Daí o dever de reforma que eles se impunha, para dinamizar estruturas e modos de funcionamento internos muito pouco adaptados às pressões do meio.

O inventário do funcionamento social, das práticas profissionais, efetuado por esses gerentes, foi mais diretamente inspirado na teoria sociológica, principalmente na análise de Crozier. O inventário girava em torno da constatação de que um determinado tipo de estrutura e de funcionamento determina um tipo particular de comportamento, um tipo particular de ator. Em situações dominadas pelo excesso de regras, de normas e de supervisão, como é o caso das empresas fortemente taylorizadas e muito burocráticas, baseadas no princípio da desconfiança, os assalariados desenvolvem, com o passar do tempo, comportamentos profissionais com o objetivo de sobreviver e de assumir sua missão, apesar da pressão das regras, das normas e das supervisões, que anestesiam sua capacidade de ação e sua eficácia. Esses assalariados manobram, jogam com artimanhas para driblar os controles, transpor as limitações impostas, constituindo-se verdadeiros trabalhadores ocultos, para se colocarem, apesar de tudo, nesse universo de excessivas pressões, para nele prepararem seu futuro, para nele efetuarem seu trabalho. Esses comportamentos levam a uma importante defasagem entre o trabalho prescrito e o trabalho real (amplamente estudada pelos sociólogos e pelos que trabalham com ergonomia no âmbito dos operários e dos empregados), à produção de zonas obscuras (alimentada pela retenção de informações, pela produção de jargão profissional, pelas práticas clientelistas), à constituição de verdadeiros feudos profissionais, ao desenvolvimento de "lógicas de honra"[6] e à existência de coletivos com valores distantes da racionalidade da empresa, de suas lógicas de funcionamento oficiais.

Essas práticas profissionais caracterizam-se, fundamentalmente, do ponto de vista dos gerentes, que é o que nos interessa aqui, pela opacidade que criam. As competências, os conhecimentos, as experiências, assim como o desenvolvimento real das diferentes operações e o funcionamento das tecnologias, não são visíveis e compreensíveis pelos responsáveis pela empresa. Portanto, são práticas difíceis de se controlar e de se recorrer à medida que o mercado impõe mudanças. Beneficiam-se de uma autonomia que os torna pouco operacionais no âmbito da nova empresa que se busca para resistir à concorrência e adaptar-se às novas exigências do mercado.

Na verdade, o que os gerentes modernos buscam para dirigir suas empresas é a transparência. Essa busca ficou evidente nas pesquisas de campo que conduzi, assim como nos seminários gerenciais a que assisti. Transparência, visibilidade tornaram-se obsessões. As condutas, as práticas, os conhecimentos profissionais, as competências mobilizadas, o engajamento das ferramentas devem ser acessíveis à compreensão dos que têm o poder de decisão.

[6] Para retomar a análise e a expressão de P. d'Iribarne, *La logique de l'honneur* (Paris, Seuil, 1989).

O comportamento profissional dos assalariados habituados à capacidade de se virar, à transgressão, à ilegalidade, à dissimulação, à clandestinidade, para serem eficazes diante de um determinado tipo de funcionamento e de racionalidade, passa a ser contraditório com os objetivos dos gerentes, desejosos de trabalhar o mais perto possível das exigências do mercado: na realidade, eles escapam de qualquer gestão mais próxima, é difícil mobilizá-los em condições constantemente reespecificadas. Eles são, de certa maneira, extremamente independentes e distantes da empresa. Esta, no âmbito do projeto gerencial moderno, deve instaurar, antes de mais nada, a transparência.

A transparência é o principal objetivo do qual decorrem todos os demais. Ela abrange o imperativo de conhecimento profundo, de experiência, de práticas de trabalho, de formas de cooperação indispensáveis para realizar os remanejamentos necessários, e cada vez mais freqüentes, dos equipamentos e das atribuições. Em outras palavras, é preciso que os que têm o poder de decisão saibam "quem faz o quê e como".

Isso implica que os próprios assalariados tornem-se mais transparentes (e não só as estruturas e os modos de funcionamento da empresa), que deixem de funcionar na obscuridade e na clandestinidade, em coletivos cujas regras e lógica escapam dos que têm o poder de decisão. É primordial, no âmbito do projeto de modernização, que os assalariados sejam receptivos às solicitações de uma chefia que controla as práticas de trabalho e aceitem trabalhar em conformidade com exigências de mobilidade, de polivalência, de cooperação. Ou seja, é importante que haja transformações nas práticas, nas atitudes, no comportamento profissional dos assalariados.

O objetivo de flexibilidade, de eficácia, de operacionalidade em uma organização reativa implica, em outras palavras, que os assalariados renunciem ao que os protege e "se dediquem" a uma chefia que valorize mais sua eficácia. Na verdade, as práticas e os coletivos que criam a opacidade constituem tanto halos protetores, que garantem certa autonomia, certa inacessibilidade a qualquer controle estrito, quanto as bases de um microcontrapoder. A ignorância dos gerentes sobre a realidade do trabalho torna-os dependentes de seus subordinados. Aliás, a preocupação inicial de Taylor era atacar, com seus princípios de organização científica do trabalho, essas bases de autonomia e contrapoder operários, consideradas nefastas para o progresso da produtividade.

Nesse ponto, estamos bem no centro da questão da confiança. O projeto gerencial de modernização supõe um "desarmamento" dos assalariados. Supõe que os assalariados deponham suas armas em um ambiente em que as regras do jogo, até então, eram ditadas pela desconfiança. Que passem a cooperar plena e lealmente com seus superiores, sua direção e, de modo mais amplo, com todos os seus colegas, a partir do momento em que essa confiança é considerada indispensável para que a empresa, renovada e reformada de acordo com lógicas mais transversais, tire todas as vantagens possíveis de uma organização mais flexível e mais reativa.

Se, por um lado, a empresa "clássica" podia funcionar apesar de seus assalariados transgressivos (ou mesmo graças a eles), que, no fundo, escapavam dos que tinham o poder de decisão, dos quais eles desconfiavam e lhes negavam qualquer confiança, por outro, a nova empresa ostenta sua exigência de confiança, lealdade, cooperação por parte dos assalariados.

A realização de reformas organizacionais e a conquista dos assalariados

As pesquisas revelam a importância das inovações que visam simultaneamente às estruturas, o modo de funcionamento da empresa, por um lado, e aos comportamentos profissionais dos assalariados, por outro. As reformas organizacionais são concebidas, com freqüência, para permitir o aprendizado dos novos comportamentos que se tentam obter.

Assim, a vontade de estabelecer uma cooperação de qualidade entre os assalariados de diferentes níveis hierárquicos e de diferentes grupos profissionais leva a novas lógicas organizacionais e tecnológicas. Estas têm como objetivo colocar os assalariados em situação de intercâmbio, de confronto e, sobretudo, de homogeneização de suas práticas, de suas linguagens e de suas filosofias profissionais.

Podemos interpretar, assim, as fragmentações internas, em que são rompidos os grandes serviços funcionais e, conseqüentemente, as solidariedades sectárias, com o intuito de facilitar a cooperação, harmonizar as práticas. Esse procedimento consiste em reagrupar, em torno da mesma família de serviços ou de produtos, as atividades funcionais necessárias ao bom desenvolvimento das operações, e em fazê-las funcionar como centros de contribuição. Evidentemente, nesse caso, o que se tem em vista é a flexibilização e a reatividade das estruturas mas, pelo mesmo motivo, procede-se a uma remodelagem das práticas e dos comportamentos: os trabalhadores funcionais são retirados dos grupos a que pertencem, em que precisamente desenvolvem e garantem rotinas associadas às suas estratégias de busca de autonomia e de poder. Estão diretamente em contato com os que realizam o trabalho e são convidados a desenvolver formas de cooperação livres dos resíduos ligados ao grupo a que pertenciam. Dessa maneira, o objetivo é homogeneizar os comportamentos e as práticas e relacioná-los diretamente às necessidades da empresa.

A criação de grupos transversais, grupos especialistas ou grupos-projeto responde ao mesmo tipo de preocupação. Também nesse caso trata-se de dinamizar as estruturas, estimulando lógicas transversais, que permitam antecipar etapas e eliminar barreiras. Mas também, e principalmente, trata-se de remodelar comportamentos profissionais, de impor cooperações, de homogeneizar as linguagens, as práticas, os pontos de vista, a fidelidade.

As mesmas orientações valem para a flexibilização das linhas hierárquicas: se, por um lado, trata-sc de facilitar a circulação da informação, de organizar uma certa descentralização da tomada de decisão, por outro, busca-se também transformar a natureza do comando e reaproximar as diferentes categorias.

O recurso baseado na GPAO, por exemplo, além de sua funcionalidade técnica, é também explicado pelo trabalho preliminar de homogeneização das denominações, nomenclaturas e referências e, portanto, das linguagens que impõe. A GPAO constitui uma verdadeira intermediação técnica entre grupos profissionais totalmente distintos.

Algumas inovações têm como objetivo regular ainda mais diretamente a qualidade da cooperação. Pode-se analisar, assim, a difusão cada vez mais sistemática da prática de prestações de serviço internamente. Cada serviço e, às vezes, cada assalariado é considerado cliente e ao mesmo tempo fornecedor de seus colegas e dos serviços com os quais coopera. Nessa perspectiva, são definidos direitos e deveres em relação aos outros. Mas esses direitos e deveres dependem, a partir de então, do controle das chefias, que intervêm em sua definição e aplicação. As relações, as interações, as formas de cooperação que os assalariados estabelecem entre si não mais dependem de sua experiência ou boa vontade, de sua liberdade ou tradição profissionais. Elas escapam de seu livre-arbítrio.

Esses são exemplos de aprendizados estruturados em torno de inovações organizacionais e tecnológicas pelas quais os gerentes procuram desenraizar os assalariados das lógicas profissionais anteriores (opacidade, práticas clandestinas, experiências não oficializadas, regras coletivas informais etc.), para inseri-los em uma abordagem baseada na lealdade aos colegas, à diretoria e às chefias.

Esse projeto modernizador com um duplo objetivo (inovações destinadas a adaptar tanto as estruturas da empresa quanto os comportamentos profissionais de seus assalariados) parece pressupor que a confiança é uma questão de aprendizagem. Portanto, é importante colocar em prática modos de funcionamento que a suscitem, que a requeiram, para que ela surja e convença por seu próprio efeito persuasivo e demonstrativo. Há apenas uma atitude racional no mundo da empresa, a que une os interesses da empresa em que todos se encontram. Se a confiança é uma necessidade da organização moderna, como se opor a ela?

A idéia implícita nesse projeto seria a de um determinismo pelas estruturas, pelos modos de funcionamento: colocados diante de novos procedimentos, de diversas solicitações organizacionais que exigem disponibilidade, flexibilidade, lealdade e cooperação transparente, os assalariados podem apenas adaptar seus comportamentos e suas práticas a essas exigências. Mas essa idéia é acompanhada da convicção de que é importante acelerar esse movimento de adaptação e eliminar o peso cultural. A aplicação dos princípios tayloristas não demonstrou, à vontade, a margem que existia, em qualquer situação, entre o que é requerido, prescrito, inscrito na própria definição de tarefas, e a atividade concreta, as condutas profissionais reais?

A modernização da subjetividade

É por isso que freqüentemente o projeto gerencial procurou, para adquirir confiança, acelerar o desarme, e portanto a adaptação dos assalariados, e enriquecer-se com uma conduta complementar. Como a produção da confiança não se dá rápido o suficiente pelo mero jogo de transformações organizacionais ou da regulação das relações, inúmeras diretorias se esforçam para ativá-la por meio de um trabalho com a subjetividade: trata-se de "atacar" diretamente a mentalidade, a cultura, os valores, a filosofia e a racionalidade dos assalariados para ganhar tempo e estimular a confiança necessária à adaptação.

Fundamentalmente, o que está em jogo é distanciar o assalariado dos valores contestatórios, dos valores autônomos ou particulares, combater sua inquietação em relação ao futuro para incorporá-lo à racionalidade escolhida pela empresa. Conduta acompanhada por um discurso baseado na valorização da pessoa e que, de uma certa maneira, entra em ressonância com algumas expectativas dos assalariados, principalmente dos mais jovens. Esse discurso se baseia nas novas expressões utilizadas no mundo empresarial; fala-se de cargo de competência, de formações personalizadas, de pessoas com potencial, de reuniões individuais etc. Fundamentalmente, trata-se de individualizar a relação entre os assalariados e os superiores, a direção, a empresa. É de fomentar uma relação de tipo cooperativo com cada um dos assalariados.

Esses procedimentos apresentam o assalariado como ator e aliado da empresa, militante em prol de sua causa. Levam ao seu conhecimento as múltiplas exigências da empresa, suas dificuldades, os desafios que ela tem de enfrentar, fazem com que ele tome consciência do papel que desempenha, da importância de sua disponibilidade, de seu engajamento, da regularidade e qualidade de seu trabalho etc. Dessa maneira, ele é incorporado a uma série de dispositivos que têm dupla função: a da valorização, promoção da pessoa, e ao mesmo tempo de sua incorporação à racionalidade, à filosofia, à cultura, às escolhas de gerenciamento da empresa. O objetivo é que os assalariados, como pessoas em sua individualidade e não como membros de coletivos com contornos e valores incontroláveis, se integrem à política da empresa e a levem adiante.

Os meios utilizados são inúmeros e dispendiosos em matéria de tempo, energia e finanças. Entre eles, a reorientação de uma parte da formação. Na verdade, observa-se que inúmeras empresas recorreram à formação para influenciar as mentalidades, o estado de espírito, os comportamentos, o famoso "saber ser" do que para ampliar os conhecimentos técnicos. Clot dá um exemplo impressionante em seu livro *Le travail sans l'homme?*[7], com o caso de um grupo de operárias que iniciaram uma formação para aprender a denominar corretamente todos os elementos técnicos das máquinas em que trabalhavam. O objetivo, nesse caso, era que rompessem com o jargão que utilizavam entre si e que estimulava certa cumplicidade em torno de imagens e de valores que ridicularizavam a chefia masculina. A linguagem é utilizada como instrumento de mudança porque veicula representações, valores, e os reforça.

A inflação da comunicação vai no mesmo sentido. Nunca tantos assalariados foram saturados por um número tão grande de informações, mensagens, imagens, todas voltadas para o mesmo objetivo: obter a adesão dos assalariados, persuadi-los da legitimidade das decisões tomadas, das políticas praticadas, da boa vontade da direção, de sua boa-fé e, portanto, da evidência de que nela devem confiar. O que atinge um grande número de áreas e ilustra essa dimensão da comunicação é o sentimento freqüentemente manifestado pelos assalariados, nas reuniões, de que faltam informações sobre a vida real da empresa, sobre o que se passa realmente, sobre o futuro próximo, dando margem a rumores. É um paradoxo, essa queixa da falta de informações, enquanto a comunicação da empresa ganha uma importância cada vez mais forte? Não, principalmente se levarmos em conta que se trata de uma informação maciçamente orientada por objetivos bem precisos e que não tem muito a ver com

---

[7] Y. Clot, *Le travail sans l'homme?*, cit.

uma informação sobre os acontecimentos que tocam diretamente os assalariados em sua vida no trabalho assim como seu futuro.

O apelo às condutas participativas (círculos de qualidade, grupos de expressão reorganizados em função das necessidades, mobilização em torno da definição de um projeto da empresa, assim como em torno dos certificados de qualidade) insere-se nesta mesma lógica. Raramente, inclusive na França, as direções das empresas lançaram-se nessas formas de mobilização de seu pessoal. Desde o início da década de 1980, uma parte não negligenciável da jornada de trabalho dos assalariados foi dedicada às atividades de intercâmbio e ao diálogo entre diversos grupos com as mais originais denominações. Embora sem resultados concretos (toda uma enfadonha literatura sobre a questão, produzida para esclarecer os resultados das parcerias sociais nessas formas de expressão, evidenciaram que a contribuição desses grupos era pouco determinante), eles ainda continuam sendo um dos elementos prioritários das políticas dos DRHs exigidas pela direção geral. A explicação reside no fato de o valor dessas condutas estar menos em suas conseqüências para a melhoria de qualidade ou de organização das tarefas do que no que está em jogo: ou seja, um encontro inédito entre um grupo informal (um coletivo "arcaico") e seu superior; momento extremamente privilegiado para passar o recado e tirar os indivíduos do invólucro coletivo, procurando inculcar-lhes métodos padronizados de raciocínio e estimulando-os ao mesmo tempo para dinamismos individuais.

A gestão cada vez mais individualizante das situações de trabalho também faz parte do arsenal. As modalidades são o aumento diferenciado dos salários, a atribuição das formações personalizadas e a definição de carreiras específicas. Elas transitam, em geral, pela famosa reunião individualizada de cada assalariado com seu N+1, isto é, seu superior hierárquico imediato. Durante essas reuniões, que cada vez mais se referem a operadores e empregados, os assalariados são convidados a definir seus objetivos e, no fim de um ano, avaliar seu desempenho e, então, decidir com seu superior o aumento que merecem legitimamente. É evidente que esses encontros são particularmente oportunos para iniciar um processo de interiorização, pelo assalariado, do que se espera dele, do que é preciso que faça e fixe como objetivo pessoal para ser aumentado, promovido e formado de maneira conveniente.

Portanto, a confiança, base a partir da qual se pode esperar que os assalariados renunciem a suas condutas transgressoras e não-operacionais no novo contexto, é objeto de um amplo trabalho realizado pelos gerentes de recursos humanos, que não hesitam em elaborar códigos deontológicos, regras de moral e de vida destinadas a orquestrar essa ação sobre os valores e os estados de espírito.

Os limites da modernização: o desespero dos assalariados

O importante trabalho de modernização, ao qual a maior parte das empresas se dedicou, mudou o comportamento e a mentalidade profissional. Esses vinte últimos anos de reformas organizacionais e de ação sobre a subjetividade resultaram em uma individualização real. Embora tivesse se enraizado no mundo do trabalho, essa individualização não levou à confiança nem ao comportamento profissional desejado. Pelo menos, é o que revela a maioria das pesquisas de campo.

Executivos, engenheiros, técnicos, empregados administrativos e operários aliam-se em uma atitude de expectativa e de preservação do futuro. Não se trata apenas de uma atitude racional em um período conturbado, entrecortado por grandes turbulências, principalmente aquelas provocadas pela modernização da empresa. Na verdade, a renovação passa por amplas reorganizações: investimentos tecnológicos, flexibilização das estruturas, ou seja, supressão ou reagrupamento de instâncias, diminuição das linhas hierárquicas, terceirização de algumas atividades. Tudo isso evidentemente não acontece sem um impacto sobre o futuro dos assalariados. Cada qual se sente ameaçado em relação ao futuro de seu serviço, de seu emprego, de suas responsabilidades, de seu cargo. Quem pode ter certeza de sair incólume dessas reestruturações constantes, que se propagam na empresa ao ritmo de decisões voluntariosas e precipitadas dos novos gerentes? As diretorias não oferecem respostas a essas inquietações vividas de uma maneira muito individual, ou porque são incapazes de se projetar em um futuro próximo, ou porque preferem calar sobre as orientações escolhidas.

Essas transformações, que visam a modernizar e conquistar a confiança, desencadeiam uma apreensão e, conseqüentemente, reações de autodefesa. Mais do que cooperar lealmente e confiar em seus superiores, cada um trata de se tornar indispensável, insubstituível, tornando seu trabalho ainda mais opaco, ainda mais inacessível. Cada um se debruça sobre sua tarefa, sobre seu posto, investe na obscuridade e cava ainda mais profundamente seu buraco. As pesquisas de campo captam bem essas estratégias inscritas em uma lógica individual de sobrevivência.

Na realidade, essa tentativa de conquistar a confiança dos assalariados, custe o que custar, entra em contradição com as condições objetivas dadas aos assalariados. Na maior parte das vezes, elas são simplesmente fonte de desestabilização, de inquietação, de insegurança para assalariados, abalados por múltiplas e incessantes reorganizações. As reformas colocam novamente em questão seu aprendizado e sua rotina produtiva, assim como as regras informais constituídas por eles. Além disso, essas reformas os colocam em uma relação de concorrência entre si, devido à ameaça permanente de perderem o emprego, criada pela própria modernização.

Essa defasagem entre a tentativa de conquistar a confiança dos assalariados (orquestrada pelos DRHs, sem influência sobre o conteúdo ou o ritmo das mudanças) e as situações com as quais deparam esses mesmos assalariados manifesta-se concretamente na esfera da organização do trabalho.

O prolongamento da valorização do indivíduo, enfatizada no processo de modernização, traduz-se pela atribuição de mais responsabilidades aos assalariados. Reabilita-se o reconhecimento do que eles fazem no âmbito da missão que lhes é confiada. Assim, hierarquia reduzida e mais responsabilidades andam juntas para levar os assalariados a seu novo papel e à sua nova relação com a empresa. No entanto, se observarmos o espaço profissional em que os assalariados trabalham, perceberemos que o grau de autonomia instituído pela definição das tarefas e por sua organização está longe de corresponder à extensão e à natureza das responsabilidades. O conteúdo do trabalho evoluiu em inúmeras situações; ele corresponde cada vez mais freqüentemente a atividades de controle, de supervisão, de operação de equipamentos, de gestão de informações e, ocasionalmente, de interação com o cliente. Mas, por isso, os limites prescritivos têm um controle ainda mais onipresente (mesmo que seja cada vez mais invisível). Utiliza-se uma nova forma de racionalização, que predefine novas atividades. Embora a autonomia seja prescrita, ela é amplamente inserida em exigências mais distantes, porém mais estritas, e em controles mais competitivos. Além desses limites, raramente ela é aceita pelas chefias.

Essas situações são muito perigosas para os assalariados. Eles ficam na corda bamba de uma autonomia estreita e sob grande vigilância, que lhes deixa apenas uma pequena margem de manobra. No entanto, são considerados responsáveis pela adequação do que realizam às exigências de qualidade, de respeito aos prazos e de eficácia. A falta de autonomia necessária é, de fato, mais importante aqui do que nas situações passadas e constantemente experimentada pelos assalariados. Seu envolvimento é mais solicitado, e os limites com os quais deparam para organizar melhor esse envolvimento os mantêm em uma situação muito vulnerável. Eles sentem falta de uma chefia mais próxima, hoje rara: não têm a quem recorrer em caso de problemas ou disfunções graves. A tensão, a inquietação, o medo de fracassar são evidentes em um grande número de entrevistas que realizei em empresas muito diferentes entre si. São exacerbados por uma diminuição sistemática do número de trabalhadores, que deixa poucas válvulas de escape.

A individualização desenvolvida e mantida pelos múltiplos discursos, procedimentos e dispositivos obriga os assalariados a viver, como um tormento individual quase permanente, os inúmeros problemas relacionados a essa contradição fundamental entre mais responsabilidades aceitas, ou sobretudo impostas, e uma falta de autonomia real quanto à definição da tarefa a ser cumprida, assim como aos meios de fazê-lo. É difícil imaginar como essas situações de sofrimento podem resultar em uma relação de confiança com a chefia e a direção.

O que nos revelam as pesquisas é a realidade manifesta de vivências individuais de situações, apesar de tudo, similares: a de um tormento, em que cada um teme suas próprias fraquezas e insuficiências, que os tornariam não adaptados, não empregáveis.

O mais comum ainda é fundamentalmente a falta de confiança na diretoria, que não fornece as condições de êxito; a falta de confiança em si (o medo de não estar à altura); a falta de confiança nos outros, que imaginamos à espreita de nossas próprias fraquezas.

6

SOFRIMENTO INDIVIDUAL E AÇÃO COLETIVA um desafio para os sindicatos[1]

No fim do século XX, sacudido pela crise econômica, o sindicalismo francês não convence. Não se impõe muito no plano da luta pelo emprego, não chega a defender os salários, não exerce influência efetiva sobre o conteúdo da organização do trabalho. Tem poucos filiados e, sobretudo, não atrai mais os jovens.

Parece exercer cada vez menos influência sobre o mundo profissional e encontra-se em tamanha via de marginalização, que é possível se perguntar, sem cometer sacrilégio, sobre sua perenidade. Será que o sindicalismo não tende a desaparecer na tormenta das transformações que agitam as profundezas do mundo do trabalho? Falta de adaptação, falta de invenção de novas missões, de novas práticas, de novas ideologias, será que ele não condenou a si mesmo a desaparecer? A ser substituído por formas mais difusas de "negociação", assumidas diretamente pelos assalariados e pelas chefias? Em outras palavras, não se deve considerar que, com as reestruturações do aparelho produtivo, com a evolução dos modelos organizacionais e o questionamento dos modos tradicionais de representação e de delegação de poderes, o sindicalismo definitivamente perdeu seus atributos?

Desde a década de 1980, indiscutivelmente, surgem realidades novas. Sem dúvida, elas parecem dolorosas e até mesmo inaceitáveis. Enquanto não forem encontradas respostas socialmente aceitáveis para situações de não-atividade impostas, não é possível falar de novos equilíbrios, de novas regras do jogo. Quando as regras são tais que nem todo mundo pode jogar, há uma espécie de anomia.

[1] Publicado anteriormente em Jean-Pierre Durand (Dir.), *Le syndicalisme au futur* (Paris, Syros, 1996, col. Alternatives Sociologiques).

Mas não é um alento considerar que, por trás dessa tormenta, delineia-se um outro equilíbrio portador de novas lógicas sociais? Com a criação, principalmente na empresa, de relações mais "adultas", em que os assalariados tenham acesso direto à palavra, tenham possibilidade de negociar as condições de sua vida na empresa.

As novas políticas de gerenciamento

O que há de comum nas políticas inovadoras da empresa gira em torno da sistematização das condutas coletivas. A exemplo do "modelo japonês", que influencia mais de um gerente francês, mesmo que a contragosto, instaura-se o *coletivo* na empresa. Esse *coletivo* assume vários significados distintos, entre os quais é possível salientar três.

Sobre o coletivo

Inicialmente, um coletivo correlacionado à empresa; aquele que corresponde às mobilizações orquestradas em torno do projeto da empresa, de sua identidade, de sua cultura. Não há praticamente uma grande empresa francesa que não se tenha lançado em campanhas participativas para engajar todos os assalariados, independentemente de seu nível hierárquico ou de sua função. Campanhas durante as quais os assalariados devem avaliar juntos, com a ajuda de linguagens e de instrumentos comuns, as funções da empresa e definir as melhores formas de exercê-las.

Em seguida, há coletivos com dimensões mais restritas. Na França, é bem conhecida a popularidade dos círculos de qualidade. Mesmo que atualmente estejam um pouco mal das pernas, contribuíram muito para transformar o campo das relações sociais na empresa, em que conviviam com todos os tipos de grupos de mesma natureza participativa: grupos de intercâmbio e de desenvolvimento, grupos de iniciativas, grupos especialistas... e até mesmo os famosos grupos de expressão instaurados por determinação do Legislativo socialista a partir de 1982[2].

Finalmente, há os grupos de trabalho presentes na maior parte das grandes empresas. Independentemente de como são chamados – células, módulos, ilhas ou unidades elementares –, levam todos à mesma realidade de equipes oficiais de trabalho, ou seja, de assalariados a quem são confiadas tarefas que devem assumir coletivamente.

Com base nessas rápidas observações, é possível fixar a importância das condutas coletivas, que tomam dimensões e aspectos diferentes, mas que são sempre acompanhadas do imperativo de envolvimento, de participação e de diálogo.

E sobre o individual

Mas, nem por isso, essa orientação deliberada para a promoção das formas coletivas de mobilização exclui a difusão de práticas decididamente individualizantes. Na

[2] Cf. D. Martin (Dir.), *Participation et changement social dans l'entreprise*, cit.

verdade, é possível observar que se estabelecem paralelamente, nas mesmas empresas, políticas de individualização das remunerações[3], assim como práticas de mobilidade sistemática dos assalariados. Alguns observadores da área inferem dessa situação que nos encontramos diante de estratégias contraditórias de diretorias não modernizadas. Por um lado, elas buscam promover formas cada vez mais coletivas de trabalho e de mobilização e, por outro, explodem as próprias bases dessas orientações, desenvolvendo o individualismo dos assalariados. É possível demandar, aos assalariados, que tenham um comportamento solidário, comunitário com os que parecem concorrentes potenciais e de quem os destinos se distanciam?

As práticas de individualização das remunerações (que tomam a forma da instauração de uma parte individual de aumento com base em conversa particular entre o assalariado e seu superior hierárquico, em que se definem objetivos e se avaliam desempenhos) que, de fato, abrangem cada vez mais assalariados, antes de mais nada gerentes e técnicos e, agora, operários e empregados. Elas são muitas vezes acompanhadas da definição de carreiras individualizadas, que se baseiam em arquivos sobre competência e em programas de formação especificados em função das trajetórias previstas. Nesse caso, encontramo-nos no âmbito de estímulos estritamente individuais dados aos assalariados. Acrescidos das práticas de polivalência e de mobilidade, também cada vez mais difusas, poderíamos de fato deduzir que há um certo nível de contradição entre essa individualização e as políticas que visam a promover as formas coletivas de expressão e de trabalho.

Por uma nova articulação entre o individual e o coletivo

Na realidade, não é muito rapidamente que se toma uma decisão sobre a existência de novas contradições na empresa em via de modernização. O que, realmente, procuram as direções inovadoras e influenciadas pelo modelo japonês é apenas a possibilidade de disporem, na empresa, de pessoas motivadas por valores individuais e aptas a trabalhar com outras em coletivos de geometria variável conforme as necessidades e as pressões do momento. A empresa moderna se pensa como uma empresa que dispõe de indivíduos "livres", ou seja, não condicionados por valores e por uma cultura "de grupo" (que nutre a sensibilidade sindical e o sentimento de classe), muitas vezes enraizados em coletivos tradicionais de operários, mas indivíduos capazes de trabalhar, de refletir, e de se expressar em coletivos operacionais[4].

Provavelmente, é nessa nova alquimia entre o individual e o coletivo que está o cerne das novas políticas em matéria de recursos humanos. Certamente, a questão que se coloca é a da eficácia dessas orientações.

---

[3] Cf. D. Linhart, P. Rozemblat e S. Voegele, "Vers une nouvelle rémunération scientifique du travail?", *Travail et Emploi*, nº 57, 1993.

[4] Cf. M. Aoki, *Information, incentive and bargaining in the Japanese economy* (Cambridge, Cambridge University Press, 1988).

Um contexto em pleno desenvolvimento

Parece que essas práticas não ocorrem se não estiverem em contato direto com a realidade da área. Nas empresas, os assalariados, na maior parte das vezes jovens, são estimulados por essas novas condições de mobilização; o sentimento de ser considerado como indivíduo, de ser desafiado e de ter de negociar seus próprios objetivos, de participar com seu superior da avaliação de seu próprio desempenho, em suma, de jogar suas próprias cartas, corresponde a valores bem reais, a aspirações verdadeiras. Na verdade, essas novas práticas desenvolvidas nas empresas mais inovadoras repercutem nas tendências profundas que modelam as representações.

O contexto das décadas de 1980 e de 1990 exacerbaram consideravelmente as tendências a questionar organizações, a distância em relação a grandes ideologias, identidades coletivas ligadas à política ou à vida sindical[5]. A desconfiança em relação à delegação e à representação, assim como o fechar-se em si mesmo (no sentido de se permitir contar apenas com suas próprias forças), são atitudes cada vez mais compartilhadas em nossa sociedade, mesmo se alguns, sobretudo entre os antigos, manifestam uma certa nostalgia, como pesquisas em fábricas testemunham[6].

Nesse processo de enfraquecimento progressivo das formas coletivas de mobilização e de sociabilidade, as políticas patronais seguem então seu caminho.

Essa relativa adequação de tendências profundas, da ordem das representações, atitudes e valores, às novas orientações introduzidas pelas direções modernas deve nos levar, então, a pensar que, em suma, uma nova situação desejável está prestes a se estabelecer, no meio da qual os sindicatos realmente não têm mais lugar nem papel?

Por uma nova ordem social nas empresas

Responder a essa questão implica se perguntar mais detalhadamente sobre a nova gestão e suas conseqüências. É importante colocar em evidência as novas regras sociais elaboradas e impostas aos assalariados.

Em primeiro lugar, uma constatação: as práticas que levam à "produção" de indivíduos, ou melhor, de pessoas aptas a trabalhar de maneira eficaz nos grupos ou em coletivos de diferentes naturezas provocam um certo número de mudanças muito importantes. Entre elas o fato fundamental de que os assalariados perdem o direito ao distanciamento, o direito à distância em relação à racionalidade, à norma, à cultura dominantes da empresa.

[5] Cf. D. Linhart e A. Malan, *Fin de siècle, début de vie, voyage au pays des 18-25 ans* (Paris, Syros, 1990).

[6] Durante uma pesquisa sobre as novas formas de trabalho, tive a oportunidade, no interior do país, de coletar testemunhos sobre a evolução das atitudes ao longo de cerca de trinta anos: operários que trabalham há mais de trinta anos na mesma empresa constatam que a tendência dos jovens a se ajudarem mutuamente, a se apoiarem ou até mesmo a se visitarem é bem menor que no passado. O momento é mais de concorrência e de desconfiança de uns em relação aos outros.

Na verdade, as políticas sociais aceleram o enfraquecimento dos coletivos clássicos, tradicionais, que na empresa sempre caracterizaram a sociabilidade e a cultura profissionais dos assalariados. O estabelecimento de todas as condutas de participação, seja no âmbito da empresa em sua globalidade (durante a elaboração do projeto da empresa), seja no âmbito dos serviços e dos setores de produção (sob a forma de múltiplos grupos diretamente produtivos ou participativos), cria de fato uma concorrência, de peso, com os inúmeros coletivos que se proliferam na clandestinidade. Estes são constituídos por assalariados que, diante de um mesmo ambiente, das mesmas pressões de trabalho e, mais, de um mesmo destino de trabalho, têm essa capacidade extraordinária de elaborar, de alimentar, na obscuridade e no silêncio, regras que organizam a existência comum[7]. Regras que têm, como particularidade, o fato de evoluírem nos dois cenários da eficácia produtiva e da distância em relação à ordem estabelecida, e que servem assim de "base de retaguarda" para os assalariados[8]. Graças a essas reorganizações, os que executam as tarefas não são constantemente submetidos às prescrições, às injunções e aos regulamentos; dispõem de recônditos, em que outros valores imperam, outras maneiras de fazer, uma outra cultura, em que se compartilham coisas que escapam da dominação da empresa personificada em sua direção e suas chefias[9].

Fim da autonomia?

Os chamados grupos de negociação, estimulados pelas diretorias, que têm sido multiplicados, representam efetivamente espaços concorrentes. Beneficiam-se de toda a atenção das chefias e da direção, reúnem-se oficialmente nas horas de trabalho, às vezes recebem até somas orçamentárias para executar suas sugestões. Representam possibilidades de encontros com assalariados provenientes de outros horizontes profissionais e situados em diferentes níveis hierárquicos. Seus membros têm direito a formações específicas e, além disso, é um espaço em que se pode valorizar, aos olhos da chefia próxima e inclusive da direção, sua competência, sua boa vontade e, assim, esperar promoções.

As práticas individualizantes, por sua vez, simplesmente acentuam a relativização dos coletivos tradicionais, cujo motor é compartilhar dos destinos da empresa, dos problemas e das maneiras de resolvê-los. Na verdade, sua força é reduzida, esses coletivos entram em contradição com as novas atitudes e estratégias dos assalariados, que se acham fortemente estimulados pelos grupos oficiais de negociação e de participação e pelos incentivos aos desempenhos individuais, assim como à negociação direta com as chefias.

---

7 Cf. A. Borzeix e D. Linhart, "La participation: un clair obscur", cit.

8 Cf. D. Linhart e R. Linhart, "Naissance d'un consensus: la participation des travailleurs", em D. Bachet (Dir.), *Décider et agir dans le travail*, cit.

9 Cf. D. Linhart, *Le torticolis de l'autruche: l'éternelle modernisation des entreprises françaises*, cit.; cf. também as análises relativas à regulação conjunta, produzidas por J.-D. Reynaud, *Les règles du jeu*, cit.

O que se desenvolve na empresa lembra muito uma nova ordem social: são extirpados, ou passam a ter muita possibilidade de sê-lo, os grupos que não correspondem à ordem estabelecida e que vivem fora do controle e da regra oficial dos modos coletivos de trabalho e da vida na instituição. Cada vez mais dão lugar a instâncias, também coletivas, mas cujos valores, identidade e referências são definidos anteriormente pela instituição, pois são resultado de sua racionalidade, de sua filosofia organizacional e social, de sua cultura; o que equivale a dizer que são os imperativos, os objetivos da empresa representada por sua direção, os conceitos, os instrumentos, os critérios elaborados para definir as maneiras de proceder que irrigam, por si sós, as reflexões e as ações dos assalariados, que trabalham nos grupos instituídos ou individualmente. Se formulássemos essa idéia nos termos das análises produzidas pelos autores das "economias de grandeza" [10], poderíamos dizer que, a partir de então, as empresas em via de modernização tendem a instaurar uma hegemonia de pensamento e de referências, que substitui um equilíbrio em que coexistem várias lógicas de naturezas diferentes – "a empresa deve ser considerada uma organização complexa, que supõe compromissos entre várias lógicas de ações [...] Há uma diversidade de modos de coordenação envolvidos e de modos de qualificação das pessoas", escrevem na introdução de *Justesse et justice dans le travail* [11]. Ou ainda, se retomássemos o centro da teoria da regulação conjunta[12], poderíamos sustentar que as fontes da regulação autônoma estão em via de se esgotar: se as regras efetivas representam a realização de um compromisso, de um equilíbrio entre as regras autônomas, elaboradas pelos que executam as tarefas com base em sua própria cultura profissional e de seus próprios valores, e as regras de controle definidas pela autoridade e pela racionalidade oficiais, dominantes, a tendência inscrita nas novas orientações parece levar a uma desagregação das próprias bases de constituição das regras autônomas e chegar a uma situação em que somente as regras de controle são as regras efetivas.

Dizer isso pode parecer um exagero. Não nos encontramos exatamente, dirão alguns, em um novo contexto em que os indivíduos são cada vez mais solicitados por suas idéias, suas iniciativas, em que o campo do prescrito tende a dar lugar ao dos contratos objetivos[13]? Não há nisso, poderia ser argumentado, um contra-senso fatal? No momento em que a empresa apela cada vez mais para a competência e a inteligência das pessoas que ela mobiliza, no momento em que se multiplicam as condutas participativas de todas as naturezas, em que são criadas, nos módulos,

[10] Cf. L. Boltanski e L. Thévenot, *De la justification, les économies de grandeur* (Paris, Gallimard, NRF, 1991).

[11] Cf. L. Boltanski e L. Thévenot (Dir.), *Justesse et justice dans le travail* (Paris, CEE/Presses Universitaires de France, 1989).

[12] Cf. J.-D. Reynaud, *Les règles du jeu*, cit.

[13] P. Veltz e P. Zarifian, "Vers de nouveaux modèles productifs", *Sociologie du Travail*, nº 1, 1993; assim como, no mesmo número dessa revista, J. L. Laville, "Participation des salariés et caractéristiques du travail productif"; cf. também B. Coriat, *Penser à l'envers: travail et organisation dans l'entreprise japonaise*, cit.

nas células polivalentes, que pertinência há em declarar que o campo da autonomia é limitado, que a lei oficial torna-se mais hegemônica, e que existe cada vez menos espaço para propostas alternativas?

Mesmo que isso pareça, à primeira vista, paradoxal, a análise aprofundada da lógica subjacente às novas orientações de gestão, demonstra que a filosofia da *one best way* jamais esteve tão bem de saúde. Aqueles que concluem que entramos na era do pós-taylorismo, que o campo de intervenção e da autonomia dos que executam as tarefas ampliou-se consideravelmente e que demos um salto qualitativo[14], continuaram em um primeiro patamar, que não considera a totalidade das questões em jogo.

Se por trás da aparência de uma empresa cada vez mais comunitária[15], como se tentou demonstrar, esconde-se uma operação de redefinição da articulação entre o coletivo e o individual, que nada mais é que uma redefinição do coletivo, por trás da aparência da autonomia esconde-se uma reapropriação pelas direções e pelas chefias da autonomia dos assalariados. Na verdade, não se deve se enganar: o que acontece parece muito mais um esforço de racionalização, um esforço de prescrição da subjetividade individual e coletiva dos assalariados[16] do que uma renúncia aos princípios fundamentais do taylorismo.

Encontram-se completamente ameaçados na empresa os espaços, os lugares, as condições em que surgem e prosperam as lógicas autônomas, as que sob o abrigo do controle e da prescrição oficial supõem maneiras independentes de vida e de trabalho.

A nova empresa, a empresa moderna, é aquela que objetiva produzir indivíduos moldados pela racionalidade dominante da empresa, de acordo com sua *one best way*, e capazes, no novo contexto, de tomar iniciativas e de propor melhorias, que não podem de maneira alguma sair das trilhas impostas e, em princípio, a partir de então, interiorizadas. No entanto, é possível debater em torno da questão de saber se a autonomia obtida com esses novos limites é superior em quantidade e qualidade à antiga autonomia clandestina.

Desarmonia e sofrimento

Atores em alguns espaços e temporalidades da empresa, no que diz respeito finalmente à sua atividade concreta de trabalho, os assalariados continuam realmente agentes, ou seja, obrigados a se conformar às prescrições sem ter possibilidade de influenciar diretamente a concepção e organização de seu trabalho. Direito à palavra e à iniciativa no âmbito das condutas participativas, dever estrito de se conformar a um trabalho com horizonte ainda restrito. O que não contribui para facilitar a percepção que têm os assalariados de seu espaço na empresa, de seu papel, do que representam para ela. De fato, para um grande número deles, isso se traduz em problemas

---

[14] Cf., por exemplo, G. de Terssac, *Autonomie dans le travail* (Paris, Presses Universitaires de France, 1992).

[15] Amplamente analisada por D. Segrestin, em *Sociologie de l'entreprise* (Paris, Armand Colin, 1992).

[16] Para retomar a expressão de J. D. Sebag e J.-P. Durand, *Rapport de mission du Japon*, mimeo., Université d'Évry, 1993.

de ordem de identidade. Diante de uma situação que os divide, que os fragmenta internamente, podem sentir verdadeiras angústias, verdadeiros problemas de identidade. Quem são eles realmente para a empresa, em que se encontram relacionados a ela? Não é fácil se encontrar quando se é atirado entre lógicas contraditórias, lógicas contraditórias atuantes na modernização das empresas e que exasperam, que exacerbam as expectativas, que geram frustrações.

Lógicas que podem levar a uma eterna precipitação da tensão e do estresse contínuo, ou ainda a atitudes individuais de distanciamento e também de revolta.

Os assalariados em perigo

Rachas de identidade e aumento da dependência em relação à empresa, criando um vínculo baseado no envolvimento individual destituído de qualquer referência coletiva externa à lógica dominante. Eis como se pode caracterizar a situação dos assalariados no conhecido contexto de crise econômica, de desemprego sempre crescente, que ameaça permanentemente ou que ataca de surpresa como, por exemplo, as demissões conhecidas como "demissões táxis ou expressas".

As novas modalidades de negociação estimuladas na empresa em via de modernização, que instauram um vínculo direto entre os assalariados e sua própria chefia, não os protegem muito. De qualquer maneira, levam apenas a manter e a reforçar as orientações tomadas. O que parece caracterizar a nova empresa é realmente a vontade de impor uma homogeneidade de pensamento, de valores e de atitudes, em que cada qual entra em concorrência com os outros.

A necessidade de reconstruir as condições de um debate

As organizações sindicais não têm uma missão importante, que consiste em recriar e fomentar o debate na empresa, ou seja, o confronto de idéias, de abordagens? Não existe algo vital que deva ser salvo? Dos dois pontos de vista: o da empresa e o dos assalariados.

Comecemos pelo da empresa, talvez o menos evidente. A estratégia em ação (que consiste em não querer rever os fundamentos da organização do trabalho enquanto os assalariados não forem considerados totalmente confiáveis, adeptos à causa da empresa, moldados por seus valores e raciocínios e, portanto, liberados da influência "negativa" de coletivos tradicionais e contestatórios) corre o risco de secar fontes de saber, experiências, saber ser produtivos em conjunto. É nesses coletivos, enraizados em uma tradição de autonomia crítica, que são elaborados os tesouros de criatividade prática que parecem tão preciosos atualmente. Quem garante que, cativados pelas lógicas da concorrência e trabalhando em grupos de trabalho com configuração variável, embriagados pela racionalidade dominante, os agentes estejam em condições de inovar, de descobrir e determinar maneiras de se adaptar melhor, de se tornarem mais eficazes? A motivação para inovar implica uma capacidade de distância crítica, uma disposição natural, uma vontade de transgredir?

Do ponto de vista dos assalariados, é claro que a existência de oposições na empresa, mesmo que simbólicas, aliviaria o jugo que tanto lhes pesa e lhes daria a possibilidade de relativizar exigências, no momento contraditórias, geradoras de frustrações e de estresse. Mas, além dessa dimensão ideológica não negligenciável, há um papel importante para as organizações sindicais: o de limitar o desvio do modelo organizacional estabelecido na modernização. A assincronia entre as diferentes dimensões tem efeitos extremamente devastadores sobre quem executa as tarefas sem, no entanto, resolver as importantes questões de adaptação diante dos imperativos de flexibilidade e de qualidade. O questionamento dos princípios tayloristas e, principalmente, a ampliação do campo de intervenção dos agentes, a instauração de uma autonomia real, baseada na redefinição das ocupações, da competência e da formação necessárias, poderiam ser objeto de um verdadeiro debate social na empresa, que, na verdade, somente pode ser sustentado por organizações sindicais próximas de sua base. Organizações capazes de realizar, juntas (entre elas e com os assalariados), reflexões visando a racionalidades, a referências a um horizonte mais aberto, que preparem possibilidades maiores. Torna-se necessário que instâncias coletivas estimuladas por valores que escapam à racionalidade de visão hegemônica das direções, estejam presentes e ativas na empresa para preservar uma certa forma de vínculo social e para recriar as condições de negociação da mudança.

Os termos do desafio

Embora compreendamos o trunfo que constituiria o aumento da influência sindical nesse período de redefinição das lógicas organizacionais e sociais da empresa, a questão da maneira como uma verdadeira presença sindical poderia ser reconstituída está bem longe de ser resolvida.

Como, a partir de assalariados em busca de sua saúde individual e preocupados em preservar seu interesse pessoal, construir as bases de uma ação coletiva na empresa?

O sindicalismo francês escreveu a maior parte de sua história referindo-se às noções de solidariedade, de identidade coletiva e de projeto crítico em relação à sociedade capitalista. A força de seus militantes, em um passado ainda recente, baseava-se muito em sua convicção, em seu espírito de devoção e até mesmo de sacrifício. Falar em nome dos outros, representá-los, defender seus valores, os de uma classe operária unida, aí estava sua motivação e seu orgulho.

No entanto, é preciso criar outros meios de mobilizar e convencer, que não sejam a identificação com certos valores, um destino comum e a vontade de recolocar em questão as regras do jogo da sociedade.

Sem dúvida, a capacidade de mobilização ainda está bem presente, o sucesso das coordenações está aí para comprová-lo. Podemos analisá-la como característica de uma conduta bem particular: a de compartilhar interesses individuais em um movimento reivindicativo coletivo[17]. São indivíduos que participam, e não membros de

---

[17] D. Linhart e A. Malan, *Fin de siècle, début de vie*, cit.

uma organização conduzidos por um objetivo que, de certa maneira, ultrapassa suas reivindicações imediatas. Mas esses atores mobilizados por um objetivo preciso e que jamais se distanciam de seus interesses individuais não são menos capazes de ações de grande envergadura; comprovam bem que a desconfiança em relação às grandes organizações, às grandes estruturas, às grandes ideologias não significa necessariamente resignação e aceitação de um "consenso imposto".

A ação coletiva inevitável

Os termos do compromisso que as direções de empresas modernas tentam passar, como vimos, suscitam problemas. A empresa que se apresenta como o local de realização, de ramificação possível para os que aceitam participar do jogo de envolvimento individual com um espírito de competição com os outros, não consegue corresponder às expectativas assim suscitadas: o trabalho continua regido pelos princípios tayloristas de divisão e as possibilidades de promoção, que poderiam atenuar os efeitos do taylorismo propiciando o acesso a funções em que o prescritivo desempenha um papel menor, são muito limitadas. Do ponto de vista dos assalariados, as regras do jogo não são respeitadas e os interesses individuais de cada um são lesados.

O que significa também recusar a estratégia atual das direções que esperam ter os assalariados "adaptados" a situações de trabalho não-tayloristas. De fato, um grande número de direções prefere "mudar os assalariados" antes de mudar o trabalho, avaliando que a herança de um passado muito conflituoso entre dirigentes e agentes, corrompido pela ideologia da luta de classes, torna perigoso o estabelecimento de organizações não-tayloristas do trabalho. Na verdade, não se deve esquecer que o taylorismo, que se apresenta como uma ciência da organização, baseia-se em uma filosofia bem particular de pressão social. Os agentes são controlados e dominados pela aplicação sistemática do princípio de prescrição, extremamente detalhado[18]. Em outras palavras, uma organização taylorista de trabalho caracteriza-se pelo fato de os agentes serem colocados em situação objetiva para cumprir o que se espera deles, quaisquer que sejam suas disposições de espírito.

No contexto das atuais inovações organizacionais (por exemplo, a expansão do *just-in-time* com o objetivo de reduzir bastante os estoques, e do autocontrole de qualidade nos postos de trabalho), a empresa fragiliza-se: torna-se ainda mais dependente de seus assalariados. É fácil imaginar as conseqüências devastadoras que comportamentos refratários poderiam ter em uma situação em que o campo de intervenção de cada um é ampliado. Do ponto de vista das direções, a predeterminação dos procedimentos, do tempo, dos gestos atua, aqui, como uma barreira. Enquanto os assalariados não forem considerados aliados seguros, partidários dos interesses da empresa da maneira como a direção os define, é melhor não correr o risco de renunciar ao taylorismo que tranqüiliza, uma vez que aprisiona os gestos em uma camisa-de-força de prescrições e limita o campo de intervenção e de iniciativa de cada um.

[18] F. W. Taylor, *La direction scientifique des entreprises*, cit.

Portanto, é possível analisar a situação atual como uma fase de transição durante a qual as direções propõem um *deal* bem particular: em troca de uma transformação de suas mentalidades (ou seja, um envolvimento sem reservas, com base em uma cooperação constante com as chefias e os diferentes departamentos, uma adesão aos valores da empresa, à sua racionalidade, à sua finalidade), as direções oferecem um emprego aos assalariados, o que não é nada negligenciável na conjuntura atual, e um começo de democracia formal na empresa; é reconhecido seu direito à palavra, à expressão, ou são informados, é dada a eles a possibilidade de discutir com seus superiores. Mas, na esmagadora maioria dos casos, no exercício cotidiano de sua atividade, os assalariados continuam diante de tarefas de simples execução, em que não têm muita liberdade para exercer sua competência, seus conhecimentos práticos, cuja utilidade, no entanto, é bem reconhecida pelas direções, mas que somente são solicitados no âmbito das instâncias participativas, ou seja, em condições em que eles podem ser controlados e reprimidos.

Se existe uma melhoria real das condições de vida na empresa (na verdade, não se deve subestimar a importância dessas novas possibilidades de expressão dos assalariados que, ainda há pouco tempo, eram submetidos a uma autoridade arrogante e exigente e não tinham muito direito à palavra), se as exigências relativas à qualidade aumentaram, o sentido e a própria importância do trabalho não evoluíram muito. Essa evolução, deixada para mais tarde, tem como condição a concordância dos assalariados com as necessidades e exigências da empresa.

Provavelmente, jamais o *deal* implícito foi tão desfavorável aos assalariados. Não lhes é mais demandado apenas a submissão de seus músculos e seu cérebro às imposições e prescrições, mas a submissão também de sua subjetividade, sem que, para isso, as regras do jogo sejam realmente modificadas no que mais lhes concerne, ou seja, na natureza de sua tarefa e, portanto, de sua razão de existir na empresa. Além disso, nada garante que, no final, as empresas se aventurem realmente a um remanejamento de sua organização. Trata-se de uma aventura complexa, para a qual ainda não existe modelo algum e que supõe importantes investimentos em formações. Se os assalariados "remodelados" encontram-se de acordo com as exigências da empresa e não suscitam problemas, é possível imaginar que não haja muita diligência por parte das direções, mesmo modernas, em recolocar em questão um equilíbrio tão favorável.

Individualmente, os assalariados têm dificuldade de melhorar sua sorte. A concorrência entre eles é grande: embora a aspiração da maior parte dos jovens seja ter acesso aos empregos mais bem remunerados, àqueles que dão espaço à iniciativa, às responsabilidades, que permitem sair da rotina e da dependência tão mal vividas, é preciso constatar que a estrutura das empresas é tal que esses postos são muito limitados, e raros são os trabalhadores que vão consegui-los. No mais, o campo das possibilidades é restrito, e a prática cada vez mais difundida de "negociação" de objetivos com as chefias muitas vezes tem como efeito submeter os assalariados que se encontram sozinhos diante de seus superiores à sua avaliação.

Parece um campo enorme em que, no momento, nenhuma força coletiva de contestação, negociação investe efetivamente, e que corresponde simplesmente às próprias bases do compromisso que as direções buscam estabelecer. Corresponde a compartilhar interesses individuais da maior parte dos assalariados, que espera de seu trabalho algo diferente do horizonte estreito de uma norma tacanha.

Nesse assunto, o sindicalismo francês não tem muita experiência, não tem muito conhecimento prático. Durante os anos de prosperidade conhecidos como Trinta Gloriosos, os sindicatos focalizaram sua estratégia reivindicativa no contrato de trabalho: demandaram aumento de salário, redução da jornada de trabalho e estabilidade de emprego[19]. Com exceção do setor público, como a Electricité de France (EDF) ou a Régie Autonome des Transport Parisiens (RATP), em que, por estarem presentes em instâncias mistas, os sindicatos encontram-se envolvidos nessa área, a ação sindical abandonou amplamente a organização e a gestão do trabalho. Tudo deve, então, ser criado.

Mas se torna imperativo que se elabore um verdadeiro projeto alternativo no âmbito da organização do trabalho, pois talvez aí resida uma parte das respostas possíveis para se compreender a questão dolorosa do desemprego; assim como se torna imperativo que se organize um debate em torno da autonomia, da responsabilidade, para acabar com o pseudoconsenso demandado pela empresa; pseudoconsenso que dissimula a angústia e o sofrimento de um grande número de assalariados.

O que está em jogo é muito importante: a modernização das empresas não pode ser concebida sem uma transformação da organização do trabalho, e esta não pode ser pensada unilateralmente. Os assalariados não estão individualmente em condições de impor seu ponto de vista; como poderão construir um ponto de vista coletivo sobre a questão enquanto se encontrarem em situações cada vez mais individualizantes?

Mas o que está em jogo ainda vai além dessa questão primordial. Chega à questão da natureza de nossa sociedade. É conhecido o papel que a empresa desempenha, após a escola, na socialização dos indivíduos. Alguns sociólogos insistem na influência crescente das empresas na produção de valores, de normas difundidas em toda a sociedade[20]; ora, estas são cada vez mais submetidas à autoridade de direções com ambições hegemônicas.

Portanto, é bem real o risco de ver desenvolver-se uma sociedade dominada pela hegemonia cultural das empresas, se o debate não for reintroduzido em seu meio. Uma sociedade que funciona com o terrível princípio de uma dicotomia que distingue, por um lado, indivíduos privados, devido ao desemprego, de uma parte primordial da vida social e cultural e, por outro, assalariados submetidos individualmente ao rolo compressor de um sistema unilateral de valores.

---

19 Cf. R. Mouriaux, *Les syndicats dans la société française* (Paris, Presses de la Fondation Nationale des Sciences Politiques, 1983), assim como S. E. Séguin, *Syndicats et relations de travail dans la vie économique française* (Villeneuve-d'Ascq, PUL, 1985).

20 Cf. R. Sainsaulieu (Dir.), *Sociologie de l'entreprise et de l'organisation* (Paris, Presses de la Fondation Nationale des Sciences Politiques, 1987).

Parte III

DOS DISCURSOS À PRÁTICA

Nesta terceira e última parte, apresentamos três artigos que, na verdade, são monografias.

As duas primeiras são monografias sobre empresas: uma PME* de peças do setor industrial privado, situada no interior e terceirizada pela indústria automobilística; e uma *caisse d'allocations familiales*** (CAF), ou seja, uma empresa de caráter privado, mas encarregada de uma relevante missão social. Elas evidenciam que o projeto modernizador se desenvolve sob a forma de um modelo único. De fato, as atividades do terciário, assim como as do setor industrial, privado e público, são submetidas ao mesmo modelo de modernização, modelo este que não leva em conta as especificidades dos ofícios, as tradições profissionais e as situações de fato.

Funcionando como uma tábula rasa, e com uma desqualificação total do passado, essa modernização visa a criar, partindo do nada, novas empresas, novas organizações servidas por um novo tipo de assalariados. O projeto é o mesmo, qualquer que seja o destino e a natureza do bem ou do produto. Isso vem de uma particularidade francesa, a da formação de elites. Estas são provenientes fundamentalmente de um sistema educativo paralelo à universidade, o das grandes escolas (Escola Nacional de Administração, Escola Politécnica, Escola de Minas, Escola Central, Escola Normal Superior...), muito seletivo e que funciona amplamente sobre o modo da reprodução social. Trata-se de um ensino de qualidade, mas extremamente acadêmico, abstrato e universalista, com uma abordagem de desvalorização do que provém do empírico, do local, do concreto. Além disso, essa elite é designada a um destino particular, pois circula nas esferas dirigentes, tanto ministeriais quanto políticas, tanto nas diretorias de grandes empresas públicas quanto nas de empresas privadas da indústria e dos serviços. Assim, um mesmo dirigente pode estar em determinado momento na direção de uma empresa pública, logo depois ser secretário de gabinete ministerial e,

* Na França, categoria que engloba as pequenas e médias empresas. Segundo o número de funcionários, o volume de negócios e o balanço anual da empresa, a categoria se subdivide em microempresa, pequena empresa ou média empresa. (N. T.)

** Órgão de assistência social vinculado à previdência. (N. T.)

posteriormente, dirigir uma empresa de grande distribuição privada. Funcionando como especialistas "generalistas", transportam com eles um mesmo e único modelo que utilizam em cada local, completamente indiferentes às realidades da prática e às heranças.

As PMEs não escapam dessa onda do projeto modernizador, pois no âmbito dessa modernização são submetidas a uma maior dependência dos manda-chuvas. Sabemos que as práticas de *just-in-time*, assim como as condutas de certificação da qualidade conduzem a uma verdadeira ingerência dos manda-chuvas. Eles controlam as organizações, os equipamentos tecnológicos, a formação do pessoal e, portanto, não há mais por que se espantar com a perfeita conformidade da maioria das PMEs às características principais do modelo único de modernização. O artigo aqui apresentado tenta demonstrar o custo disso.

Da mesma maneira, o artigo dedicado à modernização de uma CAF visa a dar uma idéia da dimensão dos problemas ligados à difusão desse modelo, quaisquer que sejam as especificidades do ofício. Uma CAF, não podemos esquecer, paga os beneficiários, dá dinheiro a eles e, no entanto, no campo semântico da modernização, eles se tornam clientes.

O terceiro e último artigo desta parte trata das dificuldades que os sindicatos enfrentam para se posicionar nesse cenário. Trata-se também de uma monografia, que permite compreender de maneira concreta a natureza dos problemas com os quais deparam as organizações sindicais.

7

AS AMBIGÜIDADES DA MODERNIZAÇÃO
o caso de uma PME[1]

De maneira alguma a sociologia tem as características das ciências experimentais: é impossível comparar um grupo de controle a um grupo submetido a um procedimento experimental. O objeto de pesquisa do sociólogo encontra-se, por definição, imerso na sociedade e sujeito às suas influências. Por isso, nenhuma manobra científica poderia isolar o contexto. Aí está um dos maiores problemas encontrados quando se interessa por uma inovação organizacional. Como discernir seus efeitos em sua especificidade? O que deve ser atribuído à inovação, ao contexto e às circunstâncias que, aliás, puderam determiná-lo? Continuamos na dúvida, e a parte das "responsabilidades" ainda é muito vaga.

Não escapamos desses limites no caso que nos interessa, ou seja, do impacto do *just-in-time* sobre a vivência e as práticas de trabalho nas empresas. Muito pelo contrário. Percebemos como são perpassadas por realidades complexas, difíceis de deslindar.

Assim, à luz das pesquisas de campo, parece que o *just-in-time* ou, de modo mais geral, a difusão das práticas de trabalho em regime de urgência inserem-se nas transformações que remetem à noção de modernização e que mistificam toda uma onda de obrigações e de novas rotinas.

Na maior parte das empresas de natureza industrial em que pesquisamos, o que impressiona, antes de mais nada, é a importância das mudanças no trabalho. Essas mudanças são percebidas tanto no âmbito ideológico e cultural quanto tecnológico e organizacional. Inserem-se em um contexto mais geral, o da evolução das mentalidades, dos comportamentos e, obviamente, do peso de uma crise econômica e de emprego que parece sempre se ampliar.

---

1 Escrito em co-autoria com Robert Linhart e publicado anteriormente em *Revue des Réseaux*, nº 69, 1995.

Assim, o trabalho em regime de urgência faz parte de um contexto de "modernização" que se desdobra em múltiplas dimensões. Querer isolá-lo a todo custo seria uma arbitrariedade. Podemos, ao contrário, esforçar-nos para analisá-lo no âmbito de inúmeras evoluções que o acompanham. O *just-in-time* reflete o estabelecimento de políticas decididamente inovadoras, caminha com as características de um modelo implícito ou explícito que motiva os empresários.

Um certo entusiasmo dos empresários pelo just-in-time

É cada vez maior o número de empresas que opta pelo trabalho com a máxima redução de estoques e procura, então, organizar-se em função dos pedidos segundo a lógica da produção ditada pelo mercado. Muito estimado no setor automobilístico, o trabalho com estoque mínimo difunde-se cada vez mais, a exemplo do que se convencionou denominar modelo japonês.

Para os empresários, ele tem uma dupla virtude: por um lado, permite adaptar a produção e a empresa aos novos imperativos do mercado (uma demanda que é cada vez mais específica e preocupada com a qualidade); por outro, inscreve-se em uma nova filosofia empresarial, que preconiza modos de organização considerados mais produtivos, mais rentáveis e que introduzem a exigência de qualidade no centro do processo de produção.

Na verdade, o imperativo de qualidade está inscrito no cerne dessa estratégia gerencial do *just-in-time*. Ele é agora a prioridade das prioridades. Alguns dirigentes passam a utilizar o *just-in-time* precisamente porque ele institui a qualidade como um valor da empresa (dimensão ética) e porque permite gerenciá-la mais facilmente (dimensão prática). A ausência de estoques evita a deterioração das peças, permite descobrir mais rapidamente os lotes defeituosos e tomar contramedidas (os operadores não podem mais vasculhar os estoques para continuar a produzir, devem informar imediatamente as anomalias); permite também administrar melhor a organização das fábricas: os problemas são mais facilmente perceptíveis e, portanto, mais fáceis de serem resolvidos; pode-se, nas palavras do engenheiro das fábricas Toyota, Ohno, ser mais eficaz quando se administra com os olhos.

O trabalho com estoque mínimo, ou *just-in-time*, não é em si uma inovação: na verdade, ele se confunde com o trabalho em regime de urgência, que "sempre" caracterizou um grande número de setores profissionais. Basta pensar no trabalho nos grandes jornais diários, no trabalho em restaurantes, na distribuição de produtos farmacêuticos, em alguns serviços de hospitais, no trabalho dos bombeiros, em que constantemente é preciso moldar o trabalho em tempo real e sua organização em função da demanda. O trabalho em regime de urgência, concebido como a regulação da organização em função dos imprevistos externos, é um dado muito antigo em um grande número de setores.

A introdução do trabalho em regime de urgência (portanto, no sentido do trabalho condicionado por elementos externos à empresa e dificilmente programáveis) não significa necessariamente uma aceleração do ritmo de trabalho para a maioria dos assalariados que dele se ocupa. Significaria esquecer que todo trabalho industrial de produção foi concebido de acordo com o modo de economia da época, que as organizações do trabalho taylorista-fordista visavam a obter os tempos mais curtos possíveis dos ciclos e que a produtividade era calculada com base nesse tempo. Basta pensar nos princípios do trabalho em cadeia, nas linhas de montagem, para compreender que o novo não é o fato de se ter de trabalhar rapidamente e depender de um ritmo externo (o ritmo mecânico da cadeia ou o número de peças a realizar na jornada). A urgência no trabalho é perfeitamente inscrita no processo de trabalho taylorista, e mais ainda no fordista.

Portanto, o novo é a estratégia de gestão que surge e visa a introduzir as exigências do trabalho em regime de urgência na empresa: ou seja, essencialmente, a necessidade de "fazer bem, logo na primeira vez", ou seja, também, o dever de controlar constantemente a qualidade do que se produz ou se realiza e a necessidade de se adaptar a mudanças de posto.

A urgência e o imperativo de qualidade que ela envolve são gerenciados – o que, de todo modo, transparece em boa parte de nossos estudos de caso[2] – por meio de uma radicalização da racionalização, do planejamento do trabalho, assim como mais responsabilidades para os assalariados, o que sempre assume um ar de descentralização das obrigações.

A descentralização das novas obrigações em termos de qualidade e de prazos em um universo profissional que se enrijece cada vez mais, que se torna cada vez mais rigoroso, pesa particularmente sobre os assalariados. Se, para retomar a expressão de Dejours[3], especialista da psicodinâmica do trabalho, falássemos em termos de sofrimento no trabalho, poderíamos identificar, nessa nova realidade de mais responsabilidades em um universo cada vez mais racionalizado, cada vez mais formalizado e exigido, uma fonte importante desse tipo de sofrimento para os assalariados.

É essa aliança contraditória que produz efeitos devastadores muito mais que as exigências da urgência do trabalho. O nervosismo no trabalho urgente, que, na realidade, se acha concentrado de maneira residual em certas categorias de técnicos e de gerentes, e cuja organização escapa irredutivelmente à lógica de um planejamento estrito e de uma racionalização, não é tão mal vivenciado. Muitas vezes é até valorizador: diante da urgência, a pessoa é a única a decidir e deve encontrar em si mesma os recursos que permitam enfrentar e demonstrar eficácia.

Esse exemplo do *just-in-time* e de seus efeitos indiretos sobre os assalariados é uma ilustração das características da modernização das empresas. Isso se dá com velocidade e orientações diferentes, de acordo com os campos que compõem a empresa, produzindo um modelo organizacional híbrido e desarmonioso[4].

Na realidade, é interessante distinguir as diferentes dimensões da empresa: isso permite perceber, ao analisá-las, que sua evolução não é muito sincronizada.

---

[2] D. Linhart, R. Linhart e P. Rozenblatt (com a colaboração de G.-L. Leicknnam), *Le travail en urgence*, relatório para o Ministère du Travail, 1995.

[3] C. Dejours (Dir.), *Plaisir et souffrance au travail* (Paris, Centre National de la Recherche Scientifique, 1987, v. 1, e 1988, v. 2).

[4] D. Linhart, *La modernisation des entreprises*, cit.

A modernização assume, então, esse ar curioso de uma evolução com várias velocidades de acordo com os campos da empresa, produzindo um modelo gambeta ou híbrido, que pesa sobre os assalariados. Esses últimos encontram-se, de fato, no centro dessa evolução assíncrona, divididos entre lógicas contraditórias, desarticulados entre solicitações e exigências incompatíveis.

Para tornar as coisas mais concretas, apresentamos aqui uma monografia em que os fenômenos a que acabamos de nos referir aparecem de maneira bem clara.

Embora a empresa seja organizada com base no estoque mínimo, o trabalho em regime de urgência diz respeito diretamente apenas a uma pequena parte dos assalariados, fundamentalmente aos dirigentes e a alguns técnicos. Para os outros, é pela gestão da qualidade (a partir de então, central na empresa) que se afirmam os efeitos essenciais de uma produção determinada pelo mercado.

É possível identificar com clareza duas tendências contraditórias, que levam, para a grande maioria dos técnicos, a situações de exigências paradoxais: por um lado, o desejo da diretoria de envolver, de atribuir mais responsabilidades aos assalariados; por outro, o desejo, ainda da diretoria, de impedir a organização, racionalizando-a no âmbito de princípios ainda fundamentalmente tayloristas.

Percebe-se também a importância do contexto, nesse caso o de uma região sensível no plano dos empregos. Os assalariados não têm outra escolha a não ser "adaptar-se": às pressões contraditórias que pesam sobre eles, à angústia de fracassar, ao sentimento de impotência ou de ter caído em uma armadilha, às vezes em um ambiente onde a solidariedade dos coletivos se desagrega. As novas lógicas organizacionais, assim como as novas políticas de envolvimento individual dos assalariados, levam, de fato, a que cada um viva no isolamento, na solidão, sua situação desestabilizadora de trabalho.

Eis, então, uma empresa terceirizada situada em uma pequena aldeia da Normandia. Emprega 250 pessoas, das quais 85% trabalham para a indústria automobilística, e fabrica forquilhas de freios.

Do modelo suíço ao modelo japonês

Criada há trinta anos por três irmãos, foi terceirizada pela indústria local, fundamentalmente de mecânica geral e de relojoaria. A tecnologia utilizada, proveniente da Suíça, era de ponta, com instrumentos que permitiam fazer cortes finos. Os fundadores da empresa descobriram essa nova tecnologia numa exposição e foram os primeiros a introduzi-la na França. Mas, naquela época, as indústrias relojoeiras estavam se deteriorando.

Como as outras empresas terceirizadas locais, teve então de reciclar-se inteiramente e voltar-se para a indústria automobilística, para a qual trabalha quase exclusivamente. "É meio arriscado, mas não estamos mal, pois estamos sempre crescendo do ponto de vista tecnológico: em um grande número de centros de pesquisa, ainda não se conhece a técnica do corte fino", explica o filho de um dos fundadores. A empresa tem, de fato, um conjunto de 25 prensas para corte fino, o que a coloca na frente de todas as suas concorrentes. Várias empresas utilizam esse procedimento, mas com objetivos internos e utilizando apenas duas ou três máquinas. "Somos os únicos a fazer somente isso e a ter essa importância. Conseguimos quinze a vinte anos de avanço e isso é irremediável", explica o mesmo interlocutor.

Em seus primórdios, a pequena empresa, com umas quinze pessoas, apoiou-se no modelo de seu fornecedor suíço de tecnologia. "Éramos considerados uma pequena empresa suíça local, com tudo o que isso significa em termos de qualidade." Mas pouco a pouco as coisas se deterioraram. No entanto, a partir de 1988, confirmou-se uma retomada da empresa, que não parou mais de crescer. "Desde então, somos considerados uma pequena empresa japonesa local."

Na verdade, a empresa caracteriza-se por buscar constantemente estar à frente dos avanços tecnológicos (em 1988, ela foi a primeira a desenvolver uma nova tecnologia de moldagem orbital a frio), e seguir modelos de prestígio. No fim da década de 1980, não havia dúvida, na França, de que o exemplo a seguir era o das empresas japonesas, que funcionavam sob a chancela da qualidade e do *just-in-time*.

A evolução da empresa que cresce é bem interessante, porque se caracteriza pela passagem muito nítida de um modelo para outro e porque é analisada nesses mesmos termos por seus diretores. Assim, nosso interlocutor descreve as etapas:

> Quando éramos uns quarenta, funcionávamos de acordo com os princípios de uma empresa artesanal, com uma forte preocupação com a qualidade. Os ferramenteiros construíam suas ferramentas de A a Z e tínhamos poucos robôs. Quando passamos para cerca de cem pessoas, ainda conseguimos conservar essa imagem de empresa artesanal. Com 250 trabalhadores não foi mais possível conservar essa imagem, principalmente porque introduzimos robôs, prensas de comando digital e mudamos os métodos de trabalho.

Os ferramenteiros, que são cerca de quarenta e fabricam e consertam as ferramentas montadas nas prensas e nas máquinas de acabamento, especializaram-se e trabalham somente em um tipo de ferramenta.

A empresa buscou, então, a sua imagem. Sentia que estava perdendo velocidade, pois era menos convincente para seus clientes. Em 1988, a diretoria decidiu lançar-se em uma pesquisa de notoriedade: "As pessoas diziam que tudo era muito sujo, e até repugnante, desordenado. As pessoas tinham a impressão de que não se podia obter qualidade em um ambiente como aquele".

Na mesma época, as imposições da clientela mostravam-se particularmente prementes. Os fabricantes automobilísticos redobraram esforços diante de seus concorrentes japoneses e procuraram copiar o que puderam nas inúmeras viagens de estudos ao Japão. Pretendiam nitidamente impor às suas empresas terceirizadas condições de trabalho que garantissem uma qualidade da mesma ordem que a oferecida pelas terceirizadas japonesas a seus clientes. Decidiram, então, reduzir o número de fornecedores e colocá-los em concorrência para ficar apenas com os melhores. "Organizaram uma auditoria para todo mundo. Ou seja, passaram três a quatro dias entre nós para estudar nosso sistema de qualidade."

As exigências de alguns clientes, principalmente da Peugeot, de fornecimento *just-in-time* diário, principalmente para as forquilhas de caixas de câmbio, aumentaram a pressão. Uma vez que as peças fornecidas deveriam ser imediatamente utilizadas nas cadeias de produção, sua qualidade deveria ser absolutamente garantida. Os clientes impunham uma "garantia de qualidade do fornecedor": no âmbito do protótipo das peças, o cliente ia à empresa terceirizada realizar uma auditoria não só das peças, mas também do processo, ou seja, do modo de fabricar e, portanto, de maneira mais geral, da organização do trabalho. "Havia auditorias para ver se os métodos utilizados eram bons, se não havia falhas escondidas. Eles faziam análise de nossos métodos e de nossas falhas."

Esses diferentes fatores (fim do modelo artesanal e de seus princípios de qualidade, a exigência dos clientes por qualidade e *just-in-time*) incitaram os dirigentes da empresa a se voltarem deliberadamente para o modelo japonês de empresa industrial.

A evolução foi radical. Em 1988, foi pedida uma ajuda a um gabinete do conselho de Rouen, especializado em questões de qualidade. Este auxiliou na concepção do projeto da empresa, denominado plano Nicolas, nome do povoado em que ela se encontra. Tratava-se de modificar o ambiente (o prédio foi pintado e as oficinas foram reinstaladas, "para que ficassem mais limpas e organizadas") e os procedimentos de qualidade, formalizando fundamentalmente todos os métodos e introduzindo instrumentos de controle de qualidade (como o SPC, *Self Production Control*, que permitia a cada operador verificar, com a ajuda de um aparelho de controle, a qualidade das peças produzidas, assim como sua adequação às prescrições do cliente).

Mas o plano caracterizava-se, sobretudo, pela determinação de envolver profundamente o pessoal nessa nova conduta, que colocava a qualidade no centro de todas as preocupações da empresa. O primeiro plano, de três ou quatro anos, tinha por objetivo explícito melhorar a qualidade dos produtos e baseava-se em um dispositivo impressionante de ações, de formação e de informação. Tratava-se de formar os 250 assalariados da empresa para as demandas de qualidade antes de fazê-los participar de um grande número de grupos e círculos de qualidade que seriam constituídos. O programa de formação desenvolveu-se em um ritmo regular durante dois anos e, então, interessou a todos. Paralelamente, surgiram importantes meios de informação: painéis internos de informação, jornais de circulação interna, vídeos para informar e consultar as pessoas. Os círculos de qualidade, que começaram a funcionar segundo os avanços da formação, dirigiam-se exclusivamente aos voluntários; um grupo de ação pró-qualidade ("uma espécie de comitê de assessores") foi criado para supervisionar a boa aplicação do plano Nicolas. Composto por técnicos e por gerentes, nomeava responsáveis por operações determinadas, cujo prosseguimento era assegurado por ele. Essas operações eram conduzidas nos grupos de trabalho paralelamente aos diversos círculos de qualidade.

Os dirigentes insistem muito no aspecto reativo de sua empresa: mais do que submeter-se à pressão dos acontecimentos externos, neste caso as obrigações impostas pelos clientes, a empresa tomou a frente e realizou uma mudança completa em sua administração. Quando os clientes demandaram, em 1992, a redução de 15% dos custos em três anos, um plano foi logo colocado em prática e grupos começaram a trabalhar para tratar de 26 assuntos importantes. Atualmente, o 2º plano Nicolas fixou-se em atingir, em 1995, o objetivo de qualidade dos serviços.

É possível ver que o *just-in-time* está inserido em uma política empresarial modernizadora, que se concentra nas questões da qualidade.

O responsável pelo serviço de qualidade explicita bem isso:

> O *just-in-time* não mudou nada no plano do pessoal. Pedimos que eles fabriquem as peças no tempo hábil em função da quantidade. É o método que muda. Não muda muita coisa no plano do operador. O que mudou foi a motivação no ato de fabricar, no autocontrole. Não existem mais peças controladas pelo cliente, elas entram diretamente nas cadeias de produção. Há uma importante modificação no trabalho do operador no que diz respeito à sua responsabilidade. O produto que ele faz não pode ser reprovado, essa é a nova filosofia da sociedade. É preciso que os operadores se responsabilizem pelas peças. Eles são mais responsáveis do que antes. Há muito poucas auditorias ou controles posteriores a serem feitos. Ficam inteiramente sozinhos e, portanto, se fizerem mal o trabalho, têm complicações. As pessoas trabalham mais. O chefe de equipe e os demais chefes fazem um pouco menos. Antes, o operador era surdo e mudo. Agora, ele participa mais de seu trabalho. Ele tem até possibilidade de parar sua fabricação. Antes ele não tinha de se preocupar com a qualidade, ele fabricava e pronto. Quando havia um problema, era o chefe da equipe ou do setor que tomava a decisão. Agora, é o próprio operador que decide.

Vê-se claramente que a responsabilidade pela qualidade é delegada aos operadores, e que se trata de um fenômeno novo.

O *just-in-time*, produzir em prazos restritos e em interdependência, já existia bem antes. A novidade é a exigência de qualidade praticada sob a forma de autocontrole. Essa exigência introduz grandes transformações.

> Se o operador constata que suas peças não são apropriadas, tem a possibilidade de interromper sua produção sem necessidade de pedir ao chefe de equipe. Eles são capazes de interromper, de adaptar e de recomeçar. São mais autônomos do que antes. Quando têm um problema, anotam em um papel.

Toda a questão é saber se a evolução do trabalho desses operadores lhes garante responsabilidade em boas condições.

Mas em relação à pressão sobre o pessoal da empresa, na ocasião da mudança realizada e proclamada, os meios de garantir a qualidade, na realidade, nem sempre foram adequados. Surgiram inúmeras contradições, que levaram a uma opressão muitas vezes insuportável.

Para se convencer disso, basta dar a palavra àquele mesmo interlocutor, que relata como os diretores optaram por envolver o pessoal e passar o recado.

> Quando o plano foi definido, a primeira etapa consistiu em enviar, num fim de semana, uma carta de demissão a todo o pessoal. Dizia: "Entramos em uma via de qualidade, é nossa única esperança de sobrevivência diante das novas exigências da clientela. Para obter essa qualidade, contamos com vocês. Queremos lhes dar mais responsabilidades. Isso depende de vocês. Queremos formá-los". Era preciso assinar para se engajar. A escolha era isso ou não fazer mais parte da empresa. Isso foi para passar o recado. Sabíamos que, na verdade, não tínhamos esse direito, mas queríamos que as pessoas tomassem consciência do que estava em jogo. Queríamos dizer às pessoas: se você não está de acordo, é melhor sair. É melhor ir para outro lugar. Mas isso era simbólico, era para que as pessoas se engajassem realmente por meio de uma assinatura em um documento.

Por mais simbólico que seja o encaminhamento dado, observa-se a importância da pressão exercida contra um pessoal que se encontra em uma região sensível no plano dos empregos. Contra um pessoal que, além disso, é fortemente dependente da empresa, uma vez que são famílias inteiras que trabalham ali. "Temos um espírito fortemente familiar. Muitas vezes admitimos primeiro o pai, em seguida a mãe, os filhos, e estamos prestes a admitir os netos. Há famílias inteiras que trabalham aqui. Conseguimos passar o recado."

E ainda mais facilmente porque não há, jamais houve, representação sindical na empresa."Temos um comitê de fábrica ativo e positivo. Pessoas que trabalham em harmonia. Consideramos suas propostas porque, em geral, são fundamentadas", comenta o diretor-geral.

Uma empresa sob alta supervisão

Agora que tomamos conhecimento do espírito e da história da casa, entremos mais nos detalhes da sua organização. Abordaremos, então, as condições e a vivência do trabalho.

A empresa fabrica, de forma terceirizada, caixas de câmbio e freios para a indústria automobilística, o que representa 85% de sua produção, com uma forte predominância do grupo PSA Peugeot Citroën, sendo o restante dedicado à indústria nuclear, à informática, aos eletrodomésticos e às máquinas agrícolas. Os clientes são, de modo geral, regulares, pois o corte muito fino em que a empresa é especializada envolve séries regulares e importantes. Para amortizá-las, é preciso dezenas de milhares de peças de corte fino.

O ciclo de produção é o seguinte: na primeira etapa, escritórios regionais de representação junto à clientela, onde chegam as encomendas. Estas são orientadas para o setor de contabilidade, que faz os orçamentos. Em seguida, os centros de pesquisa (constituídos por cinco ou seis pessoas) analisam a realização, a concepção dos instrumentos necessários. Nesse estágio, há sempre pesquisa e exposição detalhada, uma vez que cada encomenda apresenta sua especificidade. O serviço de compras encomenda a matéria-prima necessária. É a vez, então, do setor de máquinas (que reúne cerca de quarenta ferramenteiros, alguns deles especializados apenas nas operações de conservação e manutenção) fabricar as ferramentas concebidas pelo centro de pesquisas. No setor de prensas (em número de 22), onde há prensas tradicionais ao lado de grandes prensas de comando digital, é feito o corte das peças que, em seguida, se necessário, serão "acabadas" pelo setor de acabamento (que faz operações secundárias, tais como filetagem, trabalho no torno, corte das rebarbas, e concentra o maior número de operários). Os setores trabalham com duas equipes, e existe uma equipe noturna. No que diz respeito às forquilhas de caixas de câmbio que são entregues no sistema *just-in-time*, cadeias automatizadas robotizadas instaladas no local já estão em funcionamento.

É claro que o que caracteriza essa empresa, e dá conta tanto de sua organização e de sua tecnologia quanto de seu tipo de gestão, resulta de sua forte dependência em relação a seus clientes. Embora os dirigentes prefiram dizer que a empresa tem um avanço tecnológico e uma capacidade de reagir que limitam a pressão dos clientes, a verdade é que ela se submete a exigências extremamente fortes.

Se tomarmos basicamente o exemplo das forquilhas entregues no sistema *just-in-time* durante a jornada de trabalho, e para as quais cadeias automatizadas foram instaladas, o diretor-geral explica como pesam essas exigências:

> Recebemos as indicações atualmente por teletransmissão e trabalhamos em *kanban*[5]; recebemos diariamente indicações para as unidades de fabricação, e pedidos de entrega; portanto, todas as noites, às 22h30, assim como todas as manhãs, parte um caminhão. Uma vez, há três anos, fizemos uma entrega à noite em vez de pela manhã, devido a uma interrupção na cadeia de produção. E fomos multados. Fomos obrigados a indenizar. Somos multados se não respeitarmos o contrato e se formos responsáveis por uma interrupção da produção. Da mesma maneira, se entregarmos caixas de qualidade inadequada, temos de garantir sua substituição imediatamente; o cliente escolhe entre pagarmos as caixas ou delegarmos pessoal temporário. Temos a responsabilidade pelo produto após a entrega. Com o princípio de garantia da qualidade do produto, que faz com que ele seja julgado bom e passe diretamente para as cadeias de produção sem controle local, é preciso assumir a responsabilidade. Somos obrigados a fornecer um certificado de garantia. Há casos de devolução de veículos que estavam sob a responsabilidade da empresa terceirizada.

Essa declaração ilustra bem o peso dos manda-chuvas. A empresa terceirizada está realmente em uma situação de dependência. Sua estratégia é determinada pelas exigências da clientela.

Quando a empresa terceirizada está em situação de *just-in-time*, ela é obrigada a dispor de estoques de reserva, de segurança:

> Se há um problema, é preciso ter reservas. O contrato com um cliente prevê que tenhamos um estoque de segurança e que, em caso de renovação de estoques, informemos ao cliente. Além disso, é preciso ter estoques em outros lugares: seja na casa de um transportador, seja em um povoado vizinho, para o caso de um possível incêndio ou greve.

As exigências de *just-in-time*, assim como as de qualidade, pressupõem que as obrigações se distribuam ao longo da rede de fornecedores.

> É uma semi-revolução. É preciso ir de A a Z. O problema não é somente a entrega, mas também o fornecimento básico. Por exemplo, o rolo de aço. Deveríamos pedir ao fornecedor que faz a laminagem para entregar a bobina de que precisamos no momento certo. Mas ele dirá que não é possível porque, quando faz o laminado, ele precisa fazer 25 toneladas e, se fizer 100 mm para nós, precisa vender 50 mm para outro cliente, porque produz um excedente de 50 mm, ou precisa fazer um estoque, o que não é possível. É um pouco difícil. Ficamos um pouco limitados por todo esse ambiente de fornecedores e de empresas terceirizadas que temos por nossa própria conta. Quando negociamos com a Merlin-Gérin, por exemplo, trabalhamos com 150 a 200 peças diferentes e todas precisam ser enviadas ao exterior para tratamentos térmicos e de superfície. Temos de entregar todas as encomendas em no máximo dez dias e, em breve, no máximo em cinco dias. O cliente não quer saber do tempo de nosso ciclo. Somos obrigados a impor *just-in-time* aos

---

[5] *Kanban*: sistema de cartões padronizados, em que são inscritas as referências das peças necessárias à realização das operações e que permite gerenciar os estoques em função das necessidades.

> nossos fornecedores também: eles nos fazem entregas de cinco em cinco dias. O *just-in-time* exige que a última empresa terceirizada, a que faz os tratamentos de superfície, faça pedidos de peças em função de suas necessidades. Além do mais, tudo isso é feito em pequenas quantidades. Isso nos obriga a fazer manobras e acrobacias na produção para permanecermos competitivos.

Uma das armas nesse combate pela competitividade é o Single Minute Exchange of Die (SMED), ou seja, o estabelecimento de meios suscetíveis de melhorar a montagem-desmontagem dos instrumentos de produção e principalmente das prensas. Outra é ter instrumentos de comunicação que permitam passar e receber as encomendas da maneira mais operacional possível e, principalmente, estabelecer a teletransmissão. Uma outra é mobilizar os operadores para que acompanhem da melhor maneira possível essas novas condutas particularmente incômodas para a empresa e sua gestão.

A descentralização das obrigações e das responsabilidades

Uma parte importante da estratégia de gestão consiste em fazer com que o pessoal interiorize o máximo possível essas obrigações. Como explica o diretor-geral:

> É preciso fazer os assalariados refletir, inclusive os operadores, sobretudo os operadores; é preciso que eles se perguntem: "Como posso tornar minha tarefa mais fácil, ser mais reativo e ter maior desempenho?". Isso leva também a um trabalho de grupo. É preciso que aquele que conhece melhor sua função possa levar seus conhecimentos ao setor de métodos ou ao grupo de aperfeiçoamento, para que todos pensem sobre esses problemas.

Assim, o que anteriormente era do domínio reservado da direção – os problemas de gestão de qualidade e de prazos – entra, a partir de então, para o "domínio público" da empresa.

Para fazer isso, a empresa precisa se equipar. O diretor-geral explica:

> Durante uma viagem aos Estados Unidos, visitei muitas fábricas da Ford. Falaram-me muito do Self Production Control. Quando voltei, procurei o que era bom para nós. E encomendamos catorze estações de SPC com telas. Queríamos que todas tivessem telas para que os operadores tivessem a seqüência à vista permanentemente: o sistema cego não é motivador. Com esse sistema, pode-se controlar e acompanhar. Foi um sucesso: mesmo os mais reticentes se interessaram pelo assunto. As pessoas meio reticentes esperavam um aumento. Agora, isso não é mais problema.

Por outro lado, tudo igual

A situação é exatamente esta: o pessoal deve integrar-se às novas obrigações da empresa, cada vez mais estritas, sem que nada mude em sua situação. Nada de aumento de salários ou extras para compensar as tarefas e as responsabilidades a mais, nada de mudança significativa na organização do trabalho, nada de requalificação dos operadores.

É com a perspectiva "por outro lado, tudo igual" que os operadores devem assumir essas novas obrigações e responsabilidades. "Por outro lado, tudo igual" se não fosse a introdução de novos instrumentos, se não fosse a terrível espada de Dâmocles suspensa todo o tempo sobre a cabeça: a chantagem do emprego, que foi maravilhosamente bem aplicada com a carta de demissão enviada a todo o pessoal, na época do plano de qualidade Nicolas.

Na verdade, todos concordam que o trabalho em si continua idêntico: mesmo que as inovações técnicas alterem suas condições, não mudam os princípios de divisão do trabalho. O trabalho dos operadores continua muito claramente limitado ao papel da execução. Embora as responsabilidades, de fato, tivessem sido ampliadas a ponto de tornar os operadores co-responsáveis pela qualidade dos produtos, houve um remanejamento dos papéis produtivos que acabou por colocar os operadores em um campo maior de intervenção. Em outras palavras, os meios de ação sobre a qualidade do que eles fabricam não são ampliados de maneira conseqüente.

Vem daí, muitas vezes, um sentimento de profundo sofrimento para alguns. Pelo menos é o que aparece em nossas entrevistas. A vivência do *just-in-time* não poderia ser analisada independentemente dessa situação geral, em que a responsabilidade pela qualidade está no centro das regras do jogo.

As condições continuaram fundamentalmente as mesmas. Como sugerido, a evolução da empresa e seu crescimento foram acompanhados pela passagem do modelo artesanal para o modelo industrial. Assim, por exemplo, os ferramenteiros que antes fabricavam inteiramente suas ferramentas, no novo regime foram colocados diante de uma especialização, que reduz seu campo profissional. Estão limitados a um único tipo de fabricação.

> A maioria dos ferramenteiros trabalha numa máquina no setor de ferramentas. São sobretudo fresadores ou torneiros. Cada um faz um pedaço da ferramenta. Em seguida, há os verdadeiros ferramenteiros, que juntam tudo e trabalham na bancada. É um trabalho de equipe. No entanto, a maior parte está nos setores de fresagem para fazer uma parte da ferramenta (ferramenteiro com ferramentas novas).

A evolução deve ser interpretada, então, em termos de taylorização, mesmo que os ferramenteiros conservem um certo tipo de profissionalização. Como diz o diretor-geral:

> Agora, os ferramenteiros são especializados. Antes, eram polivalentes. Trabalhavam em um plano e passavam de uma máquina para outra. Foi dito: atenção, é preciso especializar-se. Um homem simples: uma máquina. Ou seja, retificadores, fresadores, torneiros, operadores têm de passar pela máquina que controla a entrada e saída dos trabalhadores. A profissão de ferramenteiro foi reduzida a pó.

Na verdade, o que aos olhos do diretor-geral parece promoção social, ou seja, a responsabilidade dos operadores pela qualidade de sua produção, é visto por estes como um encargo suplementar angustiante, uma vez que os torna vulneráveis (são passíveis de punição, como suspensão, em caso de falta de qualidade) sem que tenham o sentimento de poder controlar corretamente uma situação marcada por essas exigências.

A obsessão pela qualidade

A qualidade pode, para uns e em determinados períodos, ser vivenciada como um pesadelo. Nem sempre as condições de trabalho são favoráveis às práticas profissionais orientadas para a qualidade. São principalmente os jovens que se sentem vulneráveis. Um chefe de equipe, que trabalha na empresa há mais de trinta anos, explica:

> A evolução traz problemas para as pessoas. Antes, elas não eram responsáveis. Agora, nas prensas, as pessoas são responsáveis: podem receber sanções, suspensões, podem até ser demitidas; até hoje não houve demissões, mas isso poderia acontecer. Suspensões, pelo contrário, já foram feitas. Por causa de peças defeituosas fabricadas com controle malfeito. Elas produzem de 1.000 a 1.200 peças por hora. Se não há controle, é grave! Mas há momentos em que não podem controlar. Às vezes ficam sobrecarregadas, é o caso de quando devem trabalhar em duas máquinas ao mesmo tempo. E isso nem sempre é levado em consideração. Cada um é responsável, independentemente do que acontecer.

Ele continua:

> As pessoas estão preocupadas. Isso é perceptível. Tenho família trabalhando na empresa. Tenho, por exemplo, um filho que trabalha nas prensas. Ele fica angustiado. Tem medo de ser pego com peças defeituosas. Tem medo de ser chamado para outra coisa e não poder controlar suas peças. Muitas vezes, trabalha em duas máquinas. A tolerância em relação às peças é muito pequena, podemos ter problemas com o cliente.

Perguntamos a ele sobre os meios colocados em prática pela diretoria para acompanhar essas exigências de qualidade:

> Bom, é verdade que existe o sistema SPC. Mas o problema é que se o operador não pegar o ponto crítico no início, no momento da regulagem, por mais que controle pelo SPC, ele não verá nada e haverá erro. Para o SPC, as peças serão consideradas boas.

Ele insiste muito no clima de ansiedade nas fábricas:

> Há muitas coisas que levam a erro. Meu filho tem medo de ser demitido. As pessoas têm medo de perder o emprego. Em alguns momentos, meu filho me diz isso. Eu disse a ele: você precisa tomar cuidado. Eles tomam cuidado, mas não adianta, ninguém está a salvo.

O medo constante

A experiência de nunca estar realmente a salvo ainda está bem presente entre deles. Assim, o jovem polivalente das prensas (ele trabalha em todas as prensas, caso alguém se ausente) relata seus fracassos:

> Um dia, quase fui demitido por causa de algumas peças. Recebi, em casa, uma carta registrada: consideramos a possibilidade de demiti-lo. Não disseram o motivo. Fui ao comitê de fábrica (não tem nem nunca teve sindicato nessa empresa), e ele interveio. Isso ficou resolvido. Havia ocorrido uma falha no SPC, nos indicadores de controle. Eu não era responsável pelo problema. O SPC não estava regulado com a hora certa, a data certa. Eu tinha feito o controle SPC e eles estavam me colocando para fora porque, para eles, eu não tinha feito o controle SPC! Por isso queriam me demitir. O diretor achava que tinha investido em máquinas e que elas não eram usadas. Mas é que o SPC não estava regulado.

O meu nunca estava certo, nunca estava com a data certa. Eu informei o responsável, e era sempre a mesma coisa. Todo dia ele era regulado e se desregulava! Ficou um ano assim!

Esse jovem continuou marcado. Vive com medo de perder seu emprego por um motivo que não depende dele. Quando é indagado sobre seus projetos, sua resposta é eloqüente:

Que haja emprego. Estou preocupado. Tenho 25 anos. Na região, as coisas vão mal. Só eu trabalho. Tenho três filhos e aluguel para pagar... Meu trabalho é difícil. Mudo sempre de máquina. E, além disso, fazemos cada vez mais peças novas. Não conheço todas as peças. Terça-feira, por exemplo, fiz peças defeituosas. Fiz 400 delas. Eu mesmo tirei as rebarbas para consertá-las. Depois elas ficaram boas. Mas fui criticado, porque eu mesmo as consertei! Fui repreendido pelo chefe.

A situação é ainda mais difícil para esse jovem polivalente porque ele interiorizou perfeitamente o discurso empresarial sobre exigência de qualidade. Não só tem medo de perder o emprego por erros de qualidade, como está convencido de que o futuro da empresa e, portanto, de seu emprego depende da qualidade cotidiana do trabalho de cada operador. "Eu me sinto responsável. Se é você que faz as peças e a empresa perde mercado, você se sente culpado. Perdemos um mercado de peças e, agora, a prensa que as fazia raramente funciona."

O medo de errar, de não estar à altura e de pagar por isso está presente também no operador que entrou há vinte anos na empresa e trabalha como torneiro, "não como torneiro de verdade, com diploma; faço sulcos em engrenagens, peça por peça. Faço isso o tempo todo", especifica ele, já anunciando a modéstia e os complexos que o tornam particularmente inquieto diante de suas responsabilidades. O trabalho que efetuava foi robotizado e existem poucas máquinas automáticas nesse setor.

O rapaz no ambiente robotizado verifica os pontos críticos, coloca as peças no recipiente, está contente com o trabalho. Também ofereceram para mim, mas eu não quis. Talvez, agora, eu aceitasse. Mas prefiro meu posto, porque você precisa de memória e de boa cabeça para o outro posto. Precisa fazer regulagens, apertar botões quando a máquina se desregula. Você precisa ter cabeça e só durante três meses tem direito de consultar as instruções, depois precisa saber os códigos de cor. É verdade que é um trabalho menos submisso do que o que faço agora, mas tenho medo dos botões, dos pontos críticos. Tenho medo de me enganar. Se alguém se engana e percebe, é possível corrigir. Caso contrário, se alguém faz peças defeituosas, é chamado pela diretoria e pode ter três dias de suspensão, se o defeito for realmente grave... Isso me desencoraja, tenho medo de fazer besteiras. Mas o rapaz que chega ali tem certeza de que é bom. Ele não tem necessidade de pegar as peças, de apertar o pedal com o pé e de usar os braços para fazer os sulcos. Supervisiona e abastece recipiente pela calha. No meu, tudo é manual. Ele abastece a cada duas horas e, entre elas, faz a triagem de peças ao lado da máquina para ver se não quebraram durante a operação. Há muita supervisão e folhas para preencher. Eu faço tudo à mão. A cada duas horas, controlo à mão. Tenho um certo número de peças para fazer por dia, 600, por exemplo, durante a jornada, eu conto à mão. Faço pilhas de vinte.

O medo de ser surpreendido com peças defeituosas levou esse operário a recusar o progresso, a recusar, em todo caso, um trabalho que, com o tempo, se revela menos submisso, menos cansativo. No torno em que ele se encontra, parece-lhe mais fácil controlar a qualidade. Não se sente em situação de vulnerabilidade. "Lá, o controle não me dá o menor problema. Passamos a peça por um calibrador. Há um mínimo e um máximo que se pode ver. É fácil de fazer."

Este outro operário, P3 ferramenteiro do setor de manutenção e há vinte anos na empresa, percebe a situação no setor das prensas nos mesmos termos:

> Nas prensas, é difícil. Quem comete erros repetidos perde a bonificação. Isso acontece muitas vezes na prensa, por desatenção, controles malfeitos, manobras erradas, mas nem sempre fica comprovado que foi o operário quem fez a manobra errada. Isso é negociado com os chefes de equipe. Um operário pode dizer que estava trabalhando em duas ou três máquinas ao mesmo tempo ou que saiu para dar uma ajuda rápida, e há máquinas que são mais difíceis de regular do que outras. Às vezes, o rapaz perde a bonificação e não foi erro dele. Como não há representante do pessoal, o cara só pode discutir com seu chefe. É um pouco arbitrário. E, além disso, há os que são bem cotados pela direção.

Outros jovens vivem de maneira mais positiva as exigências de qualidade. Principalmente aqueles que têm projetos profissionais na empresa, que estão decididos a subir, a demonstrar sua capacidade. É o caso deste jovem de 24 anos, que entrou na empresa graças a seu pai, quando perdeu o emprego de aprendiz de confeiteiro. Ele trabalha nas prensas e se esforça para aumentar suas competências e demonstrar sua autonomia.

> Estou em uma prensa normal, clássica. Corto peças. Meu trabalho consiste em instalar um rolo, regular o dispositivo para desenrolar, regular a entrada na prensa. Se o regulador está ocupado, eu mesmo monto o equipamento, regulo minha primeira peça. Se o regulador não está ocupado, ele faz isso por mim. Depois, supervisiono as peças. Faço o controle SPC a cada duas horas.

Ele não esconde suas ambições; ao contrário, afirma em alto e bom som:

> Espero subir, é preciso ter ambição. Adoraria passar a regulador e, talvez, chefe de setor. No momento, estou aprendendo a me virar sozinho, a montar minha máquina. Normalmente, não somos obrigados a fazer isso, temos o direito de esperar, esse trabalho é do regulador. Mas não gosto de esperar. Montar eu mesmo me faz progredir e é também para o bem da empresa. Esperar o regulador é uma perda de tempo. Se todo mundo esperar, a produção não será alta, não haverá muita coisa para cortar, isso poderia prejudicar a empresa, ela poderia perder mercado. Sou jovem, tenho necessidade de um emprego.

Sua ambição e seu projeto de promoção colocam-no em situação de "vencedor". Ele se sente capaz de controlar seu trabalho. A qualidade não representa um perigo para ele, embora esteja bem consciente das exigências e obrigações que acarreta:

> Quando fazemos peças defeituosas, dizemos: droga, eu deveria ter visto! Às vezes não se vê, isso pode acontecer mesmo com o SPC. Por exemplo, se a peça está descamada em um lugar que não dá para ver. O SPC só faz o controle, mas não vê se está descamada. E isso pode acontecer quando não se vê logo. Se isso acontece, o próprio trabalhador pode tentar recuperar as peças. Em seguida, ele desmonta a ferramenta e leva para afiar. Se não conseguir recuperar as peças, coloca-as em um recipiente vermelho, anota em um papel o

número de peças não corrigidas e seu nome. Ele pode perder a bonificação por produção mensal, mas é raro. Às vezes, o erro pode vir do regulador. É preciso estar de olho nele. É preciso prestar atenção no trabalho. É preciso estar sempre de olho nele. Mas os erros acontecem da mesma maneira, tentamos nos ajudar entre companheiros e saímos dessa.

As únicas causas de relativo descontentamento desse jovem são o fraquíssimo reconhecimento dos esforços feitos (ele se queixa do nível dos salários, que nem sempre reflete o trabalho efetivamente realizado), assim como a insuficiente organização do trabalho, que obriga os operadores a mudar de ferramenta com exagerada freqüência (adiante voltaremos a tratar desses aspectos). Convém, todavia, ter em mente que os operadores têm experiências sensivelmente diferentes das obrigações impostas pela nova conduta de qualidade da empresa de acordo com seus projetos, suas ambições, suas convicções e sua capacidade.

Os que trabalham há mais tempo na empresa vivem de outra forma as exigências, às vezes, contraditórias, que prejudicam a qualidade. Com um certo fatalismo e uma certa filosofia com que amenizam a ansiedade e, às vezes, até mesmo com condutas para valorizar os direitos dos operadores. Assim, este antigo P2, há 32 anos na empresa, e que trabalha nas novas prensas com comando digital, explica como é difícil controlar a qualidade em algumas situações. Principalmente quando alguns companheiros estão ocupados nos círculos de qualidade e, para substituí-los, é preciso trabalhar em duas máquinas ao mesmo tempo.

Se houver um problema, será sempre culpa sua. O chefe do turno diz para você trabalhar em duas máquinas. Mas o patrão quer peças com qualidade. Há uma contradição. Cheguei a recusar. Eu disse: é não, não e não. Uns não arriscam dizer não. Se posso dizer não é porque tenho muito tempo de serviço na empresa.

Diferentemente dos mais jovens, os antigos ainda se lembram dos velhos e bons tempos em que a empresa não tinha mais do que vinte pessoas, e todos trabalhavam lado a lado, e se sentem autorizados a impor as condições necessárias para produzir com qualidade ou para se fazer respeitar. Assim, nosso interlocutor prossegue: "De qualquer maneira, existem coisas que nos protegem. Se você indicar seus problemas e preencher uma folha de papel, você deixa de ser responsável". Além disso, ele conta que, um dia, não hesitou em subir até o gabinete do diretor para defender um de seus companheiros ameaçado de ser suspenso:

Ele tinha dado suspensão a um rapaz que não estava errado. Havia uma máquina quebrada, mas não era culpa do rapaz. Era culpa do regulador, mas ele não disse nada. Então fui lá em cima. Protestei. Funcionou. É devido a meu tempo de serviço que tenho influência.

Mas, em geral, a questão freqüentemente obsessiva pela qualidade parece ter muito peso no ambiente da empresa. Para um grande número de operários, principalmente aqueles que têm mais tempo de serviço, isso não é muito agradável. Todos criticam o aumento do individualismo. "Antigamente, era mais tranqüilo. A gente se entendia melhor. As pessoas estão mais selvagens. É cada um por si. Há muita inveja", afirma um torneiro que trabalha no setor de acabamento.

Um ambiente que se deteriora

Um chefe de equipe faz o balanço:

> Aqui, as pessoas não têm espírito de equipe. É um pouco cada um por si. Não há muita solidariedade. Às vezes, as instruções são mal passadas entre os rapazes que trabalham em equipe. Um comete um erro, faz algo de má qualidade. O outro simplesmente tem de se virar. Às vezes, os que estão há mais tempo na empresa não querem revelar os truques. Isso prejudica a qualidade. Existe uma desconfiança de uns em relação aos outros.

Chegamos ao paradoxo de uma parte da tensão gerada pela responsabilidade pela qualidade conduzir a práticas individualistas, que criam um clima nefasto para a qualidade.

Um ferramenteiro de 35 anos, com 18 de tempo de serviço na empresa, também enfatiza esse fenômeno: "Com o autocontrole, cada um é responsável por seu posto. Cada um pensa na qualidade de sua produção. Isso faz com que, na verdade, não exista um espírito coletivo". Como, aliás, diz o P3 ferramenteiro do setor de manutenção e há vinte anos na empresa:

> Os problemas de qualidade, o fato de, às vezes, ser difícil dizer se alguém é realmente responsável por uma peça de má qualidade, não é bom para as relações no setor. Porque existe a estima. Alguns serão mais acusados que outros. Isso provoca uma rivalidade entre as pessoas. Antes, um erro era menos grave e não se perdiam bonificações como agora. A rivalidade é maior. As pessoas estão menos seguras de si e jogam a responsabilidade nas outras de qualquer maneira.

No setor de expedição, o clima não é melhor.

> Antes, havia um espírito de equipe, mas isso está acabando. No início, era formidável. Nós nos ajudávamos. Se precisava ajudar, a gente ajudava. Agora, realmente não sei por que, é cada um por si. Digamos que são sempre os mesmos que devem ceder para os outros.

E também se faz presente a preocupação com a qualidade.

> Temos de controlar, existem fichas de acompanhamento das peças, é preciso controlá-las antes de expedi-las. Portanto, uma parte da responsabilidade é nossa. Controlamos o que os outros fizeram. Cada um tem uma operação a fazer e ele assina diante da data e da operação. Se uma operação for esquecida, e a peça for enviada ao cliente, é grave. Todas as pessoas são responsáveis. Se alguém não tiver uma ficha de acompanhamento, tem de pedi-la.

E ele conclui, insistindo no caráter cada vez mais individualista dos empregados do setor de expedição. "Pede-se cada vez mais cooperação e há cada vez mais conflitos. Isso aumenta o espírito individualista entre nós. No entanto, não há bonificação individual. Existem apenas bonificações coletivas mensais e trimestrais!"

O impacto da qualidade sobre as relações passa também pelos problemas gerados pela participação nos círculos de qualidade. Estes funcionam durante o horário de trabalho e existem em grande número na empresa, mobilizando muita gente.

Mas para quem não participa (nem sempre por não querer, alguns não puderam participar porque não havia lugar), o funcionamento dos círculos de qualidade se traduz por uma carga de trabalho maior e muitas vezes por uma dificuldade maior em controlar a qualidade das peças produzidas. Isso acontece principalmente quando são obrigados a trabalhar em duas máquinas ao mesmo tempo para substituir o colega ausente. "Os que participam dos círculos de qualidade são criticados pelos chefes. Não gostaria de ir lá para ser tratado de preguiçoso. Eles têm de ser substituídos, isso gera duas vezes mais trabalho" (operário de uma prensa de comando digital).

Pano de fundo: a individualização dos salários

Certamente, a preocupação constante com a qualidade e a maneira como a direção gerencia esse imperativo, que se manifesta como uma tensão para cada um, não são a única explicação para o individualismo e para a falta de solidariedade de que se queixam alguns. Há principalmente a questão, muitas vezes levantada pelos entrevistados, das diferenças de salários entre os operários.

> Acontece que a bonificação é igual para todo mundo. Os salários são diferentes. Os preços por hora são diferentes, em função de não se sabe o quê: bem-visto, malvisto... O meu é médio. Com meus vinte anos de tempo de serviço na empresa, sem nunca ter recebido nenhuma punição, deveria receber 40 a 42 francos por hora, como outros que fazem bem seu trabalho da mesma maneira que eu; há até quem receba 45 francos pelo mesmo trabalho. Há rapazes que acabaram de entrar e que depois de seis meses têm o mesmo salário que eu! Isso provoca inveja. O melhor mesmo é não ver as folhas de pagamento. (torneiro que trabalha no setor de acabamento)
>
> Recebo salário mínimo, um pouco mais. Nas prensas de comando digital, eles ganham mais. Gostaria muito de trabalhar nelas. Produzimos a mesma quantidade que eles, mas não temos os mesmos salários. Eles digitam o programa e acabou. Temos mais trabalho que eles. Às vezes, quando colocamos nossas máquinas para funcionar é que vemos que não temos recompensa financeira... temos de pensar muito nisso. Há uma diferença de 10 francos. Isso faz parte dos aspectos negativos da empresa: alguns recebem mais do que outros, sem motivos. (operário polivalente do setor de prensas)

No entanto, a política do diretor-geral é ampliar ainda mais essas diferenças salariais. Segundo ele, é importante estimular os que trabalham bem:

> Tenho notado um problema, ultimamente. É preciso remotivar as pessoas; temos um índice importante de produtos sem qualidade. Pedi para que cada produção e também os produtos sem qualidade fossem registrados pelos indivíduos nas cadeias. E observamos diferenças muito grandes. A remuneração deve ser mais individual. Queremos dentro de pouco tempo fazer uma avaliação da capacidade de uns e de outros. Queremos que cada setor fixe a capacidade de cada um de seus membros. Gostaria de ter uma grande tela com a possibilidade de ter todas as informações relativas à produção, à causa das interrupções, todas as informações que têm a ver com as máquinas.

Enquanto isso, criou-se uma forma de competição entre companheiros de setor pela via de um concurso de limpeza.

Existe uma defasagem real entre a política que o diretor-geral quer colocar em prática e o ponto de vista dos operadores. Vários operadores queixam-se de não terem se beneficiado de um aumento que acompanhasse sua nova responsabilidade ligada à qualidade, são inúmeros os que esperam um aumento de todos os salários por essa carga suplementar que pesa sobre todos. Observou-se que as diferenças salariais são, sobretudo, mal aceitas. Na avaliação de alguns, elas provocam um ambiente ruim e de inveja. A introdução de uma individualização maior não correria o risco de comprometer a qualidade do trabalho em equipe? Trabalho em equipe que, precisamente, o diretor-geral quer ampliar ainda mais.

Just-in-time*: questão secundária para a maioria e estimulante para poucos*

De maneira geral, parece que a introdução da prática do *just-in-time* introduz menos efeitos sobre o trabalho e a vivência do trabalho dos operadores do que a da garantia de qualidade que, aliás, é indissociável do procedimento *just-in-time*.

Grande parte dos operadores entrevistados não dá muita importância ao trabalho no sistema *just-in-time*. Este não introduz, em si, uma obrigação especial. Certamente, todos conhecem o imperativo do *just-in-time*, que, aliás, não se aplica a todas as peças, mas não sentem a mesma pressão quando se trata da qualidade.

> Sei bem o que é o *just-in-time*. Se é preciso parar para iniciar outra série, bom, então paramos, desmontamos o torno e fazemos o que tem de ser feito. Depois, outra pessoa recomeça imediatamente. (torneiro do setor de acabamento)

Alguns trabalhadores manifestam, às vezes, certa impaciência em relação ao *just-in-time*, que vem contrariar as lógicas produtivas e os ritmos de trabalho. O operador da prensa digital reclama:

> O *just-in-time* nem sempre é bom. Quando recebemos um pedaço de metal, poderíamos fazer um grande número de peças com ele. Mas como o cliente encomendou um número preciso, temos de fazer exatamente esse número. E depois é preciso enrolar novamente o rolo e colocar outro. Mas poderíamos terminar um rolo e fazer estoque. O mesmo acontece com a ferragem. É preciso remontar uma segunda vez se o cálculo for malfeito. É duro do ponto de vista da empresa e do nosso. Se monto a máquina uma vez, duas vezes, isso me aborrece. É preciso fazer duas vezes o mesmo trabalho e isso não me interessa. É preciso remontar para a mesma coisa. Duas horas de trabalho para nada.

Também operador de prensa, este jovem se queixa nos mesmos termos:

> Às vezes, estamos fazendo uma série e eles têm um pedido para a tarde. Somos obrigados a desmontar tudo. Quando isso acontece, o que é raro, e estamos trabalhando bem, é desanimador. É preciso recomeçar tudo, enrolar tudo de novo. Enfim, temos de fazer isso, é o cliente que pede. Dizemos: droga. Montamos e desmontamos tudo. Nós fazemos o que mandam. Se pudéssemos escolher, tudo funcionaria sempre bem, mas é de acordo com as encomendas que chegam.

Ele sofre também com a falta de informação. Na maioria das vezes, os operadores não são informados sobre os motivos que os obrigam a passar de uma série para outra. E, de repente, podem ter o sentimento de uma gestão ruim, de uma ordem ruim.

> Se não fôssemos pressionados, poderíamos agrupar os pedidos que nos passam de um mesmo material. Os pedidos para daqui a vinte dias poderiam ser mais bem planejados para termos de fazer menos trabalho suplementar. Esta semana, montei uma série que tinha feito na semana passada. Mas não sei se o cliente telefonou novamente. Não nos dizem por que temos de mudar de série. Jamais nos dizem por que motivo mudamos de série. Dizem simplesmente que o cliente fez novo pedido.

As obrigações resultantes da gestão *just-in-time* não são claramente acessíveis, ele tem o sentimento de que poderia fazer melhor. Coloca-se do ponto de vista dos interesses da empresa, pensa que poderia ajudar para que ela se desenvolvesse melhor, mas não tem como fazê-lo:

> Poderíamos agrupar melhor as séries. É conforme chegam os pedidos, mas isso poderia ser mais bem gerenciado. O chefe do setor vem nos ver de vez em quando. Mas não lhe dizemos nada. Fazemos o que nos mandam. É falta de respeito com a hierarquia. Eles são chefes, mesmo que cometam erros, é constrangedor dizer isso a eles. É verdade que toda essa perda de tempo poderia ser evitada.

Observemos que a causa da insatisfação é a impossibilidade de contribuir na gestão em regime de urgência e na organização do trabalho. Mas essas insatisfações são de natureza diferente daquelas geradas pela qualidade, em que, quando há erro, o operador é punido, prejudicado e nunca está a salvo dos julgamentos, das decisões arbitrárias.

Em resumo, pode-se dizer que o *just-in-time* tem um impacto pequeno sobre a maioria dos operadores. O *just-in-time* não muda muito as coisas, não perturba realmente a prática profissional, mesmo que tenha efeitos como desmontar a máquina para recolocá-la em funcionamento ou passar de um trabalho para outro. Os operadores contentam-se em fazer o que lhes mandam. Para outros, isso é acompanhado de algumas frustrações. Frustração por ver a organização de seu trabalho comprometida por ordens injustificadas, frustração por não participar dessa gestão de mínimo estoque, por de certa maneira terem de se submeter a ela e por, mais uma vez, sentir a impossibilidade de influenciar as decisões relativas ao ambiente e às condições de seu próprio trabalho. Mas, de certa maneira, essa frustração é amenizada pelo sentimento de que é pelo cliente e, portanto, pela empresa. Tudo se passa como se a ingerência do cliente que demanda amenizasse o sentimento de irritação e de dependência gerado pelas obrigações impostas.

Para uns, o *just-in-time* introduz a variedade. O que não é desagradável. Mas trata-se, sobretudo, daqueles que não se encontram em situação de passividade, de dependência passiva diante das exigências do regime de urgência, mas, ao contrário, em situação de intervenção. Assim, um P3 do setor de manutenção declara:

> A gente se habitua ao trabalho em regime de urgência. E, como trabalho, é variado, fazemos sempre um pouco de pesquisa e tentamos melhorar. Todos os dias tem sempre uma ou duas prensas em pane, às vezes quatro ou cinco. Antes não era assim, as séries eram mais longas. Quando afiávamos, nós nos preocupávamos menos com o tempo de interrupção. O operador mudava de máquina. Agora, fica muito nas nossas costas. Tem 3 mil blocos de corte diferentes nas prensas, com todos os clientes que temos, e para cada série são colocados outros cortes.

Encontrar-se em situação de agir e de reagir diante da urgência é o caso também de uma mulher que trabalha na expedição. Entrou para a empresa em 1961; um dos três fundadores é seu primo. Depois de algum tempo trabalhando com brocas e perfuração, foi rapidamente designada para a expedição. É uma tarefa diretamente atingida pelo *just-in-time*, mas é um trabalho que lhe agrada:

> Adoro esse trabalho. É variado, tudo passa pelas nossas mãos. Recebemos os pedidos e temos de nos virar. Temos de gerenciar as encomendas. Sabemos o que há nos estoques. Conhecemos o programa mensal. Recebemos os pedidos do mês e temos de saber se há um número de peças suficiente ou se devemos solicitar o corte de outras.

Ela trabalha em equipe com um gerente. Juntos, tratam de tudo que diz respeito a um mesmo cliente. Ao receber o pedido, o gerente dá uma cópia para essa trabalhadora, que prepara as peças para as bandejas.

> Há trezentas referências. A produção é iniciada pelo setor responsável, e eu intervenho no final. Envio as peças a uma empresa terceirizada quando é necessário tratamento térmico ou galvanização. Depois, há um controle, eu coloco as peças nas caixas e despacho. Trabalhamos quinze dias, temos de prever tudo. Faço meu planejamento para a parte terceirizada, para a embalagem e para a expedição. Faço tudo sozinha. Nosso cliente é regular, mas às vezes ele telefona: preciso de tantas peças. Vou ao estoque, que está começando a ser controlado por computador. Tenho de enviar logo as peças. Mas acondicionar as peças é algo demorado; tenho de colocar todas em caixas, porque elas chegam em caixotes da empresa terceirizada e das fábricas. Quando os pedidos regulares chegam, vejo onde estão as peças, se ainda não chegaram. Vejo se estão cortadas. Eles têm um tempo previsto para cortá-las. Somos punidos se as peças não forem despachadas a tempo. Não somos responsáveis por isso, mas é nosso trabalho enviá-las. Isso não dá uma boa nota. Temos de cutucar as pessoas. Nós somos avaliados. Não pessoalmente, mas a empresa. Devemos ter em mente que é preciso acelerar. Observo sobretudo o acabamento lateral. Meu gerente cuida do corte. Ele tenta pressionar o pessoal. Às vezes, somos criticados por isso. Mas nós também somos pressionados. Chamam a gente de chato, porque a entrega do cliente precisa ser feita no prazo. Somos exigentes com as empresas tercerizadas. Enviamos os produtos hoje e precisamos deles de volta amanhã. Telefonamos para eles quando uma peça demora a chegar. Estamos sempre no telefone. Se as peças não chegam, telefonamos. Gosto muito de telefonar. É diversificado. É um trabalho que me agrada. Nós mexemos com muitas coisas. Na expedição, no total, somos sete. Cada um tem um trabalho bem determinado e um supervisor direto. É ele que se desloca até a empresa terceirizada ou até o cliente, caso haja problemas. Nós ficamos no telefone. Às vezes, encontramos com eles, quando passam por aqui. Somos até apresentados. O que é bom nesse trabalho são os imprevistos. Eu gosto do imprevisto.

Observa-se que os imperativos do tempo, a corrida contra o relógio, podem ser vivenciados de uma maneira positiva. Nesse caso, o assalariado dispõe de uma certa liberdade de intervenção, que corresponde realmente às obrigações de sua tarefa. Sua responsabilidade não é vivenciada de modo contraditório com as condições de trabalho. Nem tudo é tranqüilo, obviamente, e essa trabalhadora lamenta que nem todos os chefes de equipe compreendem que é de sua responsabilidade pressioná-los e estimulá-los para que respeitem os prazos impostos.

Alguns são compreensivos. Mas nem sempre somos bem recebidos! Não deveriam mandar a gente passear, como costumam fazer. Penso que deveríamos ser ajudados. Ora, alguns até brigam. Isso não é correto. Eles insultam a gente. Com a desculpa de que estão em posição hierárquica superior, eles insultam a gente. Há chefes aqui com quem eu não vou reclamar das peças! Dizem que é preciso fazer tudo para melhorar, progredir, mas uma coisa não combina com a outra. Mesmo que estejam sobrecarregados, deveriam levar isso em conta.

Aliás, ela atribui uma parte desse mau humor à tensão causada pelo medo que uma parte dos assalariados tem de perder seu emprego, de ver a empresa afundar: "As pessoas ficam tensas, têm medo de que a empresa vá à falência". Medo também de ser mal julgado; mal avaliado. O que leva alguns a adotar atitudes muito individualistas no setor de expedição.

O just-in-time*: uma questão de gerentes*

De fato, as exigências atingem mais os gerentes do que os próprios trabalhadores que executam as tarefas. Um ferramenteiro explica:

Com o *just-in-time*, somos todos envolvidos. Na empresa, todo mundo é envolvido. É preciso respeitar os prazos para o uso dos equipamentos. No caso de problema em uma prensa, o operador desmonta imediatamente a máquina, e alguém da manutenção intervém logo para trocar o componente, é uma troca padrão e trabalha-se em seu conserto. Há estoques de todos os equipamentos, de todos os componentes de corte. Tem-se tudo em dobro. É preciso examiná-los, consertá-los, afiá-los e remontá-los. No entanto, se houver pressão, os gerentes é que decidem. É verdade que a preocupação com os prazos aumentou muito desde que se passou a adotar o *just-in-time*. Mas são os gerentes que devem administrar a urgência. Se, por exemplo, um equipamento quebra duas vezes, e é preciso imediatamente refazer a peça, é necessário parar o que se está fazendo e trabalhar nisso. Em caso de urgência, como acontece no *just-in-time*, abandono o que estou fazendo para fazer uma peça que falta. É o gerente da manutenção e o das máquinas novas que entram em acordo para decidir o caminho a ser seguido. Para nós, não tem problema. Estamos habituados a trabalhar assim. De qualquer maneira, não paramos de repente. Não é meia hora depois. No entanto é preciso fazer isso rapidamente. O chefe de equipe adverte: deverá ser feito muito rapidamente, estamos sem peças.

Esse ferramenteiro, que trabalha há dezoito anos na empresa, confirma exatamente a impressão que se tem: a preocupação com a qualidade é mais mal vivenciada do que a ocasionada pelo *just-in-time*. "O *just-in-time* é apenas uma questão de organização. Não é mais estressante trabalhar *just-in-time*. O autocontrole é mais estressante. Embora os pontos críticos sejam um pouco mais limitados, nem sempre é fácil." O *just-in-time*, como tal, é essencialmente um problema de organização da empresa. Aliás, há fortes implicações tanto no plano dos equipamentos quanto no plano da organização espacial[6].

A gestão com estoque mínimo exigiu principalmente a mecanização da manutenção. Não é possível fazer redução máxima de estoque sem dar um ar de mecanização ou de automa-

[6] Sobre esse tema, ver o artigo de C. Jaeger, *Revue des Réseaux*, nº 69, 1995.

ção. Se há uma operação que dura um minuto e outra que dura 25 segundos, não vejo como reagir a isso por meios humanos. Resolve-se muito mais facilmente com uma contribuição da mecanização. Pode-se reduzir o ritmo de uma máquina para adaptá-la a outro ritmo. Não se pode fazer o mesmo com os homens. É preciso algo mais que a robótica para fazer uma produção encadeada. A melhor maneira de trabalhar com estoque mínimo é por meio de ilhas, células flexíveis. É preciso aproximar as máquinas para ter uma tensão positiva. Quando se quer desenvolver mais, isso passa pela construção de novos locais. Pensa-se muito seriamente em construir algo retangular com dimensões bem precisas para criar instalações que permitam trabalhar com estoque mínimo. É preciso racionalizar. A filosofia seria a de construir uma fábrica nova.

Quem fala é o diretor-geral. Ele comenta também os enormes problemas causados pela passagem de longas séries para séries mais curtas.

Agora conseguimos nos adaptar. Reagimos cada vez mais às mudanças de modelos com componentes intercambiáveis. Mas em uma época isso era aberrante. No que diz respeito às pastilhas de freios, passamos de 1,5 milhão por mês, com séries de 200 a 300 mil peças, para 3,5 milhões, com séries de 30 mil peças. Mas tem-se uma maior estabilidade da demanda agora. Os modelos se modernizam mais rapidamente, mas com componentes de maior duração. Ainda há quebras de produção, porém trabalhamos com os mesmos rolos de material.

Segundo o diretor-geral, o estoque mínimo contribuiu de fato para melhorar as condições de trabalho: "Em geral, isso beneficia o trabalho de cada um".

Assim, o *just-in-time* tem mais impacto sobre o trabalho dos chefes e dos gerentes de produção. Por um lado, ele diz respeito às relações externas da empresa, com os clientes, obviamente, mas também com os próprios fornecedores e com as empresas terceirizadas pela empresa. "Quantidade e prazo no *just-in-time* são impostos pelo cliente", continua o diretor-geral.

Temos de nos virar. É preciso cuidar para que todo o encaminhamento da produção seja bem-feito dentro dos prazos. Quando há terceirização, é preciso cuidar mais ainda. É preciso considerar tudo: a qualidade, os prazos das empresas terceirizadas. É preciso fazer uma reunião com todas as empresas que trabalham com a peça. Que todo mundo seja bem sensibilizado e dê prazos honestamente. Tentamos estabelecer regras que sejam respeitadas. Que todos se conformem com as regras do jogo. É muito mais difícil quando há empresas terceirizadas. Existem também os problemas de transporte. É preciso que todo mundo esteja no nível máximo. Isso diz respeito também aos que são diretamente responsáveis pela fabricação de peças produzidas no sistema *just-in-time*.

É o caso do chefe de equipe, responsável ao mesmo tempo pela manutenção e pela fabricação para as cadeias automatizadas que produzem as peças para as forquilhas de ré da caixa de câmbio destinadas à Citroën. Há três cadeias robotizadas que fabricam as peças após o corte, procedendo operações de tratamento térmico, de solda, de impermeabilização, de lavagem, de prensagem. Um operador por cadeia, especializado nas mesmas peças durante a semana e trabalhando em 3 x 8, dois operadores polivalentes durante o fim de semana ("um durante o tempo todo e dois outros alternando-se de acordo com as necessidades"). Portanto, se incluirmos o fim de semana, cinco equipes trabalham nessas cadeias. Três equipes durante a semana e duas no fim de semana, que podem ser suprimidas em caso de redução de trabalho. Cada cadeia se dedica a uma peça particular.

O gerente recebe previsões de produção para três meses e um programa também para três meses reatualizado cotidianamente.

À tarde, eles me enviam por teletransmissão o número exato de peças requeridas com suas referências. Às quatro da tarde, sei o que devo enviar na manhã seguinte. Trabalho sempre com um ou dois dias de antecipação. Trabalhamos no fim de semana para garantir um pequeno excedente para as intervenções de manutenção ou para as situações em que há problemas de qualidade. Além disso, temos um estoque de segurança de dez dias, imposto pelo cliente, para cada pedido e que é guardado num entreposto em um povoado vizinho porque não temos possibilidade de mantê-lo no local, e é preciso girar o estoque para que não oxide. Isso demanda muita manipulação e manutenção. Às vezes, há eventos imprevistos que nos atrapalham. Por exemplo, uma fábrica da Citroën deveria ser transferida para outra região, e eles queriam as peças de antemão, prevendo que a transferência interromperia a produção. Uma peça de que produzíamos 2.500 exemplares para eles, queriam 6.000. Mandamos produzir um pouco em diversos lugares e as transportávamos em táxis e em quaisquer outros veículos. Exige muito, nosso cliente tem tudo em dobro na cadeia para continuar a produzir em caso de complicações. Suas máquinas funcionam todo o tempo. Não nos permite dizer-lhe amanhã. Quando ele demanda 4.334 peças, é preciso lhe fornecer 4.334.

Acredita-se que isso impõe uma manutenção que funcione perfeitamente.

Fazemos manutenção 24 horas por dia. Somos dois, fazemos revezamento. Tentamos limitar os desgastes: cada um em uma semana, noite e dia. É duro, duro, a manutenção da parte robotizada. Essa noite, vim duas vezes. Uma vez às duas e outra às três horas da madrugada. É preciso fazer isso. Para o fim de semana, nós dois nos entendemos. Se ambos estamos ocupados, deixamos um número de telefone. Há panes que conhecemos bem, que se repetem e que podem ser resolvidas por telefone. Quando há panes, utilizamos o estoque. Uma vez, tivemos uma pane de oito horas porque era preciso buscar em Rouen uma peça que estava faltando. Nós programamos as grandes interrupções que visam à manutenção para o mês de agosto.

Esse chefe de equipe enfrenta também problemas de organização. Mesmo que as coisas se desenvolvam de maneira satisfatória no âmbito do corte, a sucessão de operações nem sempre é garantida.

A seqüência em relação à prensagem não é muito respeitada. Há um pouco em curso por toda parte. A série é lançada inteiramente no âmbito do corte sem saber se ela vem atrás. Os operadores se viram bem. Eles chegam a seguir em função do quadro. Mas os lançamentos não são feitos corretamente. Em vez de lançar várias vezes para que isso se dê no âmbito de todas as peças, o responsável pelo lançamento envia tudo de uma vez e os outros devem se virar depois para fazer em tempo. No lançamento, eles estão habituados a fazer grandes séries. Em seguida, há peças que são faturadas imediatamente, por exemplo, pastilhas de freio. Então, eles preferem cortá-las logo. Falei disso, mas não deu em nada. Há um pouco de atrito, agora, por causa disso. Eles querem fracionar. Continuam tradicionais: grandes séries como antes. O que faz que, com esse problema e com as panes, meu trabalho não seja regular. Quase todos os dias, vou reclamar minhas peças.

"Se realmente temos problemas, nossa direção está lá. O responsável pode resolvê-los, senão subimos até o diretor: o gabinete é escancarado!" É nesse sentido que um operador de equipamentos, suplente no comitê de fábrica, apresenta a situação na empresa. Nada de sindicato, nada de representante de pessoal, um comitê de fábrica e uma direção acessível e aberta. O diretor-geral explica:

> Não temos representantes de pessoal, mas um comitê de fábrica, que faz um pouco o papel de representante de pessoal mas que, para nós, é um órgão absolutamente indispensável. Quando a empresa ainda não tinha cinqüenta pessoas, queríamos estabelecer um sistema de participação. Considerávamos que era importante ter um. Perguntamos a elas se queriam criar um para podermos assinar um acordo de participação. E entraram no jogo. O comitê de fábrica fez o mesmo. Isso acontece com base na confiança mútua. Considerou-se que era um elemento absolutamente indispensável na vida da empresa. Temos, no mínimo, uma reunião por mês, às vezes duas. Em um clima de confiança, é um órgão de propostas, de decisões e de reclamações, por que não? Tenho prazer de ir lá porque isso me permite esclarecer alguns pontos. Não há delegado sindical, não há demanda por eleições de representantes do pessoal.

Claramente, o caminho escolhido pela diretoria é o de uma comunicação direta entre os assalariados e as chefias, e até mesmo com os dirigentes da empresa. O que prima é o indivíduo. É ele que se encontra em situação de responsabilidade diante da qualidade do que produz, é individualmente que deve se envolver (mesmo que sejam convidados para participar de diferentes grupos de reflexão e de propostas para melhorar o trabalho), e a política salarial procura distinguir os indivíduos, recompensando aqueles que se dedicam mais.

Como vimos, realmente não há mais lugar para uma solidariedade baseada em uma comunidade de destinos na empresa, para coletivos informais que gerenciem em conjunto, com seus próprios códigos, suas próprias regras, as situações de trabalho de seus membros, que regulem a vida cotidiana no trabalho nos moldes das prescrições tayloristas. As prescrições de natureza taylorista estão sempre presentes, mas cada um é pego individualmente pela armadilha de sua responsabilidade e de sua falta de autonomia. Aliás, é de maneira individual que cada um comunica seus problemas: o medo de não poder assumir a obrigação da qualidade dentro das condições impostas, o medo de perder seu emprego em uma região particularmente sensível desse ponto de vista; o sentimento de não ser retribuído por todos os esforços feitos. Uma boa parte dos assalariados recebe salário mínimo, melhorado pelas bonificações mensais e trimestrais, mas não deixa de ser salário mínimo. São inúmeros os que avaliam que isso não corresponde nem a seu trabalho real nem à sua responsabilidade.

Conclusão

Os coletivos informais e espontâneos dos operadores, que fazem viver uma identidade coletiva e solidária, ficaram para trás diante do aumento do individualismo, provocado pela política da diretoria no contexto da inovação organizacional representada pelo *just-in-time*, com suas exigências relativas à qualidade. Diante também do aumento dos coletivos participativos estabelecidos pela diretoria e que não têm nada a ver com os coletivos espontâneos, que vivem distantes das normas e da regulação oficial. Os novos coletivos são constituídos segundo objetivos fixados pelas chefias, têm de resolver problemas de qualidade, de produtividade e de funcionamento com base em métodos de raciocínio padrão colocados em funcionamento pelos gabinetes, conselhos, a partir de então, clássicos. São coletivos "sob influência" e não mais espaços de autonomia cultural, produtores de valores específicos adaptados à realidade de uma situação de trabalho compartilhada. Não são mais espaços de regulação autônoma, para retomar os termos da teoria da regulação conjunta[7]. Ora, sabemos que a regulação autônoma, junto com a regulação de controle (aquela imposta oficialmente pela diretoria) constitui uma fonte cognitiva importante para o funcionamento das empresas e sua adaptação permanente aos múltiplos imprevistos que caracterizam toda atividade produtiva.

A própria natureza do vínculo social na empresa é assim trabalhada. Não há mais lugar para relações entre indivíduos que escapem do controle da racionalidade dominante, e que dêem vida a valores marginais. Ele acabou com o escondido, o clandestino, as organizações ocultas, os desvios, mesmo que tenham se enraizado em práticas produtivas que mostraram seu valor, mesmo que tenham constituído modalidades de adaptação eficazes para os múltiplos imprevistos e para as inúmeras obrigações. A empresa não mais está em situação de ser desafiada em suas opções de racionalidade, em suas técnicas organizacionais, em suas prescrições. Em poucas palavras, todas as formas de autonomia e de solidariedade "selvagens"[8] foram proscritas em benefício de um envolvimento individual e coletivo canalizado, controlado, enquadrado, inscrito em limites rígidos e contraditórios. De um envolvimento que deve encontrar o meio de se empregar em um universo cada vez mais forçado e planificado, o que não pode se dar sem sofrimento.

O clima de extrema tensão, de angústia mesmo, recentraliza cada um em suas preocupações profissionais individuais em detrimento de um espírito de solidariedade e de cooperação. Em detrimento dos comportamentos coletivos.

A qualificação coletiva especialmente, considerada a competência detida por um grupo de operadores que trabalha em um mesmo segmento da fabricação, é apenas a soma da competência individual dos membros do grupo; ela representa uma experiência superior a essa soma, uma experiência coletiva decisiva para o desempenho cotidiano. Essa qualificação, essa competência coletiva baseia-se em um alicerce, que é a própria existência dos coletivos, dotados de um espírito de equipe (que se baseia em um certo número de valores compartilhados) e de uma certa autonomia, pois é necessária uma distância em relação à norma e à prescrição para elaborar e colocar em ação conhecimentos adaptados às situações concretas de trabalho. Toda invenção não pressupõe uma capacidade de transgredir o que está estabelecido? Ora, a qualificação coletiva de que tratamos aqui é exatamente a que se alimenta de múltiplos atos de invenção e de uso de conhecimentos e de experiências eficazes para a boa realização do trabalho.

---

7 J.-D. Reynaud, *Les règles du jeu*, cit.

8 R. Linhart, *L'établi* (Paris, Minuit, 1978).

Em outras palavras, uma fonte de eficácia produtiva reside na existência de coletivos unidos, solidários, capazes de manter uma certa distância crítica em relação à norma e à racionalidade dominantes na empresa[9]. O que precisamente as políticas de gerenciamento da pequena e média empresa contribuem para minar.

Se retomarmos a análise proposta no início deste artigo, que distingue diferentes dimensões na empresa (seu funcionamento interno, as modalidades de mobilização ideológica e cultural de seus assalariados, a organização do trabalho no sentido estrito da palavra), veremos bem como nessa empresa elas evoluem em ritmos diferentes, com conteúdos diferentes rumo a objetivos diferentes.

A direção orientou-se com uma forte determinação para uma modernização de seu funcionamento interno, como comprovam os planos estabelecidos sobre a questão da qualidade; lançou-se também em uma política muito voluntarista de envolvimento dos assalariados em uma dupla modalidade de responsabilização individual (com o estabelecimento do autocontrole de qualidade e da individualização dos salários) e de participação coletiva (em diversos grupos ou círculos de qualidade); em matéria de organização do trabalho, ela não tentou implantar formas de organização que proporcionassem mais qualificação, permitindo maior autonomia; ao contrário, em certos casos, ela realizou um crescimento da divisão do trabalho e da especialização de tarefas; o campo da prescrição não recuou e o peso das chefias ainda é grande e determinante para os comportamentos profissionais.

Assim, as diferentes dimensões não se acham muito em harmonia. Elas estão em contradição em muitos pontos.

Envolver os assalariados, as responsabilidades diante de seus desempenhos simplesmente tem pouco sentido se não lhes são dados os meios de assumir esses novos papéis. Nesse caso, a organização do trabalho e a distribuição da autoridade não são coerentes com as responsabilidades atribuídas. Ocupados em um universo prescritivo extremamente constrangedor, os operadores não têm muita possibilidade de se organizar. As condutas participativas, longe de levar a uma flexibilidade da organização e sua adaptação às condições mais difíceis e mais exigentes do mercado, vêm perturbar o pouco controle que os operadores têm de seu trabalho: a participação de uns e outros dos múltiplos grupos de trabalho reunidos pela direção impõem aos que permanecem nas oficinas condições de trabalho ainda mais constrangedoras, em que se torna cada vez mais difícil controlar qualquer coisa. Essa ausência de controle sobre um trabalho pelo qual se é responsável cria tensões e problemas insuportáveis, que não favorecem a adesão ao projeto de modernização que, no entanto, para a direção, passa pelo envolvimento dos operadores. É na impotência que os operadores se acham envolvidos de fato, pois, por outro lado, perderam alguns de seus recursos anteriores: a política de individualização dos salários, colocada em prática pela direção, do mesmo modo que a responsabilização individual nos postos de trabalho, como vimos,

[9] D. Linhart e R. Linhart, "La participation des travailleurs: naissance d'un consensus?", cit.; D. Linhart, *Le torticolis de l'autruche, l'éternelle modernisation des entreprises françaises*, cit.; D. Linhart, *La modernisation des entreprises*, cit.

deteriorou as relações entre companheiros de fábrica, minou os coletivos e sua capacidade de enfrentar a autoridade, assim como de inventar maneiras de serem produtivos juntos.

O significado multiforme que toma a modernização nessa empresa não parece em condições de constituir as bases de um novo modelo organizacional coerente. Em compensação, parece aniquilar alguns dos elementos mais positivos do modelo "antigo".

8

O CRESCIMENTO DE UMA *CAISSE D'ALLOCATIONS FAMILIALES* (CAF)* a gestão moderna da miséria[1]

> Antes, para mim, comercial era quando se fazia comércio rentável, quando o cliente pagava. Aqui, nos obrigam a uma atitude hipercomercial, mas nós é que damos o dinheiro, é problemático, tudo sempre em cima de nós. Dizem que o atendimento deve ser rápido, mas isso não quer dizer nada, é utópico: se as pessoas vêm ao centro de atendimento é porque têm algum problema. Os objetivos são muito modernos, muito *in*, mas não são realizáveis. (consultora técnica)

O tom é claramente dado nesse escritório amplo e bem organizado: o diretor da CAF de Nanterre fala "moderno". Seu discurso apresenta detalhadamente os itens agora clássicos da modernização das empresas. Os grandes temas de gerenciamento estão bem presentes. Antes de mais nada, a ruptura com a lógica taylorista anunciada. "Passamos de um universo taylorista para um universo de responsabilidade", e a ênfase na amplitude da evolução: "Isso nos ocupou três anos, são mudanças de muito peso, você compreende, passar do operário especializado ao conceito de técnico, o de consultor técnico polivalente...". E depois, a inevitável reforma das estruturas, das modalidades de funcionamento da empresa, em suma, com a descentralização, nesse caso, a criação de agências de proximidade**, para se aproximarem da prática.

---

* Órgão de assistência social vinculado à previdência. (N. T.)

1 Escrito em co-autoria com C. Jaeger e publicado anteriormente em *Revue des Réseaux*, nº 69, 1995.

** Resultante da tradução literal da expressão francesa *de proximité*, inicialmente utilizada para designar os *emplois de proximité*, ou seja, os empregos remunerados ligados aos "serviços pessoais" (*baby-sitters*, acompanhantes de idosos, enfermeiras, faxineiras etc.); foi incorporada ao jargão das ciências econômicas e sociais, em que passou a ser usada em uma série de conceitos relacionados às práticas da economia solidária. (N. T.)

Logicamente, isso é acompanhado também de uma evolução da linha hierárquica e de seu sentido: "Criamos, nesse momento, a gerência de proximidade, o chefe de equipe vem do passado, do taylorismo, da forte burocracia. Os gerentes de proximidade têm uma competência técnica, mas têm muita capacidade de gerenciamento, principalmente de gestão de conflitos".

Uma "revolução" como essa necessita, sabe-se muito bem, pois está incluído no projeto modernizador, um trabalho fundamental com o pessoal para convencê-lo a aderir ao conteúdo da mudança, assim como à própria idéia de uma mudança necessária. E também nesse caso não se poupam esforços, tempo e energia para realizar essa transformação dos comportamentos e das mentes.

> Durante três anos, fizemos campanha, organizamos encontros com as pessoas, entrevistas individuais para convencê-las e fizemos um esforço de formação muito grande. 9,5% da massa salarial dedicada à formação, a uma campanha de adesão que mobilizou todo o pessoal, 800 pessoas que se mexeram, 470 das quais se mexeram fisicamente para deixar o centro e ir para as agências.

E, para coroar tudo, o estabelecimento submeteu-se ao certificado ISO 9002[2], prova de todas as conformidades às exigências da modernidade que rima, sabemos, com qualidade. Tudo articulado em torno de uma constante referência à satisfação das necessidades e da demanda. É preciso acelerar o tempo de encaminhamento das operações, diminuir a espera, operacionalizar a recepção das demandas e a gestão das chamadas telefônicas. O grande determinador da reforma é aquele a quem é destinado o serviço realizado aqui: o cliente.

O ambiente está dado: vamos pesquisar uma entidade que, como tantas outras, passou por um processo de modernização, levando a uma transformação de estruturas, à introdução de novas formas de trabalho, de funções, de novas figuras de gerenciamento em um ambiente de mobilização, de envolvimento do pessoal, destinado a convencê-los a aderir a uma mudança acelerada; tudo isto inserido em um discurso gerencial com um novo estilo, que retoma os argumentos modernos fundamentais, sustentado por um progresso tecnológico evidente: o novo sistema interno de informação, em tempo real.

Nada particularmente marcante, se não fosse o simples fato de estarmos em uma CAF, órgão privado que gerencia um serviço público, e não qualquer um: ela distribui os auxílios cada vez mais numerosos que, como a renda mínima de inserção (RMI), são destinados a uma população pobre, para a qual eles constituem, com freqüência, seu maior rendimento.

---

[2] As normas ISO 9000 (International Standartization Organization) determinam os procedimentos que as empresas devem utilizar para terem um "certificado de qualidade". A norma 9001 atesta a concepção e a realização do produto ou do serviço, a norma 9002 atesta a realização (é aquela utilizada nos serviços) e a norma 9003 atesta o "controle final" do produto. Para uma apresentação e uma análise crítica dessas normas, cf. F. Mispelblom, *Au-delà de la qualité: démarches qualité et politiques du bonheur* (Paris, Syros, 1995, col. Alternatives Économiques).

A questão que procuramos abordar aqui diz respeito aos efeitos de uma modernização clássica (aplicada na maioria das vezes em empresas que se acham diante de um mercado e de clientes clássicos, ou seja, solventes) sobre essa organização particular e sobre os assalariados, cuja tarefa bem precisa é fundamentalmente gerenciar, a maior parte do tempo, a miséria dos outros e garantir-lhes, na melhor das hipóteses, seus direitos.

É por um estudo monográfico profundo das mudanças efetuadas há mais de dez anos nessa CAF que evidenciaremos, inicialmente, a complexidade, mas também o caráter clássico dos processos de modernização em curso, para, em seguida, apontar suas conseqüências para as relações que podem ser estabelecidas nesse novo contexto com os beneficiários.

Na verdade, a modernização é essencialmente destinada a facilitar as relações entre as famílias e a CAF, personalizando-as – cada família tem um único encarregado por todos os seus auxílios e pode inscrever-se diretamente pelo telefone, agora com serviço de secretária eletrônica, caso não haja um funcionário para atender – e descentralizando as agências. Uma modernização como essa não se traduz somente por transformações nos postos de trabalho, freqüentemente mais fecundos, mas também por uma transformação significativa da vivência dos agentes, que estão todos, a partir de então, diante dessa miséria cada vez maior, que se revela de forma permanente e completa sob seus olhos. "Agora é preciso satisfazer a necessidades infinitas, a situação piora cada vez mais", explica a responsável pelo RH.

Como os assalariados lidam com essa evolução, quais são as conseqüências relativas à vivência individual e coletiva, que tipo de habilidade desenvolvem para enfrentar essas transformações e, sobretudo, como evolui, objetiva e subjetivamente, a relação de trabalho que eles estabelecem com os beneficiários? Como fazem em situações que os colocam diante de populações em dificuldade, que expõem e tornam manifesto, concreta e totalmente visível, tudo o que nossa sociedade produz em termos de desigualdade? E isto num quadro de uma transformação moderna, em que se fala de satisfação do usuário e às vezes do cliente, da eficácia e da comparação de produtividade das agências entre si. Essas são as questões que abordaremos, demonstrando, antes, que as reestruturações reúnem os princípios em voga: proximidade com os usuários e individualização da gestão (focalização), levando a uma "orientação para o cliente" de qualquer empresa que queira acompanhar mais de perto a demanda.

Nossa monografia foi desenvolvida com base em entrevistas na CAF de Nanterre e em alguns de seus documentos internos. Cabe mencionar aqui que ela não é exaustiva: duas categorias diferentes de assalariados coexistem em cada CAF: os da área de ação social (assistentes sociais, conselheiras) e os da área de gestão técnica, fundamentalmente consultores técnicos. Neste artigo, nós nos concentraremos na "gestão técnica", pois as transformações relativas à "ação social" demandariam por si sós outros estudos[3].

---

[3] Curiosamente, cada uma dessas duas categorias segue evoluções opostas. Enquanto uns (os consultores técnicos de gestão) vêem sua função se diversificar significativamente, outros (as assistentes

Uma modernização de princípios clássicos

A modernização concretiza-se pelo funcionamento de toda a série de mudanças constantemente preconizadas em relação ao assunto[4]: mudança técnica, obviamente, mas também reestruturação dos espaços, reestruturação do conteúdo e das relações de trabalho, novo modo de funcionamento da hierarquia, modificação dos princípios de gerenciamento e introdução da "qualidade".

Os objetivos fixados são relativamente claros: por um lado, trata-se de aproximar-se dos clientes, fornecendo-lhes serviços sob medida e em prazos convenientes, o que deve melhorar, ao mesmo tempo, a imagem da administração; por outro e paralelamente, trata-se de aumentar o bom desempenho das equipes e das agências, modificando a atribuição de tarefas e o envolvimento.

Os diretores da sede de Nanterre são unânimes a respeito desses objetivos, embora nem sempre os expressem nos mesmos termos e na mesma ordem:

> A modernização é, em primeiro lugar, dar um sentido ao ofício, passar de Taylor a um sistema de responsabilidade e, em segundo lugar, aproximar-se dos beneficiários; com a criação das agências, a gestão técnica e a ação social trabalham juntas. (diretora de recursos humanos)
>
> Para nós, a modernização é a busca de uma maior proximidade, que melhora o serviço prestado e, sobretudo, o acesso aos consultores técnicos. (responsável pela ação social, sede)

Assim, a modernização apresenta-se como um processo com duas faces estreitamente interdependentes: melhorar o serviço prestado e atribuir responsabilidades aos assalariados, apoiando-se a melhora do serviço na responsabilidade dos assalariados.

Melhorar o serviço, mas para quais clientes e como?

Os clientes são, nesse caso, usuários que procuram esclarecimentos, informações sobre seus direitos, sobre o andamento de seus casos e que esperam que os auxílios aos quais têm direito lhes sejam pagos. São também os que vêm pedir ajudas excepcionais, conselhos, proteção, recomendações.

Para o diretor, a melhoria dos serviços prestados traduz-se pela certificação de qualidade, o que significa "uma busca de qualidade em um universo determinado:

---

sociais) vêem seu campo de ação se restringir consideravelmente, pois estão se especializando em funções bem definidas, embora antes fossem "polivalentes" em um determinado "setor". Portanto, notaremos aqui a ambivalência que a modernização traz consigo, tornando o trabalho mais diversificado (graças à polivalência), mais fácil e dinâmico (graças também ao sistema informatizado, que auxilia os consultores técnicos), mas também mais difícil emocionalmente, mais estressante e perturbador. Para as assistentes sociais ocorre o inverso: o trabalho tornou-se menos interessante, porém mais tranqüilo no plano afetivo.

4 Cf., por exemplo: K. Suzaki, *Réinventer l'unité de travail* (Paris, Dunod, 1993); J. P. Womack e D. T. Jones, *Le système qui va changer le monde: après la production de masse, la production au plus juste* (Paris, Dunod, 1994); M. Hammer e J. Champy, *Le reengineering* (Paris, Dunod, 1993) [ed. bras.: *Reengenharia: revolucionando a empresa em função dos clientes, da concorrência e das mudanças de gerência*, trad. Ivo Korytowski, Rio de Janeiro, Campus, 1994) etc.

procura-se dar um valor a mais a um produto que não controlamos e que é decidido pelo legislativo". No caso, trata-se de reduzir o máximo possível a espera no guichê, assim como no telefone, e de fornecer esclarecimentos os mais precisos possíveis aos beneficiários sobre seus direitos e sobre o andamento de seus dossiês. "Entramos em uma era de qualidade e de planos estratégicos, não queremos ser excluídos privando-nos de um método que pode ser interessante", confirma a diretora de recursos humanos.

O "serviço" esperado pelos clientes-usuários é o pagamento dos auxílios o mais rápido e regularmente possível. Cabe, então, aos consultores técnicos, com base em uma legislação sempre em evolução, encontrar a adequação mais refinada entre a situação concreta do beneficiário, as categorias predefinidas pela lei e os pagamentos que poderá demandar. Em resumo, trata-se de traduzir situações complexas, vividas e expressas por pessoas na maioria das vezes em dificuldade, para situações previstas e regulamentadas por lei. É um trabalho de tradução e de pesquisa de adequação, sob medida, entre "produtos-padrão" (os auxílios regulamentados) e pessoas, na maior parte das vezes "fora da norma" e pressionadas por suas dificuldades.

O que significa, exatamente, melhorar a qualidade desses serviços? No caso estudado, é claro que a melhora se dá na passagem de um tratamento burocrático dos dossiês para uma abordagem e uma escuta atenta das pessoas. O que supõe uma proximidade maior na prática e um verdadeiro envolvimento dos assalariados contratados para gerenciar os auxílios e realizar os ajustes necessários – os consultores técnicos. Portanto, uma maior responsabilidade em relação aos seus "clientes".

De fato, as reestruturações observadas seguem em duas direções: aproximação física com os clientes e individualização da gestão. A realização dessa aproximação passa por uma série de transformações, em que se misturam novas divisões dos espaços e da organização do trabalho. Transformações que não datam somente da vontade recente do novo diretor, mas se inserem em um processo de mais longo prazo.

A longa história da descentralização e da reestruturação do trabalho

Antigamente, os serviços concentravam-se na rua Viala, em Paris[5].

Uma senhora idosa descreve essa época:

> O trabalho era muito setorizado, tudo era feito em grandes escritórios, com fichas de cartolina com os nomes e os números da seguridade social, guardadas em grandes móveis com gavetas cheias de papéis (ofício) e organizadas pela numeração das matrículas... Havia duas grandes divisões: os auxílios-família e o auxílio-moradia. Os auxílios eram: auxílio-família, auxílio a casais com uma única fonte de renda e auxílio-pré-natal.

Essa extrema centralização tinha como contrapartida a visita dos "agentes-pagadores" às mães de família, a quem pagavam diretamente, em dinheiro, o montante dos auxílios a que a família tinha direito (até 1978, data a partir da qual os pagamen-

[5] Este histórico foi reconstituído com base em entrevistas e suas confirmações.

tos passaram a ser feitos por transferência bancária, o que, cabe observar, implica que o beneficiário – até aquele que recebe a renda mínima de inserção – tenha conta em banco), assim como a existência de escritórios de ação social nos bairros e visitas de assistentes sociais polivalentes às famílias.

A descentralização da CAF na região parisiense tem uma longa história. Ocorreu em três fases: em primeiro lugar, uma simples implantação de "unidades de gestão"; em seguida, "módulos"; e, finalmente, "agências de proximidade", onde a reestruturação dos espaços se conjuga com uma reestruturação do trabalho.

Da "rua Viala" às "unidades de gestão", uma simples descentralização

A partir do fim da década de 1970, a CAF da rua Viala dividiu-se em "unidades de gestão". Há duas no departamento Hauts-de-Seine: uma no norte, em Nanterre, e outra no sul, em Clamart. Em Nanterre, disseram-nos que a unidade de gestão do Hauts-de-Seine foi aberta em fevereiro de 1977, por etapas e ao longo de dois anos.

"A organização era vertical para todo mundo, para a ação social e para a gestão técnica. Havia três ramos: Ação Social, Auxílios e Gestão do Pessoal (ligado à direção)", afirma uma gerente de gestão técnica.

A maior parte dos auxílios para todo o Hauts-de-Seine passou a ser tratada em Nanterre. Todavia, a partir daquele momento, a unidade de gestão abriu um "guichê de atendimento", dirigido por funcionários especializados, já preocupados em acelerar os prazos de análise dos dossiês:

> Em fevereiro de 1977, foi aberta a CAF de Nanterre, e pedi para ficar no guichê: era um trabalho mais bem remunerado, era uma promoção. Na época, os problemas das pessoas ainda não eram econômicos, como agora. Trazíamos os dossiês da rua Viala e gerenciávamos todo o departamento de Hauts-de-Seine. Tínhamos a impressão de servir para alguma coisa, apressávamos os dossiês e os beneficiários eram gentis. Servíamos de intermediários entre os liquidadores e os beneficiários. (agente de controle)

Os "liquidadores" eram agentes encarregados de cuidar dos dossiês e atribuir os auxílios correspondentes; integravam o serviço de "liquidação" e tinham as características dos atuais consultores técnicos.

Nas unidades de gestão, e no setor de "auxílios"[6], o trabalho era duplamente segmentado:

- horizontalmente, em quatro grandes funções e serviços: "liquidação", "plano e distribuição", "relações externas" e "contenciosos";
- verticalmente, em uma escala hierárquica de acordo com a complexidade do trabalho (conferir quadro a seguir).

---

[6] As unidades de gestão compreendiam, naquela época, três "divisões": ação social, exercida por trabalhadores sociais – assistentes sociais, conselheiras de economia social e trabalhadoras alocadas em famílias; divisão de "auxílios", que corresponde atualmente à "gestão técnica"; e, finalmente, a "gestão do pessoal", ainda ligada à sede. É a divisão de "auxílios" que nos interessa aqui.

UNIDADES DE GESTÃO:
A HIERARQUIA NO SETOR DE "AUXÍLIOS"

- no nível inferior: os empregados de triagem e classificação, que faziam os registros por escrito;
- no segundo nível: os agentes de matrícula. No serviço "plano e distribuição", eles cuidavam do recebimento da correspondência e de sua distribuição; eram encarregados também da "catalogação das matrículas" e tinham como principal atribuição evitar matrículas em duplicidade. Eles nos disseram que faziam um "pequeno exame" (nível BEPC e, muitas vezes, CEP), em seguida uma formação de uma ou duas semanas sobre a legislação, em que era explicado o trabalho, e iniciavam o serviço básico (dez a quinze pessoas por CAF). A maioria era encarregada da análise prévia das operações ou dos débitos simples (auxílios pré-natais e pós-natais);
- do terceiro ao quinto nível: os agentes liquidadores, aqueles do serviço "plano e distribuição", e os do "contencioso", encarregados de operações mais complexas e promovidos por tempo de serviço na mesma função;
- em seguida, os agentes de controle, que exerciam fundamentalmente o papel de especialistas junto aos técnicos. Havia dois níveis de agentes de controle: os exclusivamente especialistas e os que organizavam o trabalho e a distribuição de tarefas, gerenciando, fazendo comentários de notas, acompanhando as mudanças legislativas e cuidando das promoções internas;
- e finalmente os gerentes, que, após um novo concurso, ocupavam cargos de adjuntos e, depois, de diretores.

Essa dupla divisão repetia a organização da rua Viala.

> Nos tempos da rua Viala, com 7 mil empregados na região parisiense, o trabalho era distribuído em seções, por matrícula e por tipo de auxílio: 14 seções, mais uma 15ª para os que vinham de fora da região e para os estrangeiros, e uma 16ª para os empregadores e independentes. (instrutor, sede)

Para sermos claros, os beneficiários recebiam uma matrícula quando faziam sua inscrição na CAF, e os dossiês eram distribuídos por seção pelo número da matrícula. Em cada seção, os agentes técnicos eram especializados em um auxílio: auxílio-família, auxílio-moradia etc.

As dezesseis seções da rua Viala transformaram-se, assim, em dezesseis unidades de gestão instaladas nos departamentos (duas unidades por departamento). Nas unidades de gestão, a antiga divisão por função, por auxílio e por número de matrícula (as "séries") foi mantida.

Os técnicos (do terceiro ao quinto nível) trabalhavam em equipes de cinco a seis pessoas, gerenciadas por um agente de controle "verificador"; este ganhava um bônus de 5% sobre cada operação verificada. Eram encarregados da análise (ou seja, da liquidação) de um ou mais auxílios para toda a série de matrículas atribuída a eles. Os do serviço de "liquidação" cuidavam dos auxílios mais simples; os do serviço "plano e distribuição" cuidavam dos auxílios mais complexos: auxílio a parente único, auxílio a educação especializada, auxílio a adulto deficiente etc. Havia muito claramente, portanto, uma organização especializada do trabalho por auxílios, o que se pode denominar uma divisão linear: é apenas no fim de todas as etapas, após a análise de todos os auxílios, que o produto final é realizado: o pagamento de diferentes auxílios a esse ou àquele beneficiário.

Das unidades de gestão aos "módulos"

A partir de 1985, experimentou-se uma nova fase de aproximação, com a inauguração de uma unidade avançada experimental em Colombes, logo depois acompanhada de novas unidades. Essas unidades avançadas eram postos de plantão, onde se ia, antes de mais nada, para se obter informações e onde eram analisados somente os auxílios mais comuns. Paralelamente a essa movimentação geográfica, a sede de Nanterre realizou uma reestruturação interna do trabalho: a implantação de módulos, que gerou uma polivalência das equipes, embora os indivíduos continuassem especializados.

As séries de unidades de gestão foram substituídas, então, por "módulos":

> As quatro séries tornaram-se cinco módulos geográficos, com uma divisão que tentamos tornar equilibrada: em média 20 mil beneficiários por módulo; tentamos equilibrar também em função do número de beneficiários por auxílio. Nesses módulos, a organização era feita por distribuição geográfica e agrupamento de todos os técnicos em um mesmo lugar: integração dos contenciosos, das relações externas (GAC, plantonistas, fiscais), para melhorar as interações, para reunir todos os dossiês no mesmo lugar. É semelhante à ação social: antes, uma mesma família podia ter três dossiês em três lugares diferentes; agora, não. (gerente de agência, gestão técnica)

Essa integração das funções, até então separadas, nos novos módulos representou uma fase intermediária muito importante no processo de mudança. Até então, a independência das funções (liquidação, plano e distribuição, contenciosos e relações externas) era muito pronunciada[7]. A implantação dos módulos deu lugar a um reagrupamento de funções, anteriormente independentes, em um mesmo local e, sobretudo, delegadas a uma mesma equipe.

---

[7] Independência que chegava até a implantações geográficas distintas de alguns auxílios e serviços: por exemplo, o serviço "contencioso" foi transferido da rua Viala para Saint-Denis, em 1981: "Eu fazia fundamentalmente duas coisas: cobrança (pedir para as pessoas devolverem o que haviam recebido a mais, muitas vezes de maneira amigável, mas nem sempre: julgamento em tribunal e cobrança com oficial de justiça) e estudo dos casos dos que não tinham direito a nenhum auxílio. Nas CAFs, há comissões que cuidam desses casos, o serviço contencioso apresenta os dossiês: contestação de guarda de crianças, de auxílio-moradia etc., todas as decisões contestadas. Era rotineiro, era uma unidade de gestão em Saint-Denis, com um serviço contencioso especializado, com autonomia de gestão", atesta um agente de controle.

Outro exemplo, o serviço de "liquidação" de Nanterre permaneceu na rua Viala vários anos após a abertura da unidade de Nanterre. Assim declarou um consultor técnico de intervenção, em Genevilliers: "Depois de fazer o curso de técnico da CAF, em 1985-1986, trabalhei um ano no serviço de liquidação, em Nanterre, que ainda era feito somente naquele lugar".

Assim, embora a unidade de Nanterre tivesse sido aberta em 1977, o serviço contencioso só foi transferido para Saint-Denis em 1981, e uma parte do serviço de liquidação continuou na rua Viala até 1987.

Assim, uma nova segmentação sucede à antiga divisão: os cinco módulos de Nanterre passaram a cobrir zonas geográficas dentro das quais todos os auxílios eram analisados e acompanhados: contenciosos, pesquisas, fiscalização etc.

Todavia, os agentes técnicos continuavam especializados em um auxílio:

> Nos módulos, os consultores técnicos da unidade avançada de Colombes (em Nanterre) eram organizados mais ou menos por auxílio. A correspondência era distribuída sucessivamente, distribuía-se o trabalho, cada dossiê de beneficiário era então acompanhado por vários consultores técnicos. (consultor técnico)

Da organização de trabalho linear à organização focalizada

RUA VIALA: 16 SEÇÕES
• Os dossiês eram distribuídos nas seções pelo número de matrícula (as "séries"). • Divisão em quatro funções: liquidação, plano e distribuição, relações externas, contenciosos. • Dentro das funções: cada agente é especializado em um tipo de auxílio.

DESCENTRALIZAÇÃO: DUAS "UNIDADES DE GESTÃO" POR DEPARTAMENTO NANTERRE E CLAMART, 1977
Nas novas unidades de gestão: • Divisão em quatro funções, entre elas a distribuição dos dossiês pelo número de matrícula. • Os agentes técnicos ainda eram especializados em um tipo de auxílio. • Trabalhavam em equipes de cinco ou seis, gerenciados por agentes de controle. • Surgiram os atendentes polivalentes em relação aos auxílios, mas que se ocupam apenas do atendimento.

1985 – IMPLANTAÇÃO DE CINCO MÓDULOS AINDA EM NATERRE E CLAMART
• Divisão geográfica dos auxílios entre os módulos. • Divisão pelo número de matrícula dentro dos módulos. • As quatro funções foram reagrupadas nos módulos: as equipes tornaram-se polivalentes. • Os agentes técnicos, dentro das equipes, ainda continuavam especializados em um tipo de auxílio. • Abertura da unidade avançada em Colombes, seguida de outras sete. • Prestava fundamentalmente atendimento e informações.

1991 – A CAF TORNOU-SE UMA CAF DEPARTAMENTAL, ASSOCIAÇÃO DE 1901*

* De acordo com a lei de 1º de julho de 1901, associação sem fins lucrativos. (N. T.)

1995-1997 – IMPLANTAÇÃO DE OITO AGÊNCIAS DE PROXIMIDADE
• Divisão geográfica entre as agências de proximidade. • Atribuição de beneficiários aos consultores técnicos: 2.500 por consultor. • Cada consultor técnico tornou-se polivalente, fazendo até atendimento nos guichês.

ORGANOGRAMA ATUAL TÍPICO DE UMA AGÊNCIA	
AÇÃO SOCIAL	GESTÃO TÉCNICA
1 gerente de ação social	1 gerente de gestão técnica
2 secretários (1 deles não é de Bois-Colombe)	1 secretária
4 assistentes sociais	3 agentes de controle
4 conselheiras	2 fiscais
3 trabalhadoras alocadas em famílias	3 agentes de coordenação
1 auxiliar de trabalho doméstico	1 secretário técnico de plataforma*
	21 consultores técnicos; em algumas agências, 3 ou 4 consultores técnicos de intervenção, como reforço
	1 agente administrativo (ex-agente técnico de inscrição)
	1 redator jurídico

E a integração de algumas funções, por exemplo, a dos guichês, em alguns casos ainda era muito teórica:

> Em 1992, quando houve a criação dos módulos, realocamos o pessoal dos guichês para os módulos de consultores técnicos de plataforma e eles tinham de descer ao meio-dia para substituir os outros, mas, na verdade, os módulos não integraram os atendentes como efetivos, os diretores não seguiam essa organização; então, tínhamos de subir e procurar alguém para nos substituir; freqüentemente não encontrávamos mais ninguém, todos tinham ido embora. (consultor técnico de intervenção)

Em outras palavras, os módulos tornaram-se entidades polivalentes, com base geográfica, em que os agentes ainda continuavam especializados, seguindo o antigo modelo linear: por auxílio. A hierarquia anteriormente citada foi mantida: os "auxiliares" distribuíam a correspondência, os agentes de controle distribuíam as cartas entre os consultores técnicos de acordo com sua especialidade etc.

* Espaço de trabalho dos consultores técnicos, geralmente situado no primeiro andar das agências, sendo o térreo reservado para o atendimento. (N. T.)

A ORGANIZAÇÃO DO TRABALHO NOS MÓDULOS (descrita por uma agente de controle alocada em Colombes desde 1987)
Naquela época, eu distribuía o trabalho. A correspondência chegava pela manhã e fazíamos duas viagens por dia a Nanterre: contávamos os envelopes dos PTT e os da última viagem da véspera, nós os distribuíamos entre os técnicos que os abriam com uma espátula – depois começaram a usar uma máquina para fazer isso –, e então eles os devolviam para nós. Eram lidos rapidamente e distribuídos por pilhas: casos para serem resolvidos, cartas que exigiam resposta etc. O trabalho era distribuído em função da especialidade de cada um, da capacidade de cada um: sabíamos que, se a questão fosse extremamente complicada, era melhor confiá-la a um em vez de outro etc. Chegavam 150 a 200 cartas por dia. E depois fazíamos o planejamento do atendimento nos guichês com duas pessoas, que se revezavam semana a semana. Todos atendiam e, aos sábados, os guichês fechavam. Em seguida, selávamos a correspondência dos técnicos, levávamos ao correio, enfrentávamos filas. Mas principalmente quebrávamos muitos galhos: éramos os estepes, os SOS dos técnicos, os especialistas em informática, e ajudávamos também nas questões de legislação.

Assim, foi essa nova organização em equipes polivalentes que inaugurou a reconcepção atual da organização dos conteúdos e das relações de trabalho, focada desta vez na polivalência dos indivíduos e não mais somente nas equipes. Essa fase dos módulos representou, então, um período de amadurecimento necessário para se chegar à etapa atual.

Atualmente: agências de proximidade e individualização das "carteiras"

A partir daí, a organização do trabalho evoluiu consideravelmente; a expansão física, realizada do início de 1995 ao fim de 1997, com a criação de oito agências de proximidade[8] espalhadas pelo departamento, foi resultado de múltiplas transformações.

Em primeiro lugar, mudanças administrativas: a CAF de Nanterre recebeu o estatuto de CAF departamental em abril de 1991. Administrativamente, tornou-se uma associação sem fins lucrativos e substituiu as duas unidades de gestão anteriores[9].

Em seguida, mudanças de orientação:

> A primeira ação de reestruturação, voluntarista, foi aproximar-se dos usuários, e para isso foram criadas oito agências de proximidade. Essas agências têm seus guichês, seus plantões; são locais de atendimento, onde os dossiês devem ser inteiramente gerenciados; algumas delas substituíram as unidades avançadas preexistentes, que eram simples locais de informações. (diretor)

---

[8] Em março de 1995: Agência de Colombes; em seguida, Issy-les-Moulineaux, Anthony, três agências em Nanterre, uma das quais continua no mesmo local da sede; em setembro de 1996, Agência de Boulogne-Billancourt e, em 1977, Rueil e Courbevoie.

[9] Naquele momento, as duas unidades de gestão abriram oito agências de plantão (unidades avançadas); cinco em torno de Nanterre e três nos arredores de Clamart.

E, finalmente, mudança na organização do trabalho: "A segunda ação foi a organização de nossas agências com um único interlocutor: o consultor técnico ou a consultora técnica, encarregado(a) de acompanhar inteiramente o beneficiário, em todos os seus auxílios", continua o diretor. Na verdade, não basta aproximar-se fisicamente do cliente, aliás, havia oito "agências de plantão" antes das agências de proximidade. De fato, se a implantação de uma agência serve para se aproximar do usuário, essa proximidade continuaria totalmente teórica se não houvesse uma nova concepção da organização do trabalho: as carteiras individualizadas de beneficiários.

A grande novidade reside aí, na atribuição não mais de uma especialidade por auxílio (ou tipo de auxílio) para cada técnico, mas de uma "carteira de beneficiários", cujos auxílios ele acompanhará. Cada técnico atende 2.500 beneficiários, dos quais 1.900 a 2.000 são "dossiês vivos" (pessoas que entram em contato com a CAF pelo menos uma vez no ano). Em cada agência e, portanto, em cada território, a distribuição é feita automaticamente, por um programa de computador, que não conseguiria dar conta da carga de trabalho variável conforme a carteira. Para o diretor, isso não é problema: a probabilidade de casos complexos serem distribuídos de outra maneira que não aleatoriamente é pequena.

Outra novidade: a polifuncionalidade, da qual teremos oportunidade de tratar mais adiante. A partir daí, cada consultor técnico deve passar pelo menos meio-período por semana no atendimento, em contato direto com os beneficiários. Com essa reorganização, não há mais um atendente especializado.

O diretor resume assim essa nova organização:

> Agora, o consultor técnico é funcionalmente polivalente. Trabalha em um terminal em tempo real, que lhe permite resolver a situação e, salvo a invalidação do contador no período de 48 horas, ele tem em sua tela a situação em que se encontra efetivamente o beneficiário.
>
> Os consultores técnicos têm também um telefone com secretária eletrônica: eles achavam que os telefonemas atrapalhavam o serviço; agora, quando a situação está complicada, eles ligam a secretária eletrônica, mas têm de telefonar de volta para o beneficiário em um prazo de 24 horas.
>
> Outra polivalência funcional dos consultores técnicos é que eles devem se revezar no atendimento ao público, nos guichês: cada um trabalha quatro horas por semana nessa função. Evidentemente, recebem todo mundo bem, ou seja, todos os beneficiários da circunscrição. Para cada dossiê que gerenciam, devem marcar uma entrevista.

O que significa que, por um lado, cada consultor técnico acompanha individualmente "seus" beneficiários e, por outro, para fazer isso ele se tornou polivalente, capaz de gerenciar todos os auxílios pleiteados pelo beneficiário e de atender nos guichês. Contudo, embora o acompanhamento do dossiê do beneficiário tenha se individualizado (pelo telefone e pelo tratamento administrativo de seu dossiê), assiste-se a um atendimento físico despersonalizado, pois o beneficiário encontrará, no guichê, os consultores técnicos responsáveis pelo atendimento naquele dia e não aquele que se ocupa especificamente de seu caso nos escritórios.

Essa nova polivalência dos consultores pressupõe não só um novo acompanhamento técnico, mas também uma formação mais bem adaptada, uma reestruturação dos conteúdos e das relações de trabalho e uma redução do peso das hierarquias.

Em princípio, as coisas parecem simples: "Quando criamos um dossiê, enviamos uma correspondência para fornecer o número do beneficiário e o nome da pessoa que se encarregará de acompanhar seu dossiê, assim como seu telefone. Cada consultor técnico gerencia suas 'carteiras' de beneficiários" (diretor).

Essa mudança é acompanhada, então, de um gerenciamento participativo e de uma formação aprofundada[10]: "Tudo isso foi feito em vários encontros, discussões coletivas e reuniões que tive com as 470 pessoas envolvidas. Isso para convencê-las. Não tive problemas" (diretor).

De fato, a mudança é profunda, salienta ele:

> O consultor técnico conhece todos os 23 auxílios e as 1.500 condições para concedê-los (fatos geradores), ou seja, 15 mil situações diferentes. Atualmente, 40% dos auxílios que pagamos são para pessoas sem condições de recursos e 60% para pessoas que têm condições. Antes, todo tipo de auxílio era acompanhado separadamente: de um lado, auxílio-família, casal, família e ajuda social familiar; de outro, auxílio-moradia, auxílio para acesso à propriedade etc., com um especialista por auxílio. Havia feudos, cada um fazia sua especialidade sem se preocupar com o antes e o depois. E, em seguida, "especialistas em escrituração" traduziam tudo para enviar a correspondência aos beneficiários. Os beneficiários telefonavam e tinham a maior dificuldade de se reunir conosco; quando vinham, deparavam com pessoas incapazes de fazer a síntese de seus problemas.

Naturalmente, existe uma distância entre a formação e as habilidades reais exigidas para uma polivalência como essa. Daí a organização do trabalho em "duplas", "grupos" ou "plataformas técnicas" (espaço de trabalho dos conselheiros técnicos, geralmente situados no primeiro andar das agências, já que o térreo é reservado ao atendimento):

> Todos os consultores técnicos passaram pela formação em polivalência. Eles trabalham em duplas, cada qual é responsável por uma "carteira de beneficiários", e trocam entre si dossiês para os quais o outro é mais competente. Em duplas, eles cobrem dezenas de

---

[10] Quatro tipos diferentes de formação devem ser distinguidos:

- a formação técnica no novo programa (Tempo Real), simples, de curta duração, pois sua manipulação é nitidamente mais fácil do que a do antigo sistema de informática em *batch*;
- a formação geral dos novos empregados: é a mais pesada, dura um ano, com revezamento entre cursos e estágios, e depois uma prova em que nem todos têm êxito; é essa formação que garante a nova polivalência dos consultores técnicos, em matéria de conhecimento jurídico e de todos os auxílios de que deverão tratar. Observemos que a prova para ser admitido existe sempre, que ela é "mais difícil do que antes, uma escrita e uma oral, o nível é de Bac+2" (formação de profissional qualificado), enquanto anteriormente, entrava-se com o nível BEPC (segundo grau) ou CEP;
- as formações de atualização ou de requalificação, garantidas para os consultores técnicos que já trabalham lá e que devem, a partir de então, controlar todos os auxílios. Assim, uma consultora técnica de Colombes, que entrou na CAF em 1982 (rua Viala), especializada em convenções internacionais, diz que, em primeiro lugar, passou por uma requalificação para cuidar do auxílio a adultos deficientes e, em seguida, de todos os auxílios, exceto o de acesso à propriedade; fez sua última formação em 1995, relativa ao auxílio para sustento de família: "Então, faço parte dos

auxílios. São os gerentes que formam as duplas, que só mudam se surgirem problemas. São duplas cuja polivalência é completa e a associação é de longa duração. Antes, os consultores técnicos trabalhavam em um contexto mais ou menos responsável e desenvolviam o dossiê sem conhecer os beneficiários, embora haja uma remanescência. Cada um tem, assim, seu território, seus amigos, há uma identificação. (gerente de gestão técnica e informática, sede)

Na prática, quando os técnicos são realmente polivalentes, cada qual trabalha sozinho, salvo raras exceções:

> Teoricamente, fomos divididos em duplas para sermos completos e cobrirmos todos os auxílios. Mas isso não é mais realmente útil porque minha dupla também é polivalente, ambos somos completos, salvo o fato de cobrirmos o auxílio a adulto deficiente. Estes são registrados com números de matrícula específicos e distribuídos em quatro postos de consultor técnico. Então, no grupo, não há complementaridade entre nós. Há também 2 mil beneficiários em carteira. É um trabalho diferente, mas não é mais complexo. O "grupo" é de quatro divididos em duas duplas, mas cada um trabalha no seu canto, não há necessidade de coordenação, isso nunca é feito, a não ser para o acesso à propriedade, aí nós trocamos informações. Senão, saímos completamente fora da noção de dupla. Aliás, é inútil e só seria válido se houvesse complementaridade, mas isso não acontece. (consultor técnico de uma agência)

Portanto, alguns auxílios continuam sendo gerenciados por consultores técnicos especializados, e outros (acesso à propriedade) demandam conhecimentos jurídicos aprofundados e ajuda mútua.

O mesmo é repetido em outra agência:

> Fomos divididos em duplas polivalentes, em equipes de quatro, mas, na verdade, não trabalhamos juntos: cada um tem sua carteira, seu telefone e seu monitor. A tarefa é extremamente pesada: houve supressão dos agentes técnicos de inscrição (ATI), que classificavam os indivíduos após o atendimento; essa classificação é feita, agora, na análise. Temos ainda o guichê e o telefone – dez a trinta chamadas por dia, quando não trinta – quase não se consegue fazer mais nada durante a jornada. (consultor técnico de intervenção)

Todavia, essa polivalência tem limites relacionados, sem dúvida, à multiplicidade e à complexidade crescentes dos auxílios (condições de recursos, renda mínima de inserção etc.), mas, sobretudo, às dificuldades crescentes dos beneficiários.

> Perguntamos aos 470 consultores técnicos o que era difícil: assimilar a legislação? A resposta foi negativa. O difícil é explicá-la aos beneficiários: por que ele não tem mais direito a um ou outro auxílio, e evidentemente o estresse é grande, sobretudo para as pessoas em situação difícil, depois de dois anos com renda mínima de inserção. As situações de atendimento são difíceis. (diretor)

---

técnicos mais polivalentes", afirmou. Nesse tipo de formação, é preciso incluir os dois dias e meio de sensibilização para atendimento nos guichês;

- as formações que visam a promoções: para ser agente de controle, antigamente, e para ser, agora, "gerente de proximidade" ou "gerente", depois de mais um concurso. Após isso, espera-se até que um posto adequado seja liberado, o que pode demorar até dois anos.

Conseqüentemente, enquanto a linha hierárquica se reduz, a assistência de especialistas e fiscais torna-se imperativa (conferir quadro a seguir). "Atualmente, a situação dos beneficiários nem sempre se resolve com os conselhos do técnico: então, ele é internamente colocado em contato com especialistas para acompanhar o dossiê" (diretor).

Os consultores técnicos, atores centrais, são agora "responsáveis" por três séries de fatores interdependentes: pela polivalência em seu trabalho (nos auxílios, mas também no telefone, no guichê de atendimento etc.), pela assistência de uma rede de especialistas que fiscaliza e ao mesmo tempo auxilia na resolução de casos difíceis e, finalmente, pela individualização da carteira de beneficiários.

Nesse dispositivo, uma função ainda está em transformação: a dos agentes de controle, que estão se tornando, como em outras empresas em via de modernização, "gerentes de proximidade". Uma agente de controle explica:

> A organização vai mudar. Cada um terá um grupo pequeno e seremos gerentes de proximidade. O processo está em curso, sete pessoas para cada um controlar, pois há um grupo móvel de técnicos de intervenção que dependem do chefe da agência. Nosso papel será um pouco diferente, será mais de gestão do pessoal, gerência completa, teremos menos tarefas técnicas. Se um consultor técnico não conseguir fazer isso, pediremos a um consultor técnico de intervenção para ajudá-lo. Nós nos debruçaremos mais sobre o problema da pessoa, vamos nos tornar formadores, monitores, gerentes. Até hoje, os agentes não têm referências particulares, mas têm à sua disposição três agentes de controle de acordo com sua disponibilidade. A partir de agora, eles serão reunidos em pequenas equipes, não escolherão mais seu agente de controle, como antes. É o diretor da agência que escolherá para eles.

Portanto, mais uma vez, há perda de autonomia dos consultores técnicos: "É sentido como uma menor autonomia. Isso será duro para eles e para nós: se uma pessoa nos pede uma informação, não poderemos mais lhe dar, se não estiver em nosso grupo", acrescenta a agente de controle.

NAS AGÊNCIAS: A NOVA HIERARQUIA DE ESPECIALISTAS AUXILIANDO OS CONSULTORES TÉCNICOS

- Há, inicialmente, os técnicos de intervenção, com uma formação um pouco melhor do que a dos consultores técnicos, oriundos muitas vezes dos guichês, onde já eram polivalentes. Eles têm a função de auxiliar quando ocorre um atraso: "A intervenção consiste em se encarregar de um outro posto quando este está fraco, estar disponível para o guichê em caso de ausência, estar mais ligado ao gerenciamento do que ao agente de controle – é a gerente de gestão técnica que faz meu planejamento. Apelam para mim quando precisam de ajuda; portanto, não tenho função determinada. Dos dezessete consultores técnicos da agência, quatro são de intervenção". (consultor técnico de intervenção)
- Há também os contadores, que conferem o trabalho dos consultores técnicos com base na legislação e na "doutrina" da CAF, tendo como referência os dossiês informatizados. Eles ficam na sede e dispõem de 48 horas para invalidar uma decisão; trabalham por amostragem em 25% das operações da jornada.

- Há, em seguida, os agentes de coordenação, que trabalham externamente. Visitam as famílias e/ou as administrações, a pedido dos consultores técnicos, a fim de verificar, auxiliar no preenchimento de dossiês, coletar informações que faltam. Todavia, para o auxílio a parente único, essas visitas são automáticas: nesse caso, eles fazem uma entrevista no domicílio antes de qualquer outra coisa.
- Os fiscais também se deslocam – sempre a pedido dos consultores técnicos e/ou dos agentes de controle. Visitam as famílias e as administrações (URS-SAF, ANPE etc.), seja para coletar informações que faltam, seja para conferir a situação dos beneficiários (fraudes, contenciosos). Também nesse caso, as evoluções são sensíveis, porém mais em razão do contexto socioeconômico do que de uma mudança no trabalho: "Antes, no Val Fourré, por exemplo, o número de dossiês contenciosos era muito fraco em relação ao conjunto dos beneficiários: as pessoas se conheciam e nos conheciam; por exemplo, os diretores das escolas... Hoje, aqui, há muito mais contenciosos. Em geral, começamos fazendo uma aproximação com base em dossiês fiscais e na Assedic*. Mas nem todos os dossiês são objeto de pesquisas desse gênero: estudamos mais ou menos de trinta a quarenta dossiês por mês para quatro controles, principalmente no momento dos controles anuais (fevereiro/março). Verificamos a situação profissional, a situação dos casais, sobretudo para o auxílio a parente único, mas somente vamos lá em caso de dúvida, se faltam elementos ou se há elementos contraditórios no dossiê" (fiscal).
- Há também gerentes plantonistas: elas fazem plantões externos e informam os beneficiários sobre seus direitos, auxiliam no preenchimento de formulários. Conhecem profundamente a legislação, assim como a prática, como indica uma delas: "O trabalho em si não mudou para mim. O que mudou foi a renda mínima de inserção. Para o dossiê, estou ligada ao escritório de auxílio social da prefeitura. Não, não posso dizer que hoje existe um número muito maior de auxílios: em 1982, eu já cuidava de 28, contra os 32 de agora; portanto, desse ponto de vista, não evoluiu muito. Mas não há mais beneficiários para alguns auxílios: o auxílio-moradia, por exemplo. Antes, eu não via as assistentes sociais e tinha muita dificuldade para saber de que famílias elas se ocupavam. Mas agora que as assistentes sociais são especializadas em um dossiê, é mais fácil fazer contato no caso de um dossiê especializado. Para os beneficiários, reconheço que as agências criaram mais proximidade e que, para eles, isso significa um nítido progresso". (gerente plantonista)
- Os agentes de controle ainda são os primeiros substitutos dos consultores técnicos: "Meu trabalho atual ainda é de distribuição e de apoio aos consultores técnicos. A carga de trabalho aumentou, sobretudo com a renda mínima de inserção e com o auxílio para sustento familiar (adiantamento das pensões alimentícias). Então, é difícil. Às vezes, pedimos mais documentos porque não se sabe... Algumas vezes, os pagamentos atrasados da Assedic são descontados; é difícil explicar para a pessoa que ela está nos devendo dinheiro. Nesse caso, são os técnicos que cuidam disso, mas em outras CAFs há serviços contenciosos e serviços jurídicos". (agente de controle)

* Associação para o emprego na indústria e no comércio; por intermédio dela, pode-se requerer o auxílio-desemprego. (N. T.)

Toda essa reestruturação revela evoluções hoje freqüentemente observadas nos processos de modernização das empresas: a focalização da produção e a aproximação entre fornecedores e clientes.

Focalização e aproximação fornecedor–cliente

A focalização: a organização do trabalho e da competência não é mais concebida segundo as etapas de um processo técnico de fabricação (aqui, por exemplo, por tipo de auxílio), mas segundo o tipo de produto, de necessidades ou de clientela que constituem os mercados de uma empresa dada[11]. Aliás, desenvolvemos sua análise e descrição em outro estudo[12]. Um exemplo muito eloqüente pode ser dado aqui: o de uma grande loja especializada em vestuário, que passa da apresentação por tipo de roupas (de um lado, as saias, de outro as calças) a uma apresentação por tipo de clientes (a mulher "clássica", a mulher "antenada", a "adolescente", o "jovem esportivo" etc.). A focalização consiste, então, em organizar o trabalho não mais em função dos processos de produção ou de etapas técnicas do serviço a ser prestado, mas em função do cliente a ser atendido individualmente. A individualização da carteira do beneficiário e a especialização (enquadramento) centrada no ator polivalente em que se transforma o consultor técnico é precisamente o que se entende por "focalização" em gestão de produção.

A aproximação fornecedor–cliente: o investimento em "agências de proximidade" operacionalizou a focalização, dividindo a empresa CAF em "PMEs autônomas" e diretamente em contato com os clientes. Essa aproximação física pressupõe a reestruturação do trabalho anteriormente abordado, ele é sua concretização. Por isso existe uma defasagem entre a implantação da focalização e a das agências:

> A transferência física ocorreu após a reestruturação. A redistribuição das carteiras, a reestruturação do atendimento, o atendimento por telefone, a personalização do técnico, tudo isso começou em 1992-1993. Os módulos e a atribuição das carteiras prepararam as agências "da porta para fora"; tudo foi remanejado naquele momento, exceto a ação social, que foi remanejada somente no momento da transferência física, da implantação das agências de proximidade. Salvo o serviço de correio, tudo já estava reconfigurado para começar a funcionar bem antes – o correio foi integrado apenas quando começamos a funcionar de fato. Já se falava em transferência em 1994, mas ela só se deu a partir de 1995. (gerente de gestão técnica, agência)

Assim, as duas transformações – focalização e implantação de agências de proximidade – foram as principais condições para toda a modernização que visava a aproximar a empresa de seus clientes[13].

---

[11] Cf. P. Beranger, *Les nouvelles règles de la production* (Paris, Dunod, 1993).

[12] Cf. C. Jaeger, "La gestion des espaces de travail: de la coopération contractuelle à la coopération informatisée", *Revue des Réseaux*, nº 69, jan.-fev. 1995.

[13] Cf. B. Coriat, *Penser à l'envers*, cit., ou T. Ohno e S. Mito, *Présent et avenir du toyotisme* (Paris, Masson, 1992), assim como K. Suzaki, *Réinventer l'unité de travail*, cit.

Na verdade, a focalização deu aos assalariados uma visão completa e concreta dos clientes: "Se fosse mantida a organização por auxílio, seria mais difícil compreender as coisas, porque não tínhamos uma visão global da situação. Com a focalização, podemos ver toda a situação da família", afirma um consultor técnico. A nova divisão das atividades internas – polivalência, com divisão por "zonas" e carteiras na CAF, tipos de clientes na distribuição de produtos ou nos bancos, tipos de produtos na indústria etc. – pressupõe a eliminação da segmentação linear por etapas técnicas de produção. É essa nova divisão que condiciona, internamente, a compreensão imediata das necessidades e da evolução do mercado. É por ter o cliente a seu cargo sob todos os aspectos, e não mais uma operação especializada entre outras, que o assalariado é levado a conceber seu trabalho não em termos técnicos, mas em termos de "serviço para pessoas" e, nesse caso, pessoas com dificuldades.

Ora, precisamente nas atividades de serviço, essa nova concepção caminha junto com a aproximação geográfica – a implantação de agências de proximidade –, porque, por um lado, a centralização dos agentes não é mais necessária (a polivalência torna obsoleta a articulação imediata entre as antigas especialidades, que ganhavam em eficácia quando eram feitas em um mesmo local), e, por outro, essa descentralização física demonstra materialmente uma melhor adequação entre serviço e cliente, já que existe uma retroalimentação entre os dois: "É verdade também que a agência de Colombes permitiu que nos aproximássemos das pessoas, que conhecêssemos melhor as famílias, isso também facilita a gestão por carteiras", atesta um consultor técnico. Porque se conhecem melhor, porque os consultores técnicos estão em campo e têm uma visão completa da situação de cada um com base nas carteiras e porque os beneficiários podem contatá-los com mais facilidade, a gestão dos dossiês individuais melhorou muito.

Esses dois primeiros aspectos do movimento de modernização são hoje perceptíveis na maioria das atividades. Um terceiro aspecto, também clássico atualmente, reside no acompanhamento técnico: focalização e aproximação do cliente pressupunham uma nova gestão das informações, uma gestão que permitisse aos consultores técnicos desempenhar verdadeiramente seu novo papel de interface com um cliente-usuário, ele próprio individualizado.

As novas ferramentas de gestão da informação

Três ferramentas principais de importância diversa foram utilizadas:

- a partir de 1991, um novo sistema de informação interna substituiu o antigo sistema em *batch*: o "Tempo Real Franciliano", que abrange o conjunto das CAFs da região metropolitana de Paris.
- com a individualização das carteiras (a partir de 1992-1993), o consultor técnico dispunha de um número de telefone e de uma gravação com respostas: cada beneficiário poderia contatar a pessoa encarregada de seu dossiê.
- com as agências de proximidade e seus "guichês" assim multiplicados, estabeleceu-se uma "gestão automatizada" de atendimento, regulando as filas de espera dos beneficiários.

As duas últimas ferramentas, que concretizaram a aproximação com os usuários, tiveram efeito sobretudo na carga de trabalho dos consultores técnicos e no atendimento nos guichês, dos quais falaremos posteriormente. Interessa-nos, aqui, o "tempo real", sistema de informação interna da CAF[14].

Do antigo sistema de informação em *batch* ao Tempo Real

A informatização interna das CAFs é antiga: desde as décadas de 1960 e de 1970, como na maioria das empresas de "gestão de dossiês" (bancos, seguradoras, administradoras etc.), adotou-se um sistema de informação em *batch*. Dois fluxos de informações eram extraídos e tratados por esse sistema (e também pelo sistema posterior): as de cima, ou seja, as informações sobre os auxílios, sobre as condições para atribuição, em suma, sobre a legislação, e as de baixo, ou seja, as informações provenientes dos beneficiários. Os agentes técnicos de "plataforma" dispunham, então, de terminais passivos (inicialmente, um terminal para três). Eles extraíam as novas informações sobre a situação dos beneficiários (tipo de auxílio que estavam gerenciando, uma vez que eram especializados por auxílio) e propunham uma "liquidação". Todas as informações extraídas voltavam para o banco de dados central, em Noisy le Grand (onde funciona até hoje), para serem analisadas e devolvidas dez dias depois. Se o registro estivesse correto, a ordem de transferência para o beneficiário era determinada. Mas, na maior parte das vezes, erros ou anomalias eram detectados pelo banco de dados. Era preciso corrigir os registros errados, retificar ou completar algumas informações, e o processo recomeçava: a demora entre o primeiro registro e o reconhecimento final do benefício era muitas vezes de três semanas.

> Em 1983, já havia um sistema informatizado em Nanterre: nós preparávamos tudo no papel e digitadoras passavam para o sistema; depois, os resultados chegavam na listagem. Às vezes, o pedido era rejeitado, era tudo muito demorado. Em 1985, na unidade avançada de Colombes (em Nanterre), havia um monitor para três pessoas. As mesas ficavam em diagonal e os dossiês eram analisados por várias pessoas. Não havia distribuição por matrículas, uns preenchiam os papéis ou esperavam, enquanto o outro consultava. Depois, havia um monitor para dois. Nós recebíamos os resultados dez dias depois, às vezes eram rejeitados e voltavam numa listagem de anomalias, e tínhamos de refazer tudo de novo. Isso levava sempre três semanas. Às vezes, mas era raro, tínhamos de refazer três ou quatro vezes. (consultor técnico)

Imagina-se, então, que não era fácil para os atendentes se informarem sobre o dossiê do beneficiário que vinha consultá-los:

> Os dossiês ficavam no serviço de liquidação. Havia um aparelho igual a uma televisão, o serviço de liquidação projetava a microficha e nós podíamos chamar do guichê. Havia uma rede interna com uma tela de TV para avisar a liquidação e um agente técnico buscava a microficha para projetá-la em nossa tela. Os agentes técnicos eram auxiliares que faziam as tarefas menos importantes: correspondência, classificação etc. (agente de controle)

[14] Não abordaremos, aqui, os contatos telefônicos com os beneficiários, objeto de uma análise mais aprofundada em F. Rowe e M. Limayem, "Richesses des services téléphoniques et exclusion dans un service public", *Revue Politiques et Management Public*, v. 16, nº 2, jun. 1998.

Portanto, a partir de 1991, depois de vários anos de funcionamento, o antigo sistema em *batch* foi abandonado e o novo, em "tempo real", marcou um progresso considerável: era possível verificar imediatamente os resultados do que se havia feito.

> A vantagem do Tempo Real, embora alguns dados às vezes tenham de ser retomados, é ter os resultados imediatamente, isso é muito bom. Temos um monitor por pessoa, e a formação foi muito simples, sem problemas. (consultor técnico)

Não só os prazos diminuíram – "paga-se a um beneficiário em menos de dez dias, em 93% ou 94% dos casos", diz o diretor, como o atendimento dos beneficiários nos guichês tornou-se realmente eficaz. Dos diretores aos usuários, todos são unânimes:

> No início, não era fácil, era muito lento, mas, depois, vimos que era perfeito para o guichê: é mais claro, as respostas são imediatas. A única dúvida que ainda existe é sobre o controle do contador que, às vezes, pode questionar a validade das informações fornecidas ou a interpretação da legislação, ou questionar o método que foi usado. Ele é bom em matéria de resultados, mas não de procedimentos. Por exemplo, para o auxílio moradia, a questão do mês da mudança pode ser resolvida de várias maneiras; é preciso inserir datas e pode haver uma alteração no processamento do dossiê. Mas é uma ferramenta melhor para se trabalhar: melhor ainda seria se pudéssemos controlar os problemas mais rapidamente e não tivéssemos de preencher três guias de formulários. (consultor técnico de intervenção)
>
> O Tempo Real mudou muito o trabalho, ele é muito apreciado pelos consultores técnicos: o resultado é imediato, é possível fazer perguntas. E isso não exige competência particular. É preciso quinze dias para começar a funcionar. E os pagamentos são muito mais rápidos com a informática. (gerente de gestão técnica, agência)

A vantagem do novo sistema não reside apenas no caráter imediato das respostas e na transparência das manipulações. É uma verdadeira ferramenta de ajuda para a decisão do consultor técnico em tempo real:

> Ele permitiu a gestão dos dossiês em tempo real. É possível tratar um dossiê de uma vez só, ele ajuda na decisão do técnico, permite que se tenha um lado mais social, que se vejam a disponibilidade dos recursos e a incidência social de seu trabalho. (gerente de gestão técnica, agência)
>
> O Tempo Real permitiu ganhos de cerca de 20% e sobretudo o tratamento de problemas muito mais complexos: auxílios mais numerosos, as leis Pasqua e a situação deteriorada dos beneficiários.
>
> O atendimento é a escuta; nós verificamos as informações, os registros no terminal, o que será preciso fazer, orientamos o beneficiário sobre os diversos auxílios e comparamos com o que está no monitor. O consultor técnico tem um duplo substrato para atender o beneficiário: o próprio discurso e o monitor, e ele tenta observar e comparar os dois. Passa de um para outro. É importante poder escutar mais e dar as opções em seguida. É complicado, porque existem soluções diversas, com centenas de fatos geradores. É impossível reter tudo e analisar com precisão a situação sem nada mais. Com o Tempo Real, fazemos simulações, vemos no que dá, e se é recusado, vemos se podemos encontrar outra coisa etc. (gerente de gestão técnica, sede)

O hábito e a simplicidade do novo sistema são tamanhos que, com exceção dos responsáveis por sua implementação, poucos técnicos se lembram da data exata do início de seu funcionamento. Obviamente, esse novo sistema coloca em questão as qualificações anteriores, explica a diretora de recursos humanos, pois a informática substitui a competência e os conhecimentos dos consultores técnicos que não têm mais de conhecer a legislação, nem de interpretá-la, uma vez que o computador dá todas as soluções e as adapta:

> A informática permite processar imediatamente as mudanças de situações. A informática dá uma resposta imediata, é um conforto, não se tem nem necessidade de acompanhar a legislação, ela está no sistema. [...] A informática permite aumentar a qualidade da resposta, mas não obrigatoriamente a qualificação. Antes, eles deviam fazer um trabalho de jurista. Hoje, eles transmitem situações para a máquina, que as analisa. O maior trunfo, a principal transformação foi a passagem do sistema em *batch* para o Tempo Real: com a máquina, se houver uma mudança, eles obtêm o resultado imediatamente. Vê-se logo a informação que falta, telefona-se para o beneficiário, ele pode responder rapidamente, o consultor técnico sabe em que ponto ele está com essa pessoa, as respostas são precisas: montante, prazos etc. Sem dúvida, eles perdem competências relativas à legislação.

Alguns consultores técnicos acreditam que a polivalência agora exigida (eles cuidam de todos os auxílios) constitui uma salvaguarda de seu emprego diante da automação trazida pela informática:

> Não estávamos entusiasmados para gerenciar tudo isso, mas acabamos compreendendo que, com os avanços da informática, se não a utilizássemos, a carga de trabalho diminuiria e nós também. O mesmo acontece com a renda mínima de inserção. Temos a impressão de conceder apenas a renda mínima, mas o que faríamos se nos tirassem o auxílio-moradia e a renda mínima? Não faríamos mais nada, porque todo o resto foi informatizado.

O desempenho do novo sistema de informação, no entanto, também tem seus inconvenientes.

Alguns inconvenientes, mas sobretudo uma maior visibilidade da miséria!

Em primeiro lugar, nem todos "entraram na onda": no setor de ação social, as secretárias dispõem de microcomputadores, mas os trabalhadores sociais não têm terminais próprios, apenas terminais para consultas. As assistentes sociais vão uma vez por semana às agências e, nessa ocasião, usam terminais emprestados (freqüentemente de técnicos que estão atendendo nos guichês) para consultar os dossiês. De modo geral, o pessoal itinerante não está conectado entre si (plantonistas, fiscais, agentes de coordenação).

Em segundo lugar, há alguns usuários descontentes, paradoxalmente entre os mais jovens. Esta técnica, que começou a trabalhar na agência em 1995, declara:

> Tempo Real? É só o que se tem. Não é grande coisa. Nem sempre 100% operacional. Há falhas no sistema: ele cai a toda hora, os créditos ou as quitações saem com a data errada, a impressão é interrompida e muitas vezes não é possível fazer os registros. Não é um programa feito 100% por pessoal de campo. É preciso consultar a base, os principais usuários, mas isso nunca é feito, nem aqui nem em lugar nenhum. E há panes, por exemplo, esta manhã: perdemos o monitor. Hoje não vamos mais poder usar o Tempo Real.

Para os que ali trabalham há mais tempo, o principal inconveniente do novo sistema, considerado, aliás, uma excelente ferramenta de trabalho, também são as panes:

> As panes? Acontecem pelo menos uma vez por mês, além das interrupções para atualização, sempre às sextas-feiras à tarde, por volta das quatro horas. Em Nanterre também, o Tempo Real não funciona aos sábados de manhã. Há mais panes programadas com o Tempo Real do que com o antigo sistema em *batch*, sem contar as quedas de energia e de conexão telefônica, que fazem as linhas cair. O antigo sistema de informática era em *batch* e não era fácil, mas quando havia panes continuávamos trabalhando da mesma maneira: anotávamos tudo no papel e incluíamos as informações no dossiê, ou seja, podíamos completar as informações no dossiê de papel. (consultor técnico de intervenção)

Além disso, o sistema não abrange todos os auxílios: o auxílio a adulto deficiente, por exemplo. A renda mínima de inserção só o foi recentemente.

Excluindo-se as panes e os auxílios complexos que continuam em *batch*, o novo sistema oferece poucas dificuldades técnicas. Os verdadeiros problemas vêm de outras questões.

Em primeiro lugar, agora os técnicos têm uma visão imediata da situação global do beneficiário. Portanto, o sistema funciona como uma ferramenta de controle inédito das situações problemáticas ou fraudulentas, mas ao mesmo tempo proporciona um conhecimento maior da complexidade das situações. O técnico oscila, então, entre a compaixão e a sanção.

A tomada de consciência das dificuldades da população que se gerencia faz-se pelo monitor, diante do guichê. A miséria está ali, permanentemente exposta: "Sim, a situação dos beneficiários deteriorou-se muito. Em primeiro lugar, a renda mínima de inserção atraiu uma população que não conhecíamos; em segundo lugar, o auxílio-moradia foi cada vez mais ampliado e há muitos desempregados de longa duração", explica uma consultora técnica, que trabalha nessa função há quinze anos.

Não só a situação piorou, como é cada vez mais bem detectada: "Se tivéssemos mantido a organização por auxílio, seria difícil dar conta de tudo, porque não tínhamos uma visão global da situação. Agora podemos ver toda a situação da família".

Qual é a eficácia social, então, se a situação é rapidamente processada, mas não é possível resolver os verdadeiros problemas dessas famílias? Ela está longe de se resumir à eficácia técnica. Ainda mais que essa eficácia nem sempre é tão evidente quanto crêem os diretores.

Na realidade, a informática, que com freqüência representa uma grande ajuda, não substitui o saber dos agentes e implica, da parte destes, não só competências e saber, mas também uma dose de interpretação que os envolve ainda mais e os torna responsáveis por uma pequena parcela do destino dos beneficiários.

> Com o computador, tudo depende da maneira como os consultores técnicos se apropriam da ferramenta. Ocorrem poucos erros: eles são indicados imediatamente pelo sistema e corrigidos em seguida. Pode haver problemas de digitação. Os problemas mais graves não vêm da informática, mas da maneira como a legislação é interpretada: os documentos dos beneficiários devem ser interpretados. Daí a doutrina para fazer valer interpretações semelhantes.

Quem diz isso é a gerente de rede burocrática da CAF, dando um bom testemunho sobre o que não se pode exigir da informática.

A doutrina é o ponto de vista oficial a partir do qual cada um, no âmbito de uma descentralização desejada pela sede da CAF, pode relacionar as aplicações:

> Antes, a sede é que dava as ordens e estabelecia os procedimentos em um universo taylorista. Para evitar isso, tentamos reduzir ao mínimo os serviços especializados e procuramos focar na doutrina, ou seja, na interpretação dada pela CAF, porque é importante aplicar os mesmos critérios em todos os casos. Para elaborar essa doutrina, os atores vêm à sede constantemente: criamos um grupo de reflexão sobre um problema, estabelecemos juntos os procedimentos e em seguida os difundimos. (diretor da CAF)

Mas para os consultores técnicos, que fazem o trabalho de campo, restam sempre incertezas e escolhas a fazer.

> Em relação à legislação, o problema é adaptar a teoria aos casos reais. São as situações dos beneficiários que causam problema, não a legislação! Por exemplo, uma senhora recebe o auxílio a parente único, um senhor recebe a renda mínima de inserção e eles vivem juntos. Vamos chegar até eles porque temos a certidão de nascimento das crianças... Os casos mais freqüentes de fraude ocorrem com o auxílio a parente único. (consultora técnica há cinco anos)

O tema é retomado por um diretor de agência:

> Os auxílios são complicados e a informática não é suficiente para resolver os problemas; por exemplo, o auxílio a parentes únicos; assisti a um colóquio (da CAF) sobre a noção jurídica de "único"; está longe de ser evidente: os textos são vagos e a informática não diz nada. E atenção, os tribunais nem sempre dão ganho de causa à CAF, principalmente no caso dos parentes únicos; vida conjugal com um homem que não seja o pai, rapidamente substituído por outro, é ser parente único ou não? Em Champigny, a CAF perdeu a sentença em um caso desse gênero.

Embora os textos legislativos estejam no sistema, o trabalho de interpretação dos consultores técnicos ainda é grande. Como explica uma gerente de controle de uma agência:

> Com a renda mínima de inserção, é preciso refletir e ver o lado social e econômico do caso, e não só a legislação; isso exige conhecimentos que nem sempre se têm. O auxílio para sustento familiar também: por ser um adiantamento de pensão, é preciso ter discernimento, é preciso saber lê-lo, saber quando a pessoa faz o pedido, se ela pode pagar ou não, e quando. Então, é difícil. [...] Hoje, o grande problema da gestão dos benefícios familiares é: o que é uma vida conjugal? Há poucos anos, não havia equívoco, hoje não!

Assim, o sistema de informação e de individualização das pastas conferem um novo papel aos consultores técnicos: o de fiscal. De fato, eles dispõem ao mesmo tempo do conhecimento completo dos dossiês e de uma ferramenta de controle automatizada[15]. Diante das situações complexas e deterioradas dos beneficiários, esse

---

[15] Sobre a informática como instrumento de controle interno tanto quanto externo, cf. G. Philonenko e V. Guienne, *Au carrefour de l'exploitation* (Paris, Desclée de Brouwer, 1998).

novo aspecto de sua função é de gerenciar por si próprios, no cotidiano, o que não acontece sem dificuldades. Uns previnem o usuário de que seria melhor não registrar certos aspectos de situações que podem se virar contra ele:

> A informática não atrapalha, mas a interpretação, os documentos. Eu digo a eles (aos beneficiários): "Não ouvi nada, você não disse isso". Eles se encontram em situações complicadas, nada é claro. Estão sempre em situações emocionais enroladas, na miséria. (consultor técnico de intervenção)

Outros se desolam simplesmente com o maior conhecimento das fraudes que lhes dá o sistema:

> O sistema de informática evoluiu: inserimos os dados e obtemos os resultados imediatamente. Antes, o processamento requeria, pelo menos, quinze dias para dizer que havia uma anomalia. Agora é imediato; quando lançamos, sabemos logo em seguida a que eles têm direito. Baixamos no mínimo dez dossiês toda segunda-feira e aproveitamos que estamos no sistema para examinar outros sobre os quais há dúvida. Por exemplo, para famílias alojadas provisoriamente por outras, é importante porque quem aloja pode receber um auxílio; nós verificamos as normas etc. Sim, tenho a impressão de que as falsas declarações aumentaram, porque as pessoas têm cada vez mais problemas. Sobretudo com a renda mínima de inserção, o auxílio a parente único, despesas com crianças inexistentes... (agente de coordenação)

Finalmente, essa aproximação informatizada com os beneficiários é traduzida pelos consultores técnicos como uma sensação de gerenciarem, com seus próprios recursos, cada vez mais conflitos. Como resume um deles:

> Há mais conflitos do que antes, sim. Quanto mais pedidos recebemos, mais nos remetemos à legislação, e esta está se complicando; portanto, temos de gerenciar as solicitações e nossas limitações.

Em suma, os três pilares de qualquer modernização digna desse nome, na atualidade, estão presentes aqui: focalização, descentralização e informatização.

Desse ponto de vista, o projeto de gestão é original apenas em sua coerência em relação aos preceitos mais inovadores no assunto: o objetivo buscado pelos encarregados desse projeto de gerenciamento é precisamente, como nos setores mais clássicos, o envolvimento dos assalariados com seu trabalho e sua responsabilidade em relação aos destinatários finais do serviço produzido. São estes doravante os caminhos conhecidos da modernização.

No entanto, estamos aqui em um contexto particular e, no caso atual da CAF, envolvimento e responsabilidade podem ganhar uma conotação particularmente dolorosa e difícil de vivenciar. É esse contexto, mais que o próprio projeto, que confere nesse caso uma ambigüidade extrema aos efeitos do projeto de modernização.

Os efeitos paradoxais da modernização

Essas dificuldades não escapam à diretoria dessa CAF particularmente avançada em que pesquisamos.

A questão, para não dizer o desafio, que enfrentam é: como atribuir responsabilidades e envolver os agentes, que se encontram em uma situação bastante particular, para aumentar a eficácia, a produtividade e a rentabilidade do serviço, sem torná-los vulneráveis demais?

O envolvimento e a responsabilidade, bem entendido, passa aqui pelo fato de eles cuidarem de uma série de famílias, de acompanharem seus benefícios até o fim de seu processo, de poderem ser contatados constantemente por telefone, graças ao serviço de secretária eletrônica, e de fornecerem informações ao público na sala dos guichês. A solução preconizada para resolver o dilema envolvimento-responsabilidade–sofrimento-culpa é a do discurso da eficácia, da operacionalidade.

O conforto técnico

Tornando-se mais eficazes por gerenciarem carteiras de famílias que conhecem, estando mais bem equipados tecnicamente, e nesse caso com um sistema de informática em tempo real, tendo uma secretária eletrônica e respondendo aos beneficiários em um prazo de 24 horas, a produtividade dos agentes aumentou: eles satisfazem mais rapidamente as demandas dos beneficiários. Estes vêem, então, seus direitos serem processados mais rapidamente e em melhores condições, pois o computador resolve os problemas na mesma hora e informa a quantia a ser paga em prazos garantidos.

Segundo a diretoria, o problema do sofrimento ou da compaixão[16] encontra sua solução na técnica e na nova organização do trabalho. O agente vê sua utilidade social aumentar com a eficácia de seu trabalho e, com isso, só pode se sentir melhor. O possível aumento da eficácia, ou seja, a redução dos prazos de espera e uma melhor informação dispensada aos beneficiários, corresponde a uma melhoria do serviço prestado.

O fato de tratar não mais de um auxílio, mas de um conjunto de auxílios de determinadas famílias, permite ao consultor técnico, auxiliado por um computador em tempo real,

> avaliar imediatamente, ao fim de sua jornada de trabalho, para que ele serve. Ter uma espécie de discernimento na avaliação do resultado. Ele não codifica mais sempre os mesmos auxílios para famílias que ele não conhece; não, a partir de agora, ele se ocupa de fulana de tal, separada de beltrano, que tem direito a tantos francos por mês a título de diferentes auxílios, e pode dizer: "Estudei bem o dossiê, de certa maneira é graças a mim que ela vai receber, sei que o dossiê que montei é coerente; eu pagarei tanto a ela". É um grande avanço.

É a glória, para esse gerente de gestão técnica da CAF.

Encontramos, implicitamente, a crença de que se pode solucionar todo problema social por meio de modernizações técnicas e organizacionais. Assim, o mesmo geren-

---

[16] P. Corcuff, "Ordre institutionnel, fluidité situationnelle et compassion. Les interactions aux guichets de deux caisses d'allocation familiales", *Recherche et Prévisions*, CNAF, nº especial 45: *Les échanges au guichet*, set. 1996.

te de gestão técnica explica que as coisas se tornaram mais fáceis nos guichês por diversas razões. Em primeiro lugar, a espera é menor e, além disso, as pessoas são informadas sobre o tempo de espera por painéis eletrônicos. Conseqüentemente, "não há mais fila na sala de espera e, portanto, não há possibilidade de alguém bancar o agitador". O que, em outras palavras, significa que a temida agressividade das pessoas em dificuldade, que não encontram solução para seus problemas na CAF, tem menos chance de se manifestar e incomodar. Da mesma maneira, o consultor técnico, no guichê, está protegido por seu monitor. Poder-se-ia imaginar que se trata tanto de um apoio técnico quanto de uma proteção física. Em todo caso, é uma maneira de desviar a atenção: é o sistema técnico que fornece ao beneficiário a sanção de seus direitos, e não se negocia com um computador.

Uma boa organização – calcada nas mais modernas concepções – e uma boa ferramenta – a informática em tempo real – vieram ao auxílio dos agentes, que, devido ao seu envolvimento e à sua responsabilidade, poderiam ter estabelecido uma enorme dependência afetiva e psicológica com os beneficiários, que agora eles conhecem melhor. Mas a solução reside nessa maior eficácia, que satisfaz os beneficiários ("fizemos uma pesquisa, os beneficiários declararam-se satisfeitos") e ao mesmo tempo dá um sentimento de utilidade aos agentes e os protege. Embora o contexto tivesse se deteriorado por causa do aumento do desemprego (a diretoria tem consciência disso), os agentes estão mais protegidos. Segundo o gerente de recursos humanos da CAF:

> Antes, não havia o mesmo público nem as mesmas demandas; as pessoas, hoje, têm muitos problemas. Estamos pensando em organizar sessões antiestresse para os consultores técnicos, mas é preciso dizer que o sentimento de sua utilidade social ter aumentado compensa o cansaço. Tomemos o exemplo da renda mínima de inserção: o prazo de concessão é pequeno, depois que as coletividades locais constituem o dossiê, e a nossa eficácia aumentou muito rapidamente.

Portanto, as evoluções, tais como se concebem no âmbito da modernização, são complexas e às vezes ambivalentes. Uma menor qualificação em algumas áreas, mas amplamente compensada por uma polivalência sistemática que proporciona variedade e ampliação do campo de intervenção. Uma menor autonomia nas relações com a hierarquia superior, mas com um apoio muito mais próximo. Uma responsabilidade e um envolvimento potencialmente dolorosos, mas compensados por um sentimento de maior utilidade social. Possibilidades restritas de promoção dos agentes, dada a reclassificação que atinge todas as administrações em busca de modernidade, mas também nesse caso relativizadas pelo suposto aumento da satisfação dos usuários e pelo sentimento de contribuir para uma melhor produtividade e, conseqüentemente, rentabilidade do serviço prestado.

Tudo isso se resumindo a números bastante apaziguadores e úteis para se estabelecer uma lisonjeira comparação com outras CAFs:

> A nova organização é muito satisfatória em comparação com a anterior: pagamos 93% ou 94% dos beneficiários em menos de dez dias, o tempo de espera no guichê é em média 15 minutos e 75% das chamadas telefônicas são completadas. Realizamos um estudo perió-

> dico sobre a qualidade do serviço telefônico: com base nos dados do *autocom*, um programa fornece o tempo de espera e o número de chamadas completadas, mas não o conteúdo delas. Testamos esse tipo de chamada na sede com um programa de gestão de fluxos. Mas, evidentemente, a taxa de satisfação depende da quantidade de chamadas: quando é pouca, 90% das chamadas são completadas, mas cai para 50% se o número de chamadas aumenta muito. (diretor da CAF)

Essa é a visão organizadora, o projeto de gerenciamento. Como se sabe, a realidade é mais complexa e as situações de trabalho, assim como sua vivência, estão um pouco distantes dessas previsões.

Sabemos que o trabalho real jamais é totalmente redutível ao trabalho tal como ele é definido oficialmente. Na realidade, os assalariados costumam sempre interpretar as prescrições e deduzir margens de manobra que lhes permitem ser eficazes à sua maneira. Nesse sentido, a análise do trabalho tal como ele se desenvolve concretamente revela uma defasagem constante entre o que os organizadores previram e decidiram e o trabalho tal como ele se desenvolve concretamente. Cada qual adaptando à sua maneira os imperativos de seu posto de trabalho.

No plano do trabalho prescrito, da mudança tal como programada, percebe-se bem a ambivalência do progresso e, pelo menos, os riscos e ameaças que ele traz para todos.

O responsável pela ação técnica descreve bem os mecanismos que levam a esse resultado complexo: aumento de interesse pelo trabalho ao mesmo tempo que angústia diante das situações difíceis[17]. O trabalho adquire uma dimensão superior, ele é portador de sentido. Mas para o consultor técnico, "é verdade que, ainda assim, ele se sente sozinho no front". Não há mais a muralha do anonimato para protegê-lo. A miséria toma forma humana, torna-se um interlocutor permanente.

A insuportável miséria do outro

Sair do anonimato tem necessariamente um custo psicológico: é preciso elaborá-lo, é o preço a pagar pela compensação profissional, pelo aumento de autonomia, independência e responsabilidade. Além disso, como se diz, "a descida" agora obrigatória ao guichê de atendimento torna as coisas ainda mais presentes e absorventes. A abstração torna-se cada vez mais difícil. Não se trabalha mais somente com o dossiê, trabalha-se com pessoas que se conhecem seja pessoalmente, seja porque se sabe tudo a respeito delas, porque se fala com elas pelo telefone, porque se lê sua correspondência.

Por mais importantes que tenham sido os esforços para proteger os consultores técnicos do envolvimento demandado em um contexto de miséria maior, que faz com que a lógica dos direitos e das necessidades[18] se distanciem inexoravelmente uma da outra, permanece uma grande vulnerabilidade dos agentes e uma dificuldade de assumir sua missão:

---

[17] Cf. C. Dejours, *La souffrance en France*, cit.

[18] V. Dubois, "Une institution redéfinie par ses usagers?", *Recherches et Prévisions*, CNAF, nº especial 45: *Les échanges au guichet*, set. 1996.

> É mais duro no plano humano. Com a crise econômica, a população mudou. A miséria é difícil de ser gerenciada. Quando você recebe cinqüenta pessoas por dia, um dia você é menos receptivo. Nem sempre temos uma solução para lhes fornecer. Não sabemos o que lhes dar. Estamos lá para dar um reforço. Quando você tem um conflito, você intervém, a população é mais exigente, pois as dificuldades são maiores. Às vezes, as pessoas se abatem, não conseguem sair daquela situação.

Em poucas palavras essa agente de controle reproduz bem o teor das coisas. Eficácia não significa a mesma coisa para um gerente, que de seu escritório compara as estatísticas de desempenho, e para um consultor técnico, que no guichê é colocado diretamente diante da miséria e sente sua impotência para realmente ajudar os beneficiários. A tela do computador, que é uma solução técnica, pode ter efeitos sociais negativos:

> A informática não é a panacéia: quando se tem um monitor, começa-se por digitar a matrícula antes de saber o que quer o beneficiário. Acho que o computador impede a conversa com os beneficiários, não se tem necessidade de um monitor para se falar com as pessoas! (gerente plantonista)

Embora tenham maiores responsabilidades, saiam do anonimato, considerem muito mais do que antes as dificuldades reais das pessoas pelas quais são encarregados, ao mesmo tempo, como todos os assalariados, eles continuam, e mais do que anteriormente, sob a pressão do tempo e de seus objetivos. "Entre nós, o problema é que a produção é uma pressão, é preciso fazer os cálculos e depois retomar os erros", afirma um consultor técnico. Em todas as situações de trabalho modernas, sabe-se bem dos problemas que a obrigação temporal exige, especialmente com o trabalho urgente e em fluxo contínuo, como a intensificação dos ritmos ligados a uma automação cada vez mais eficiente. Mas transposta para o contexto de uma CAF, essa pressão do tempo tem algo de surreal.

Ela se manifesta em primeiro lugar pela definição detalhada dos novos objetivos. Estes se expressam em um grande número de operações. A norma é ter quarenta operações por dia. Um dossiê analisado equivale a duas operações, uma correspondência é uma operação, o telefone outra, "mas isso depende da informação exigida. Alguns fazem até setenta operações por dia, mas então não atendem o telefone!", comenta uma consultora técnica.

Além das operações que dizem respeito ao trabalho cotidiano, existem "os trabalhos em massa", que são sazonais: quando chegam as declarações de rendimento e os dossiês de desemprego.

> Esses trabalhos em massa não são considerados operações e, no entanto, é preciso fazê-los. A classificação também: a vistoria anual, ou seja, os dossiês de pessoas que não aparecem há muito tempo, que se aposentaram... Alguns fazem isso de tempos em tempos, outros deixam atrasar. (consultora técnica)

Ela explica que não sabe administrar isso, faz tudo de última hora.

As consultoras técnicas mais experientes e mais à vontade na instituição não aceitam essas novas pressões e mantêm certa distância:

O objetivo é estar em dia com a carteira, é mais estimulante. O número de operações? Não quero nem ouvir falar. Não preciso me justificar, desde que esteja tratando de auxílios específicos, como o auxílio para sustento familiar, auxílio para parente único etc. Não se pode ter ao mesmo tempo qualidade e rendimento: se me impusessem um grande número de operações, eu não poderia mais fazer o que é longo e delicado. A partir do momento em que faço um trabalho de qualidade, o rendimento é impossível. (consultora técnica)

Portanto, a contradição entre rapidez e qualidade do trabalho fica particularmente clara aqui.

O que sente um grande número de consultores técnicos é o lado incongruente desses procedimentos modernos quando aplicados a esse setor tão particular, que constitui a versão contemporânea dos auxílios familiares. Aqui não se fabricam produtos, não se vendem serviços, dá-se dinheiro e não muito, como expressa uma consultora técnica citada anteriormente:

Comercial é quando se faz comércio rentável, quando o cliente paga. Aqui nos obrigam a uma atitude hipercomercial, mas nós é que damos o dinheiro, isso é problemático quando se trata de recursos humanos, qualquer que seja o nível social, isso é problemático aqui. Dizem que o atendimento deve ser rápido, mas isso não quer dizer nada, é utópico: se as pessoas vêm ao centro de atendimento é porque têm algum problema. Os objetivos são muito modernos, muito *in*, mas não são realizáveis.

Diante desse trabalho tão particular, os consultores técnicos têm necessidade de tempo, precisamente. De tempo para elaborar um tipo de relação que favoreça a qualidade do serviço que devem garantir. "O problema dos consultores técnicos é ter mais tempo, não tanto para os dossiês, mas para os beneficiários no guichê, para o telefone ou para as entrevistas", admite a gerente de gestão técnica de uma agência.

Na realidade, o que aparece na prática é que o projeto modernizador, ao fornecer apenas soluções técnicas e organizacionais, nega a especificidade do trabalho nas CAFs, que se torna cada vez mais difícil porque as demandas e os problemas dos beneficiários, assim como a complexidade da legislação e de sua interpretação, aumentam.

Um exemplo evidente dessa abordagem corresponde à banalização do trabalho de guichê, que foi incluído, como vimos, na função polivalente de consultor técnico. No entanto, é o trabalho no guichê que mais cristaliza a atividade de uma CAF, ele é para funções avançadas e exige habilidade, o que se adquire com tempo e experiência. Anteriormente, os que ficavam nos guichês tinham um nível de qualificação superior ao dos consultores técnicos atuais e recebiam um bônus substancial, devido especialmente ao fato de que eram os únicos a tratar, na época, de todos os tipos de benefícios, mas esse bônus foi, em seguida, justificado pelo lado psicologicamente penoso do atendimento a uma população que vive na pobreza e exprime suas necessidades.

Esse não-reconhecimento traz problemas.

O atendimento nos guichês: a gestão do emocional

A questão do atendimento é objeto de inúmeros comentários, todos no mesmo sentido: é um momento sempre delicado e difícil, quando se encontra uma série de reações e de situações que não combinam com as noções de eficácia e de desempenho tais como são vistas e construídas pela diretoria.

> Ah, os incidentes no atendimento: um beneficiário chega e joga uma caneta na cara da consultora técnica do guichê, antes mesmo de qualquer conversa. Ela ficou traumatizada. Uma outra consultora técnica foi ameaçada de morte por um beneficiário furioso. Elas não querem mais ficar no atendimento, é preciso estimulá-las e, depois, dar um tempo para que elas se recuperem e possam voltar ao atendimento. Enquanto isso, as outras têm de se revezar.

A diretoria compreende bem esses problemas. Aqui, é um gerente de gestão técnica de agência que fala e expõe como é o trabalho no guichê:

> No final de agosto, por exemplo, os beneficiários têm problemas para pagar o aluguel, porque o auxílio-moradia chega com alguns dias de atraso. Eles também têm problemas de comunicação, como é o caso principalmente das mulheres africanas. Houve uma, outro dia, que gritava que tinham tomado o dinheiro dela. Ela está na renda mínima de inserção com quatro crianças e solicitou e conseguiu o auxílio-moradia, mas, evidentemente, como a renda mínima de inserção é um complemento, a conseqüência é que ela foi reduzida proporcionalmente. Para fazer com que ela compreendesse isso!

De maneira geral, as pessoas vão ao guichê porque têm dificuldade de compreender e de se fazer compreender. E, para ajudá-las, é preciso tempo.

> Vêm aqueles que têm dificuldade para se comunicar; eles acham que vamos tratar melhor seu dossiê se os virmos, se falarmos com eles. Não são visitas de reconforto, eles têm problemas reais de comunicação, particularmente escrita. Quem já sabe falar e escrever, chama por telefone. Mas depois, por telefone, dizem que têm dificuldade para nos contatar, mas atendemos a tantas chamadas por dia!

Agora todos vão para o guichê: os novos contratados – nos contratos de trabalho recentes, contemporâneos da departamentalização, é especificado que os consultores técnicos devem assumir todas as funções, inclusive a do guichê –, assim como os antigos, que, aliás, não recebem os dois dias de formação de que se beneficiam os outros. Mas nem todos chegam a enfrentar e a encontrar dificuldades psicológicas ou profissionais de adaptação ao guichê.

> Agora, todo mundo desce, mas não fica no guichê quem quer, isso exige preparação. Depois de anos de trabalho, ainda é preciso estar em uma condição particular. Não se pode recusar o guichê, está estipulado nos novos contratos, mas não sei como fazem para os outros engolirem o sapo. Havia um bônus de descida; ele foi mantido para alguns, já nós dividíamos 20 francos por ano. O guichê sempre foi considerado difícil. Assinamos um contrato de polivalência, inclusive para a função de atendimento. (consultor técnico de intervenção)
>
> Para os polivalentes, o guichê talvez seja um progresso, mas exigiu-se das pessoas da antiga estrutura que fizessem o mesmo. O guichê é difícil. Às vezes não podemos ser muito sensíveis, senão perdemos a estribeira. Não importa que você não tem condições de ir para lá. Agora não importa quem vai para lá. Temos uma formação, mas não para os antigos. O guichê não é a mesma coisa. De jeito nenhum. Há sempre problemas de violência e de agressividade. É preciso saber gerenciá-lo. É preciso ter habilidade. Isso não

foi muito bem estudado pelas organizações. A habilidade é realmente o problema para os jovens. Se uma pessoa é extremamente sensível, é preciso ficar um tempo longe dele. O guichê pode ser duro.

Na verdade, nos princípios de reestruturação, é claro que se tende a atenuar ou até mesmo a negar a especificidade do serviço fornecido. Mesmo que, no nível do discurso, a diretoria restitua seu conteúdo. Como explica um diretor da CAF:

> O posto é árduo, muito árduo, trata-se de receber famílias em dificuldade, é muito estressante; é por isso que se faz revezamento entre as pessoas que cuidam do atendimento em cada agência, para que não fiquem diante da miséria humana durante toda sua jornada.

Por sua vez, o gerente, que trabalha em campo, conhece bem todos os problemas que acompanham essa descida para o guichê. Ela às vezes deixa "marcas": "O atendimento é difícil, os consultores técnicos são vítimas de gestos ou palavras agressivas, e conseguem atestados médicos que os dispensam do atendimento durante um certo tempo", admite essa agente de controle. E continua:

> Antes, os consultores técnicos ficavam em seus escritórios e não saíam de lá; agora, vão para o atendimento e não têm formação para enfrentar pessoas em situação difícil como aqui. É uma nova dimensão de trabalho, o cara a cara com o beneficiário, pessoalmente ou por telefone. Faço reuniões em que discutimos isso, o que dá certa tranqüilidade, mas não é suficiente; eles têm necessidade de mais formação e apoio, precisam compreender que esse cara a cara faz parte agora de sua função. Houve uma pequena iniciação à gestão de conflitos com um psicanalista, mas durante dois dias e depois mais nada. Apesar de tudo, para os antigos é mais difícil, os jovens entram aqui sabendo que terão de fazer o atendimento.

O conselheiro técnico de intervenção fala com conhecimento de causa, pois ficou no guichê durante nove anos:

> Não acho que é para ficar feliz de ir para o guichê; é duro, existe a dificuldade de enfrentar os beneficiários, a urgência dos casos a ser tratados. A senhora que foi abandonada com os filhos é enviada à ação social para receber os auxílios, na prefeitura; é um desespero, há sempre trinta a cinqüenta pessoas por consultor técnico durante meia jornada.

Esse trabalho no guichê corresponde, segundo ele, a um verdadeiro ofício e somente assim é suportável. A partir do momento em que se está em condições de desenvolver um verdadeiro saber, uma verdadeira habilidade na gestão das relações com esse tipo de população e de demanda, são necessárias competência na capacidade de reagir e exatidão da resposta. Em outras palavras, somente é possível ser eficaz e sólido nesse posto quando se aceita sua dimensão específica, sua dimensão social e humana. Não convém se esquivar das obrigações, das exigências de um trabalho como esse, mas enfrentá-las.

> O guichê é um verdadeiro ofício; é preciso colocar ali pessoas flexíveis, ágeis, não qualquer um. A polivalência, que inclui o guichê nas tarefas do consultor técnico, também não é boa do ponto de vista dos beneficiários, que topam com consultores técnicos que não sabem atendê-los, que não são flexíveis. Não se pode ser rígido no guichê; é preciso ser compreensivo: com esse sistema, não há a menor melhora no guichê, é antes de mais nada uma regressão.

Se um ofício desaparece, o de quem fica no guichê, resta compreender como se compõe a nova função de consultor técnico polivalente e polifuncional, incluindo o trabalho no guichê, em torno de que atributos, que tipos de competência, que identidade profissional. Se nos limitarmos à sua definição objetiva, constaremos que existe reagrupamento de um certo número de tarefas diferentes: algumas pequenas e pouco valorizadas e outras que perderam seu valor, o guichê e os próprios auxílios. O que é valorizado é o reagrupamento.

Como explica este consultor técnico de 38 anos, que está entre os mais polivalentes:

> Tarefas foram acrescentadas, em relação aos consultores técnicos especializados por tipo de auxílio, classificação e distribuição da correspondência; antes, havia uma pessoa que despachava, agora ficamos encarregados de tudo, de uma ponta a outra. Pegamos a correspondência na cesta e despachamos em função das carteiras, mais as tarefas anexas e o guichê.

Mas, então, onde se encontra o ofício? E como é possível desenvolver as defesas e as estratégias de adaptação se não se reconhecem as dificuldades e as especificidades da atividade? Como é possível envolver-se e tornar-se responsável se devem definir-se apenas em termos de eficácia técnica e organizacional, embora se saiba que não há resposta puramente organizacional e técnica às questões colocadas pelo conjunto dos beneficiários?

Uma das "soluções" pode ser colocar-se no lugar dos beneficiários como vítimas da injustiça e da desigualdade.

Reflexões sobre os problemas internos

Para alguns, que dizem ter aptidão e conseguir encarar as dificuldades psicológicas, o problema é então a própria carga de trabalho.

O problema não é a polivalência, que é sempre valorizada, aceita como um progresso. Um consultor técnico explica:

> Para mim, um posto deve ser polivalente, do contrário não é gerenciável; em termos de responsabilidade, é melhor fazer tudo. Mas a sobrecarga vem do fato de nos mandarem fazer tudo ao mesmo tempo: dossiês e telefone. Não é possível fazer tudo ao mesmo tempo. Ligamos a secretária eletrônica.

A sensação de não se poder fazer nada diante da imensidão das necessidades traduz-se em uma sensação de não conseguir dar conta de todos os encargos do trabalho imposto.

O mal-estar expressa-se em reivindicação contra uma carga excessiva, a sensação de impotência transforma-se em estresse e em sensação de impossibilidade de realizar o trabalho. "A polivalência que exigem de nós, o guichê, o telefone, isso já é demais. E depois acabamos passando nosso cansaço para os beneficiários" (consultor técnico com dez anos de serviço na CAF).

Há uma espécie de inversão simbólica da relação que se dá: a vítima da injustiça social, que evidentemente é o beneficiário, torna-se o agente. Essa técnica explica, por exemplo, que não consegue enfrentar todas as situações:

> Não, eu não marco entrevista com os beneficiários, salvo em casos muito particulares. Eu sou contra, porque não se pode estar em toda parte; por isso, eu não marco entrevistas, nem no atendimento, ou somente casos excepcionais; do contrário, não tem fim. Também não uso muito a secretária eletrônica, atendo as chamadas à medida que são feitas, a não ser quando estou trabalhando em um dossiê, por exemplo, calculando os auxílios para sustento familiar, aí é melhor ligar a secretária, senão posso cometer um erro.

E mais, a sensação de desigualdade é internalizada, é reintroduzida entre colegas, ao comparar as situações de trabalho. "Há desigualdade na carga de trabalho. Seria necessário fazer uma pesquisa sobre a carga de trabalho de cada posto. E verificar a maneira como cada posto é gerenciado. Temos o mesmo número de beneficiários, mas os casos são diferentes." A consultora técnica que relata sua situação sente-se prejudicada em relação a seus colegas. Na realidade, a modernização é melhor para os beneficiários, mas não para ela, mesmo que não queira questionar sua lógica.

> Tudo vai bem, a informática, a polivalência, mas o verdadeiro problema é a falta de funcionários. É preciso um estudo, é preciso quantificar a carga de trabalho. Antes, quando eu terminava meu turno, eu procurava a agente de controle para auxiliar alguém. A passagem de meio-período para dois no guichê mudou tudo: para os usuários é melhor, mas para nós, quando subimos novamente, tem mais carga de trabalho a nossa espera. Há menos correspondência, menos dossiês analisados.

Observamos como a idéia embrião que agrada aos usuários não necessariamente agrada aos consultores técnicos. Chegamos a uma constatação implícita que se elabora com base em uma não-convergência de interesses entre os beneficiários e os consultores técnicos que os gerenciam.

Claramente, para essa consultora técnica, a questão do confronto com pessoas em dificuldade é atenuada: ela pensa na carga de trabalho, no número de funcionários, constrói uma muralha ao visualizar apenas o aspecto estritamente profissional, as tarefas a serem cumpridas, o tempo para gerenciá-las, as relações com os colegas. "O usuário", de acordo com sua forma de se expressar, torna-se quase invisível. É considerado apenas do ângulo da sobrecarga de trabalho que ocasiona:

> A modernização é boa, mas é dura porque não há funcionários na mesma proporção. Há mais proximidade. As pessoas se deslocam mais: é preciso mais gente para recebê-los. O trabalho a ser feito continua o mesmo. O atendimento é sobretudo dar informações. Eles entregam documentos, pedem atestados, auxílios-moradia, fazemos fotocópias, certificados de conformidade. Fazemos um revezamento antes de examinar os documentos. Nós ajudamos no preenchimento dos formulários. No andar de cima, analisamos, verificamos o dossiê, se tudo está ok, passamos para o computador. Somos devorados pelo trabalho. Eu estou no meu limite.

Ela se candidatou a um posto de intervenção. E fala de rotina. "Aqui é só rotina, mas o emprego é garantido."

Mais sutil, mas com o mesmo tipo de dificuldade, esta outra consultora técnica, de cinqüenta anos, a quem convém a polivalência e o fato de se ocupar de uma carteira de famílias, considera elementos mais variados: "Prefiro me ocupar de uma série de matrículas, é melhor para ambos, para os beneficiários e para os técnicos.

Gosto muito do contato". Mas, por trás desse postulado de princípio, que não tem muito a ver com a especificidade do emprego, existe a mesma reclamação contra a carga de trabalho que se sobrepõe a todas as outras dimensões. Por exemplo:

> Antes, em Colombes, eu gostava muito de fazer o atendimento. Aqui, menos: é meio-período e durante esse tempo o trabalho não avança. Há mais agressividade. Quando estamos no guichê, ficamos pensando na secretária eletrônica que está gravando as mensagens, na correspondência que não é analisada. Quanto mais demora, mais correspondência, mais mensagens telefônicas. É mais interessante, porém mais estressante. Seria preciso mais funcionários e menos beneficiários em cada posto. Mas a resposta é: "Não, não haverá mais consultores técnicos!".

Sobre a modernização, essa mulher, assim como sua colega, retém essencialmente uma maior variedade de tarefas e uma carga excessiva de trabalho, que ela não assume sem estresse. Nesse caso também, o estresse não vem (mais?) da natureza particular de seu trabalho. Esta foi esquecida, eliminada "em prol" de uma sensação de sobrecarga, de uma enorme fadiga e de estresse, verdadeiro anteparo contra a compaixão e a identificação. Aí também se opera um restabelecimento, ao se situar na posição da vítima.

> Cheguei aos cinqüenta anos, gostaria muito que fosse um pouco mais tranqüilo, mas não acho que a situação vai melhorar, acho que haverá cada vez mais trabalho. Há 3 mil famílias por posto. Isso dá muito trabalho, mais o telefone, mais o atendimento; é preciso estar em dia com o posto que ocupamos. Antes, ficávamos uma semana no guichê, não precisávamos ocupar um posto. À noite, estamos exaustos.

Conseqüentemente, os beneficiários estão longe de ser a principal preocupação. São fonte de preocupações unicamente enquanto estão na origem de um trabalho excessivo. "As pessoas telefonam mais quando sabem que estamos tratando de seu dossiê. Dá mais trabalho ficar encarregado dos beneficiários. Seria preciso ter mais disponibilidade, ter uma carga menor. Tudo isso é bem planejado, menos a carga de trabalho." Encontramos, aqui, as mesmas considerações. O novo sistema é bem concebido para um melhor atendimento aos beneficiários, mas não para os consultores técnicos, muito pelo contrário. Isso se volta contra eles. Há uma espécie de conflito de interesses. A consultora técnica continua: "Quando trocamos dossiês, às vezes trocamos um pequeno por um grande, e o trabalho se acumula". A injustiça e a desigualdade também mudam de campo. Não estão mais exclusivamente do lado das pessoas em dificuldade em uma sociedade em crise. "A renda mínima de inserção traz pessoas muito veementes, nem sempre do tipo que passa fome. Muito mais na lógica da reclamação. Certamente, seria preciso mais conselheiros no guichê."

Outro componente dessa relação com o trabalho, e sobretudo com o beneficiário e com a natureza do serviço prestado: reintroduzir fortemente uma lógica de carreira e enfatizar a frustração. Esta consultora técnica se queixa:

> Vejo meu futuro muito ruim; gostaria de ocupar o cargo de agente de controle, mas foi suprimido, e não sei se tenho nível para passar no concurso para gerente. Tenho dúvidas em relação ao futuro. Não há mais carreiras. É difícil aceitar isso. Tenho 43 anos. Depois de 17 de CAF, somos classificados injustamente.

Alguns radicalizam um pouco mais essa abordagem. Admitem ser simples profissionais e adotam posições severas em relação aos beneficiários. Visivelmente, não querem "embarcar" em uma relação de compaixão e preferem manter distância.

A distância do profissional

Outros seguem as regras do jogo das carteiras. Ter carteiras de famílias, ser polivalente em vários benefícios é considerado um progresso e uma vantagem em si. "É bom, conhecemos nossos beneficiários, conseguimos saber imediatamente o que eles querem e o que é melhor para eles." Além disso, a informática permite visualizar toda a situação da família cujo dossiê se analisa. "Vemos a situação da pessoa: estado civil, filhos, recursos, benefícios, montante do pagamento para dois filhos, é prático. As carteiras permitem um contato com o público que não tínhamos antes", afirma um consultor técnico de agência.

Mas logo as coisas se tornam claras: é preciso estabelecer uma certa distância, que permita não se deixar levar por uma compaixão muito dolorosa. "Não sou de fazer serviço social, sou de apressá-los", diz sem rodeios o mesmo consultor.

Esta técnica escolheu a estratégia da relação rabugenta:

> A polivalência é positiva, o que não dá é ajudar as pessoas como fazem alguns. Fazemos frangalhos deles. Em dois anos de serviço, as pessoas recebem cada vez mais ajuda. Temos um chefe que diz: "É preciso ajudá-los, é preciso preencher seus papéis". Não concordo com isso, uma vez sim, não mais do que isso. Para todos, mesmo para os jovens, é direito adquirido: eles têm de ser ajudados! Estamos a serviço dos beneficiários para fazer valer seus direitos, mas não para ajudá-los. Senão eles afundam.

Ela também desconfia de fraudes. Aliás, talvez seja a suspeita que domina a relação com os beneficiários e permite defender-se de um sentimento de impotência diante da miséria. Um consultor técnico afirma:

> Há quem continue desempregado para não perder o auxílio-moradia. Algumas coisas deveriam ser alteradas; não há muitos fiscais na agência, o controle da renda mínima de inserção deve ser sistemático. Há fiscalização para parente único, por que não para a renda mínima de inserção? Há quem venha recebê-la de carro e com celular.

Outros se inserem também em uma perspectiva estritamente profissional, que cria um obstáculo para qualquer percepção do objeto de seu trabalho: a miséria. Para eles, tudo isso não passa de rotina, rotina da qual conseguem fugir, colocando-se nos espaços disponíveis de mobilidade existentes na polivalência. Tornam-se consultores técnicos "de intervenção", ou seja, não acompanham e gerenciam portfólios de famílias, mas substituem colegas ausentes ou sobrecarregados. Em conseqüência, são relativamente preservados, uma vez que não têm a responsabilidade de um grupo de famílias por muito tempo.

A reconstituição de rotinas e a elaboração de estratégias para fugir delas

Se acreditarmos no que dizem alguns, de fato, ter "seus" beneficiários pode traduzir-se em um sentimento de preocupação e de rotina, como explica esta jovem que entrou para a CAF recentemente; ela queria ser consultora técnica de intervenção e, portanto, ficar em função dos ausentes e dos sobrecarregados. Prefere essa função que, além disso, prevê mais atendimentos no guichê (três meia-jornadas em vez de duas).

> Pedi para trocar, porque ao fim de seis meses eu já tinha passado por todos os postos. Agora, faço o mesmo trabalho que os consultores técnicos polivalentes, mas não tenho posto fixo. Não tenho os mesmos beneficiários, e isso é bom, porque não caio na rotina. Os beneficiários preferem tratar sempre com a mesma pessoa, é mais íntimo e pessoal. Mas, para os consultores técnicos, isso significa rotina. E freqüentemente cometemos erros, porque pensamos que os conhecemos. Ora, é uma questão de responsabilidade.

A mudança é surpreendente, mas ela nos lembra, mais uma vez, como a abordagem teórica das situações (tais como a praticam os organizadores e os diretores) esbarra na realidade com experiências que as contradizem. A polivalência estabelecida para melhorar alguns serviços do ponto de vista do beneficiário, mas também da qualidade do trabalho dos consultores técnicos – e de sua experiência – pode, para algumas pessoas, traduzir-se em uma nova forma de rotina: elas se relacionam sempre com as mesmas pessoas e o descontentamento aparece rapidamente. Querem mudanças, transformações, e não cair nas mesmas situações, nos mesmos problemas e dificuldades. O que agrada àquela moça que está na função de intervenção é sua jornada não ser definida e ditada com antecipação, ao contrário do que acontece quando se tem um posto fixo. Isso não significa uma necessidade de atordoamento?

Na verdade, podemos nos perguntar se esse sentimento de rotina não corresponde a uma vivência exacerbada de impotência. Relacionar-se com as mesmas pessoas é também avaliar melhor como sua situação é difícil e sobretudo bloqueada, como a ajuda financeira cujo vetor é o consultor técnico é pouco eficaz e limitada. Nossa entrevistada fala como se se tratasse de uma constatação de ordem geral: "Preciso estar ocupada, senão fico triste". Nessa situação de fuga intencional do cara a cara com a miséria, o guichê, que é o lugar em que o contato é mais direto entre beneficiários e consultores técnicos, não lhe traz mais problemas. "Algumas pessoas ficam apreensivas com o guichê. Nós vamos freqüentemente para o guichê e não nos queixamos muito. Não há muita margem de manobra, mas podemos desbloquear antecipações de pagamento ou acelerar um dossiê."

Poderíamos avançar a hipótese de que a situação temporária do cara a cara é menos difícil de suportar do que o acompanhamento de uma família, cujas dificuldades, que pouco se amenizam, se podem avaliar durante algum tempo:

> Devíamos ser trocados de setor mais vezes, a cada quatro anos, por exemplo. Senão, os problemas são sempre os mesmos; há mais precariedade, mais dificuldades lingüísticas, situações familiares mais imprecisas, pessoas mais instáveis, tanto no que diz respeito à vida familiar quanto à profissional, certamente trabalho clandestino, mas para nós tanto faz, desde que não dê muito na cara.

Com a prática da carteira, as famílias tornam-se provavelmente inseparáveis do conselheiro técnico.

Nesse caso particular, observa-se que as melhorias trazidas pela polivalência no plano profissional não compensam a dificuldade para acompanhar famílias com problemas. A complexidade da tarefa não viria do fato de se saber que, no fundo, se pode influenciar a situação financeira desses beneficiários e, portanto, que se tem certa responsabilidade, mas ao mesmo tempo que tudo isso não chega a tirar essas famílias das situações insuportáveis em que estão mergulhadas? Daí não conhecê-las a fundo e qualificar isso de rotina nefasta para o agente e para as famílias. Mesmo que pareça benéfico para ambos.

Todas essas experiências variadas, sustentadas por diferentes estratégias de adaptação, têm, entretanto, uma mesma expressão de sua dificuldade: a convicção de que a luta cotidiana para assumir uma missão não é absolutamente reconhecida, nem interna nem, sobretudo, externamente.

Assim pensa, por exemplo, esta consultora técnica, com mestrado em direito e em ciências econômicas:

> Acho que fazemos um trabalho muito rico e não reconhecido. Fazemos um trabalho duro psicologicamente, a carga de trabalho que temos é dura e estamos em um nível baixo na hierarquia, ganhando 7 mil francos. Não somos reconhecidos nem pela opinião pública. É um problema de imagem da opinião pública.

Trata-se de um trabalho em que "cada um se vira, em que se desempenha a tarefa com a própria alma e com consciência e, no entanto, somos vistos como vagabundos, como a Seguridade Social", lamenta uma outra técnica. É realmente um *leitmotiv* que deveria nos convencer do tamanho do mal-estar que acompanha esses consultores técnicos no trabalho, embora de certa maneira eles apreciem a modernização em prática na CAF.

No entanto, existem funções na CAF que são vivenciadas de uma outra maneira. Aqueles que as exercem não parecem buscar anteparos entre eles e as dificuldades dos beneficiários, entre eles e "a miséria do mundo". Sabem que ela é objeto de seu trabalho e tentam adaptar-se. Fato ainda mais curioso e notável por se tratarem de fiscais, ou seja, em uma posição particularmente exposta à proximidade da miséria e em um papel *a priori* repressivo. Todavia, eles não parecem se perturbar com a natureza de seu trabalho.

Uma das explicações possíveis poderia residir no fato de os fiscais não serem submetidos aos mesmos tipos de obrigações, de pressões. Eles têm uma margem de manobra, uma certa autonomia, que talvez os autorize a construir uma habilidade na relação com os beneficiários, a elaborar sua identidade profissional. A construir um ofício.

A elaboração de um ofício

Alguns escapam, portanto, da síndrome da fuga, da culpa reprimida e do estresse.

Consideremos, por exemplo, este fiscal, que antes ficava no guichê (lembramos que o trabalho no guichê tinha características semelhantes às de ofício): "Segui uma formação de técnico durante um ano e fiquei no atendimento dez anos, como atendente de guichê". Durante a criação da unidade avançada, dentro do quadro da política de proximidade, o posto que ele ocupava no guichê deixou de existir (foi integrado ao de consultor técnico polivalente), e ele decidiu prestar concurso para fiscal ao fim de um ano de formação, depois de ter ocupado o posto de consultor técnico polivalente. Para ele, é uma continuação de seu antigo trabalho no guichê: um modo de relação direta com os beneficiários, que ele aprecia, mas cujos aspectos muitas vezes dramáticos e as dificuldades ele não esconde. Antes, como atendente de guichê, achava que "isso permite conhecer a fundo os auxílios familiares e as relações humanas. Mas há um estresse, uma tensão. Recebemos pessoas de todos os tipos, em situação de grande precariedade, é preciso ter um caráter forte". Agora, "ser inspetor me convém, é muito interessante do ponto de vista humano. Mas nem sempre é fácil".

É um dos raros a falar do aspecto humano e a tomar posição em relação às condições difíceis de seus interlocutores. No entanto, não esconde a importância do trabalho dos agentes da CAF.

> Quem já foi técnico sabe o que vai gerenciar, não é algo abstrato. Não fazemos qualquer coisa, de qualquer maneira. Somos muito solicitados por famílias em grande dificuldade, em situação de grande precariedade, com um grande índice de desemprego. Conseguimos nos blindar; felizmente, caso contrário não suportaríamos o baque. É preciso estar blindado, e isso se faz aos pocuos. Em dez anos de guichê.

Para esse inspetor, não se trata de minimizar a especificidade e a dureza de sua tarefa, mas de se dar meios de abordá-la e sobretudo de apreciar o que a torna específica, o lado vivo e, portanto, necessariamente variado. Ele enumera todas as suas dimensões: a miséria, a própria delinqüência, a violência, mas sem tomar o partido da suspeita ou da desconfiança em relação aos beneficiários, mesmo que seu trabalho seja verificar se não há desrespeito à legislação, se não há fraude.

> Continuamos na linha de frente, mas é o que atrai nesse trabalho. Não existe rotina. Não há marasmo, cada dia é diferente do outro. Há bairros aonde não se deveria enviar uma fiscal. Onde há delinqüência. Já aconteceu de me xingarem por eu ser fiscal, mas sempre me saí bem a partir do momento em que me explicava.

Ele dá sentido à sua função. Sabe qual é a natureza específica do que trata. E age em função disso.

> Meu trabalho não é apenas o de fiscalizar. Não saio com a idéia de acuar as pessoas. Há a legislação e a situação do beneficiário para examinar. A margem de manobra não é grande: existe a preocupação de mesmos direitos a todos. Não dá para improvisar. Em função dos elementos, redigimos um relatório que será analisado pelo técnico.

Ele se organiza. "O trabalho é muito autônomo, mas dependo da direção da agência. Entrego os dossiês todas as segundas-feiras e dou informações precisas sobre a situação."

O que impressiona no comportamento desse fiscal é o fato de ele estar em paz consigo mesmo. Ele tem uma relação lúcida com sua função e com seus beneficiários. Compreende os aspectos dramáticos de sua situação, às vezes avalia a profundidade de sua revolta, de sua violência, mas zela pela igualdade de tratamento. E desse ponto de vista, a modernização – que ele vê como uma aproximação entre os prestadores de auxílios e os beneficiários – parece-lhe um grande elemento de progresso para estes últimos.

Mas seria preciso também que os consultores técnicos estivessem em condições de elaborar um conjunto de conhecimentos, reunir os elementos constitutivos de um ofício, que pudessem reintroduzir um sentido protetor para eles em relação ao que fazem. Que pudessem escapar da pressão da produtividade por operações, em um clima de serviço à clientela. Eles enfrentam contradições muito grandes: melhorar o serviço prestado aos beneficiários, enquanto a situação objetiva destes se deteriora e não há tempo para se criar relações de confiança e de apoio. A organização racional do atendimento à miséria, somada aos contatos humanos esporádicos e contingenciados pelo tempo de duração, constitui uma função insuportável de ser exercida.

Riqueza dos recursos humanos, pobreza dos beneficiários

Cada vez mais análises sociológicas e econômicas das formas assumidas pela modernização nas empresas evidenciam a complexidade, a ambigüidade e até mesmo as contradições desses movimentos[19]. Na verdade, revela-se aí uma tendência à descentralização, assim como à recomposição das tarefas e à redefinição das funções, que leva a margens de autonomia mais amplas e à possibilidade de se tomar decisões nos níveis subalternos. Mas, ao mesmo tempo, observa-se que na maioria das vezes elas entram em contradição com obrigações técnicas (padronização, normatização) ou organizacionais (prescrições e maior controle, por exemplo, com a implantação dos certificados). Tais processos inserem os assalariados em situações difíceis e se traduzem por interferência nas referências e, às vezes, nas identidades.

Alguns autores começam a tratar desses problemas em termos de sofrimento[20] : a vivência dos assalariados confrontados com uma modernização impiedosa encontra-se em grande defasagem em relação ao discurso gerencial sobre a riqueza dos recursos humanos e sua valorização na empresa. Encontram-se, então, em um ambiente de concorrência exacerbada, diante de um argumento que procura mobilizar todas as energias de modo consensual, apesar das dissonâncias e dos sofrimentos: o da necessidade absoluta de trabalharem todos juntos para a satisfação do cliente. Diante dele, todos são rebaixados ao mesmo nível. O cliente faz o papel de álibi. É o elemento

---

19 Cf. T. Coutrot, *L'entreprise néolibérale: nouvelle utopie capitaliste?* (Paris, La Découverte, 1998); A. Bron e V. de Gaulejac, *La gourmandise du tapir: utopie, management et informatique* (Paris, Desclée de Brouwer, 1995); E. Enriquez, *Les jeux du pouvoir et du désir dans l'entreprise* (Paris, Desclée de Brouwer, 1998); M. Gollack e S. Volkoff, "Citius, Altius, Fortius", *Actes de la Recherche en Sciences Sociales*, nº 114, 1997; D. Linhart, "Quels changements dans l'entreprise?", *Revue des Réseaux*, nº 41, maio-jun. 1990; D. Linhart, *La modernisation des entreprises*, cit.; P. Zarifian, *Travail et communication*, cit.; C. Jaeger, "La gestion des espaces de travail: de la coopération contractuelle à la coopération informatisée", cit.

20 C. Dejours, *La souffrance en France*, cit.

externo que se destina a reconciliar os assalariados com sua direção e mobilizar as energias, como fez, em sua época, a "ciência" brandida por Taylor como organizador irrefutável da *one best way*.

Mas para a CAF, submetida a esses mesmos processos de modernização, o cliente é um grande fator de desestabilização e dificilmente faz o papel de álibi. A miséria dos beneficiários, cada vez mais visível e ao mesmo tempo menos gerenciável, interpela o consultor técnico a partir de então isolado em suas responsabilidades. Mais visível, graças à informática, à focalização, às carteiras individualizadas. Menos gerenciável, porque próxima demais e sujeita a uma legislação tacanha, diante de situações profundamente deterioradas.

9

SINDICATOS E ORGANIZAÇÃO DO TRABALHO
uma brincadeira de esconde-esconde?[1]

Este texto se baseia em um estudo de caso – o da prática de uma seção sindical da Confederação Francesa Democrática do Trabalho (CFDT), na fábrica da Renault-Flins – com o objetivo de ilustrar a complexidade das relações entre as reivindicações sindicais, a mobilização dos assalariados e a questão da organização do trabalho.

Por um longo período (durante os "Trinta Gloriosos"), poucos foram os sindicalistas que quiseram combater o taylorismo, uma vez que haviam entrado nas "rotinas" da negociação em torno dos salários, das classificações e da estabilidade de emprego e estavam em harmonia com o desinteresse revelado pelas grandes máquinas sindicais. Desde o início da década de 1980, declarações de intenções que emanavam das duas grandes confederações, CFDT e CGT (Confederação Geral do Trabalho), manifestaram o propósito de investir nesse campo. No entanto, não se observaram muitos avanços na prática: os sindicalistas tinham muita dificuldade de conduzir reflexões, elaborar estratégias alternativas e motivar os assalariados diante das políticas modernas empresariais em matéria de organização do trabalho. As "aventuras" da seção sindical da CFDT de Flins, convencida da necessidade de levar a questão da organização do trabalho para o centro das lutas e das reivindicações, que começa no pós-68 e persiste nos anos de inovações empresariais, esclarece alguns aspectos das dificuldades, das contradições semeadas no caminho do questionamento do taylorismo por sindicalistas cada vez mais enfraquecidos.

---

[1] Escrito em co-autoria com R. Linhart e A. Malan, e publicado anteriormente em *Travail et Emploi*, nº 80, set. 1999.

Os sindicatos na retaguarda

Os grandes sindicatos operários funcionaram fundamentalmente com base em um princípio relativamente simples: enfocar o essencial das lutas e das reivindicações sobre o contrato de trabalho (classificação, salário, jornada de trabalho, natureza e garantia de emprego)[2]. Embora os comitês de fábrica, criados em 1945, fossem considerados interessados em problemas de gestão e de organização do trabalho e, na década de 1960, criticassem ritmos excessivos e condições de trabalho que se deterioravam, a maior parte das negociações, das lutas e das greves operárias organizadas, na verdade, diziam respeito aos salários.

Sem dúvida, desde a década de 1980, um acontecimento maior impôs-se: o fim do crescimento sustentado, o aumento e a persistência de uma taxa elevada de desemprego, acompanhados de uma precarização dos empregos que implica a legítima focalização das lutas e reivindicações sindicais sobre a questão do emprego à qual assistimos. Mas dificilmente isso é dissociável da questão da organização do trabalho. O número de empregos não depende também da maneira como se decide organizar o trabalho? Não depende daquilo que se considera legítimo exigir de um indivíduo no trabalho? Pode-se pensar que isso constitui um objetivo de sociedade tão importante como o de fornecer a todo cidadão um emprego. Não é possível considerar que esses dois objetivos estejam, na verdade, perfeitamente intricados, sejam interdependentes e que não se possa tomar um em detrimento do outro?

Ora, contradizendo um grande número de textos gerenciais sobre o fim do taylorismo e a emergência de formas mais democráticas de trabalho, a comparação das pesquisas de 1984 e de 1991 demonstra uma degradação das condições de trabalho percebidas pelos assalariados.

> Diminuição do número de trabalhadores e aceleração dos ritmos. [...] Os assalariados são cada vez mais submetidos ao mesmo tempo às obrigações das organizações tayloristas ou fordistas das máquinas, normas de produção e à pressão direta da demanda. [...] A autonomia progride, então, ao mesmo tempo que progridem os modos da gerência de seu trabalho.[3]

Os planos de demissão continuam e mergulham na angústia não só os que saem, mas também aqueles que ficam, e têm de conviver com a culpa pela saída dos outros e enfrentar situações de trabalho cada vez mais exigentes sem, no entanto, serem gratificantes. É preciso reconhecer que os sindicatos não têm força para influenciar o emprego nem a organização do trabalho.

O balanço de 7 de abril de 1999, realizado pelo Ministério do Trabalho e da Solidariedade, calculou que 3.291 acordos de fábrica haviam sido assinados desde outubro de 1998. Um exame rápido desses acordos dá idéia de que as mudanças de organização em questão estão mais ligadas à distribuição e à gestão do tempo

---

2 Se excluirmos empresas públicas que, como a Electricité de France (EDF) e a Société Nationale des Chemins de Fer (SNCF), instituíram estatutariamente as formas paritárias de gestão das situações de trabalho e das carreiras.

3 Conforme o artigo de M. Gollack e S. Volkoff, que se baseia nos resultados da pesquisa realizada pela DARES Ministère de l'emploi et de la solidarité e explicita essas contradições.

de trabalho (trabalho por turnos, modulação-anualização, número de dias de folga ou de férias suplementares, limite do número de horas extras ou sua conversão em tempo de lazer, maximização do número de horas de trabalho diárias e semanais, possibilidade de formação, recurso possível à instituição de uma conta economia-tempo etc.) do que à realidade do próprio trabalho: definição de tarefas, divisão e conteúdo dos postos de trabalho, qualificações/classificações, cadências e ritmos de trabalho, organização do coletivo de trabalho, definição do papel desempenhado pela chefia, relações entre trabalho individual e coletivo.

Essa distância estabelecida sempre entre reivindicações sindicais e disputas de organização do trabalho se baseia em múltiplos fatores. Fizemos a escolha de expor parte disso por meio de uma experiência particular à qual tivemos acesso por intermédio de alguns de seus atores principais. Trata-se da seção sindical CFDT, que desde o início da década de 1970 atacou o taylorismo e contribuiu para a evolução da organização do trabalho em um sentido mais enriquecedor e menos penoso para os assalariados. A implantação dessa seção era, para a época, altamente simbólica, uma vez que foi realizada na fábrica da Renault, lugar memorável da organização taylorista do trabalho, com suas cadeias de produção e seus operários sem qualificação, muitos deles trabalhadores imigrantes. Embora naquela época ainda ressoassem os slogans que expressavam a recusa de um trabalho sem qualificação proferidos durante manifestações e greves, poucos atores sindicais realmente se envolviam. Ora, conduzida por sindicalistas convictos da importância das lutas antitayloristas, essa seção persistiu mais de vinte anos em sua convicção e constantemente tentou levantar a preocupação da transformação da organização do trabalho no centro de todas as lutas que permearam a vida da fábrica de Flins. Essa determinação não colheu seus frutos, e os dirigentes da seção impuseram a si mesmos a pesada e difícil tarefa de analisar as causas de sua incapacidade. O período em que ocorreram essas múltiplas tentativas, acompanhadas de reflexões críticas sobre sua própria prática e a complexidade de uma dinâmica de luta e de reivindicações que integram a questão da organização do trabalho, foi permeado por acontecimentos que mudaram os dados do problema, assim como as regras do jogo. Desde o início da década de 1980, sabe-se que as estratégias gerenciais mudaram em muitas questões e a modernização da organização tornou-se o cavalo de batalha da seção. Tudo isso pode ser lido (na considerável literatura produzida pela seção) e ouvido (graças às entrevistas de seus principais dirigentes). É o que reconstituiremos nas páginas seguintes.

As lutas da CFDT na Renault-Flins: a história de uma convicção e de uma desilusão

A fábrica da Renault-Flins conduziu e perdeu uma longa batalha sindical que objetivava promover as condições de luta contra o taylorismo, até que foram implantadas as novas políticas patronais relativas à organização do trabalho[4].

---

4 A metodologia utilizada é de entrevistas com sindicalistas que desempenharam um papel deter-

A história de uma convicção

Foi no início da década de 1970 que a seção CFDT da Renault-Flins começa uma aventura de grande fôlego orientada pela determinação de acabar com a organização taylorista e impor formas mais democráticas de trabalho.

A fábrica de Flins foi aberta em 1952. Inicialmente foi prevista para 6 mil assalariados. Antes da passagem para equipes em turnos (dezembro de 1968), o número de trabalhadores elevou-se para 10.500. O auge foi em 1977, com 21.500 trabalhadores. O número revelado em 31 de dezembro de 1990 ficou em torno de 9.600 trabalhadores.

No espírito dos sindicalistas da CFDT de Flins, o questionamento da organização taylorista do trabalho estava contido nas reivindicações, explícita ou implicitamente, desde o início do período pós-68. Daniel Richter (engenheiro, militante de longa data da CFDT, que se tornou secretário do Comitê do grupo Renault durante os acontecimentos de Villevorde e permanente no cargo desde então) recorda: na época, uma parte dos dirigentes *históricos* da CFDT estava consciente da importância da questão da organização do trabalho. Especialmente Paul Rosselin, seminarista, operário eletromecânico qualificado, que, "muito interessado pela questão da organização do trabalho, da exploração, fez uma grande denúncia da opressão praticada pelas organizações do trabalho. E eu e outros dirigentes estudantis da União Nacional dos Estudantes da França (UNEF) denunciamos o taylorismo".

D. Richter lera Georges Friedmann e Pierre Naville quando líder dos estudantes do Partido Socialista Unificado (PSU). "Dentro do quadro da conscientização política, os elementos sobre a organização do trabalho eram o ponto forte. Na época, tudo convergia para que eu me tornasse sindicalista; o que aconteceu em 1971. A problemática da organização do trabalho era central."

O encontro desse intelectual militante do PSU com o sindicalismo de fábrica deu-se, então, em torno da vontade de transformar a organização taylorista do trabalho. D. Richter, ao lado de alguns camaradas sindicalistas convictos como ele, procurará manter incessantemente a reivindicação da luta antitaylorismo.

A leitura da considerável coletânea de panfletos e de diversos textos e artigos escritos por membros da seção (ou seja, três tomos de mais de trezentas páginas cada um), que vão do início da década de 1970 até a década de 1990, de fato nos informa sobre a obsessão, de pelo menos uma parte dos militantes, pelas lutas em prol da transformação do trabalho. Todas as greves deflagradas eram lidas pelo prisma desse objetivo. Tudo remetia a ele. Qualquer reivindicação de aumento de salário ou de classificações mais elevadas era considerada o primeiro passo para colocar em questão os princípios tayloristas. Estamos, aqui, em uma situação inversa àquela que prevalece classicamente, em que as greves espontâneas caracterizadas pelo "basta!" diante da

minante nesse período e uma análise minuciosa da importante coletânea de panfletos e de artigos elaborados e reunidos pela seção CFDT Flins, que foram colocados à nossa disposição por D. Richter. Ou seja, três volumes de panfletos e artigos de jornais e revistas. As frases entre aspas foram extraídas desses volumes.

organização e das condições de trabalho são imediatamente reformuladas pelas organizações sindicais em uma reivindicação por aumento de salário e conduzidas segundo as regras de um jogo bem conhecido no âmbito da negociação.

Assim, em um texto redigido dois anos depois por sindicalistas da seção e por intelectuais, a greve por aumento de salários em 1971, em Flins (fábrica que passou pela explosão e pelas greves de maio de 68), foi interpretada como a manifestação evidente de uma revolta contra o taylorismo. Nas linhas que se seguem, avalia-se como esses militantes sindicais procuram, a qualquer custo, nos diferentes conflitos que marcam o período, a justificativa, a legitimação de sua posição.

> A greve de 1971 fez explodir publicamente o que estava incubado havia vários meses. Além do simples aumento de salário, o que estava em questão era a situação diária dos operários especializados no processo de produção, o trabalho fragmentado e alienante da cadeia de produção, a situação limitada em que se encontravam os trabalhadores. O escândalo foi grande demais para que não se fizesse nada, e a diretoria-geral da Renault comprometeu-se a refletir seriamente sobre esse problema. Foi feita uma reunião para a constituição de um grupo de trabalho entre diretoria e sindicatos sobre o problema da classificação.

Estamos, então, no pós-68, e não podemos esquecer que as diretorias temiam um questionamento generalizado da organização científica do trabalho (OCT). Naquela época, surgiam em toda parte experiências destinadas a revalorizar, a reabilitar o trabalho: rotatividade, ampliação das tarefas. No Congresso do Patronato Francês de Marselha, em 1972, foram apresentados protótipos da melhoria das condições de trabalho (ou seja, 2 mil casos). Em 1973, uma Agência Nacional para a Melhoria das Condições de Trabalho (em francês, Agence Nationale pour l'Amélioration des Conditions de Travail – ANACT), assim como um efêmero Secretariado do Estado para a Revalorização do Trabalho Manual, mostraram o interesse do governo pela questão. Do ponto de vista sindical, cabe salientar que a seção CFDT-Flins estava isolada. Nem a Confederação nem a Federação eram interlocutores úteis e eficazes no que diz respeito à organização do trabalho. A reflexão feita por elas no período pós-68 levou a poucos resultados nesse plano, e todos estavam convencidos de que a questão era outra. O patronato avançou mais rapidamente, mas seguia suas próprias orientações e não estava inclinado a fazer concessões de grande envergadura.

As linhas abaixo, extraídas do mesmo texto, comentam esse aspecto de uma direção decidida a tratar essa questão à sua maneira.

Na Renault-Flins, um ano depois, em 1972, a pressão dos operários havia perdido força. A diretoria negociou sem entusiasmo e sentia-se mais forte.

> Em junho de 1972, um ano depois de longas negociações, a criança veio ao mundo. Nós a chamamos de P1 fabricação, P1F. Essa nova categoria seria reservada a alguns postos de operários especializados. Essa medida beneficiaria 5 mil dos 60 mil operários especializados. Esta se revelou uma nova medida de divisão e, embora provocasse um aumento de salário, não alterava de maneira alguma o conteúdo do trabalho efetuado. [...] A diretoria havia fracassado em seu grande projeto humanista. O P1F jamais foi considerado o primeiro escalão profissional, mas o último escalão de operários especializados. Pouco a pouco, os operários especializados acabariam demandando o P1F, seja pelo coeficiente (162) seja pela denominação.

Em março/abril de 1973, o P1F iniciou uma greve. A seção, segundo ela, não chegou a levar os operários às verdadeiras reivindicações. Para eles, o P1F significava, antes de mais nada, um aumento de salário. Batalharam por ele e perderam. Além disso, não houve o verdadeiro debate sobre a organização do trabalho.

> Novecentos operários conduziram a pior greve que se viu em Flins desde a greve de 1961 [...]. É possível dizer, sem mistificação, que a greve do setor de prensas em Flins foi dirigida pela CFDT. Isso não era novidade em Flins, a CFDT assumiu uma posição em greves duras, longas e maciças, segundo ela própria. [...] Mas aquela foi um fracasso. A greve na fábrica, feita durante cinco dias por operários imigrantes (dos 15 mil operários assalariados, havia mil grevistas por equipe), não teve êxito. Em nenhum momento o movimento expressou tanto do que tinha de revolta. Do lado de fora, falava-se em supressão do trabalho na cadeia de produção, em questionamento do papel do operário especializado na sociedade industrial etc. Na fábrica, nada disso apareceu. Ninguém, exceto em parte a CFDT, fez um trabalho de explicação nesse sentido.

Todos iguais

Mas, além do aumento de salário, a revolta dos operários exigia igualdade de tratamento. Embora os operários não reivindicassem o fim do taylorismo, eles queriam que, pelo menos, todos fossem iguais perante ele.

Na leitura de todos esses documentos sobre a primeira metade da década de 1970, conclui-se, de fato, que uma das grandes motivações dos operários, retomada pelos sindicatos, era a igualdade de tratamento dos operários. Havia uma grande diversidade de situações que fazia com que os operários que efetuavam as mesmas tarefas não tivessem a mesma qualificação nem a mesma remuneração. Para eles, era uma questão preliminar a qualquer outra forma de intervenção e de reivindicação. O questionamento da organização do trabalho não era nem explícita nem abertamente a preocupação principal. Para os operários especializados de Flins, contestar a exploração, naquela época, era contestar a injustiça. Não era possível tolerar discriminações, era preciso obter uma igualdade de tratamento. Para trabalho igual, salário igual era a palavra de ordem mobilizadora, portadora do sentido de que "é preciso mudar o trabalho" e que surge como um objetivo abstrato e distante. Mas, para os sindicalistas da CFDT de Flins, era o primeiro passo que levaria necessariamente ao questionamento do taylorismo.

Assim, é possível ler em seus textos:

> Os imigrantes lutavam para obrigar a diretoria a reconhecer a verdade: somos todos iguais. Em particular, para acabar com todas as formas de cotação dos postos, que só serviam para uma coisa: esconder e destruir a unidade dos operários. Impor essa igualdade, inicialmente nos salários, criava a possibilidade de lutas novas e gerais por salários realmente melhores e para atacar o inimigo mais forte, o mais importante: a organização do trabalho, o ritmo. [...] A greve não foi, em seu conjunto, um questionamento direto da organização do trabalho; no entanto, alguns grevistas falavam sobre isso: rejeitar os postos mais insuportáveis, duros ou insalubres, que a diretoria conseguia impor ao oferecer uma classificação superior, em vez de destacar dois operários ou trocar as máquinas e alterar as

condições de trabalho; rejeitar submeter-se anos a fio à mesma função monótona, sem interesse, ou mudar diversas vezes para funções equivalentes sem aprender nada; a favor de uma rotatividade por funções realmente diferentes, não só na produção, mas também no controle, na verificação, na regulagem, que ofereciam uma formação; enfim, rejeitar ritmos acelerados.

Contra ventos e marés, a confiança reinava entre os militantes que, como D. Richter, ainda se mantinham convictos. "Essas idéias minoritárias, mas já presentes no movimento, indicam o sentido das lutas futuras: lutas contra o trabalho fragmentado, contra o trabalho que destrói o operário, contra a cadeia de produção, contra a existência do trabalho do operário especializado."

Os sindicalistas pró e contra continuavam a acreditar nisso, ao mesmo tempo que viam dificuldades para transformar uma revolta por salários e classificações, uma revolta pela igualdade de situações, em luta contra o taylorismo. Em um artigo redigido por militantes da seção dois anos depois, pode-se ler:

> Refletir sobre as reivindicações é importante. Na França, isso se faz muito pouco, o que prejudica o movimento. [...] O movimento de abril representou uma ruptura importante em relação à situação anterior. Os grevistas, pelo menos os mais avançados, não reivindicavam somente uma classificação superior, eles diziam: "Queremos ser pagos igualmente", não porque fazemos todos o mesmo trabalho, mas porque somos todos iguais. Somos todos operários especializados, robôs, peões que o supervisor desloca como quer. A tradicional negociação sindicalista: "Faço tal trabalho, portanto devo receber tal salário", passou para segundo plano. [...] Para reforçar essa reivindicação, era preciso aprofundá-la, ver como ela colocava em questão, não só na teoria, mas também na prática, a organização capitalista do trabalho.

Além disso, os panfletos da época comprovam essa preocupação, a vontade de concretizar essa aspiração dos operários no plano da organização do trabalho:

> Trabalhar nas prensas é embrutecedor, mas a diretoria pode nos oferecer outras possibilidades. Por que não nos ensina a auxiliar os montadores de prensas a montar as máquinas? Por que não nos ensina a controlar as peças que saem das prensas? Poderíamos, então, controlar alternadamente. Por que não nos ensina a fazer o retoque nas chapas metálicas com defeito? A maioria dos operários que trabalha nas prensas é de imigrantes. Eles estão fartos de fazer apenas um trabalho embrutecedor, querem mostrar que também são capazes de fazer outra coisa e isso, para eles, é uma exigência. Queremos ganhar melhor nossa vida, queremos também outras condições de trabalho e outras perspectivas, além do trabalho nas prensas. [...] O movimento de Flins é um primeiro passo na luta contra a organização do trabalho em uma fábrica de ponta dos capitalistas franceses. (Panfleto CFDT de 9 de abril de 1973, "Continuar a greve pelo P1F e mudar nossas condições de trabalho nas prensas".)

Convém saber que a presença sindical, na época, não era muito grande na Renault-Flins: novecentos da CGT e setecentos da CFDT. A seção da CFDT encontrava-se isolada das suas próprias instâncias dirigentes, mas também daqueles que ela pretendia defender, na medida em que ambos estavam longe das preocupações de transformação da organização do trabalho. Havia divisão na própria seção, nem todos estavam convencidos da imperiosa necessidade de levantar esse problema.

Após a greve de 1973, nada mudou de fato. É verdade que os operários especializados passaram a ser denominados agentes de produção, mas ainda se estava longe das reivindicações operárias, pois a cotação por posto foi mantida, assim como "o mesmo plano de divisão".

Em maio de 1978, a greve reinicia-se no setor das prensas, para exigir a retirada de uma sanção, mas a velha reivindicação é rapidamente retomada: P1 para todos. Foi uma greve forte, toda a fábrica foi paralisada. Os operários acreditavam que, ao levar somente as reivindicações do setor das prensas, conseguiriam que a diretoria cedesse com mais facilidade. Mas os patrões reagiram com o *lockout**.

Mas com que objetivo?

Entre os problemas que os sindicalistas enfrentavam, além da penosa falta de unidade entre a CGT e a CFDT, além das fortes *nuances* introduzidas na estratégia entre a Federação da Metalurgia e o sindicato Renault CFDT, além das fraquezas internas à seção local da CFDT, aparece sobretudo a dificuldade de conter os próprios trabalhadores, que agiam impulsivamente. Como produzir uma verdadeira consciência coletiva em uma fábrica de dimensões tão grandes? Sabemos bem que essa consciência se constrói de modo privilegiado no âmbito do pequeno grupo de fábrica.

Em uma entrevista, em 26 de junho de 1978, D. Richter relata:

> O problema fundamental da fábrica de Flins é a natureza da relação que os trabalhadores mantêm com toda organização coletiva. Eles percebem os sindicatos como um contrapoder diante do patrão, mas um contrapoder externo a eles, que vai defendê-los quando tiverem problemas.

Ao mesmo tempo que tem consciência da complexidade dos vínculos que unem a seção aos operários e da dificuldade de impor a organização do trabalho como objeto de luta, por parecer aos operários uma questão abstrata e inatingível, D. Ritcher acreditava nesse objetivo:

> Essa greve é exemplar, que diz respeito a todos os trabalhadores especializados, porque no fundo trata do problema de sua evolução profissional, e, portanto, traz em si o questionamento da organização capitalista do trabalho baseada no taylorismo.

No entanto, em outras entrevistas, ele falou de suas dúvidas:

> Isso vai dar em um impasse sindical, pois não tem sentido reivindicar o P1 hoje, o P2 amanhã, em seguida o P3 à medida que a dinâmica se desenvolve e a diretoria da Renault cede. Isso não resolve o problema da natureza e da organização do trabalho. É uma maneira indireta de colocar o problema do salário. É claro que a evolução profissional é abordada, mas isso não permite uma conscientização clara.

Assim, no período pós-68, a maioria das grandes greves baseou-se nas classificações. Elas objetivavam romper as desigualdades e se baseavam em uma extensão

---

* Paralisação temporária das atividades, por iniciativa dos empregadores, com o objetivo de forçar os trabalhadores a aceitar a proposta de negociação da empresa. (N. T.)

territorial limitada a algumas dezenas ou mesmo centenas de assalariados concentrados em uma fábrica, produzindo o que chamavam de greve tampão* e apelando, logicamente, para a ampliação do conflito para toda a fábrica e em seguida para outras fábricas, o que não acontece mais. Esse gênero de greve causou um problema para os sindicalistas de Flins, uma vez que correspondia (pelo menos aos olhos deles) a uma aceleração do processo de qualificações, o que não colocava em questão o conteúdo do trabalho e desestabilizava outras categorias de operários especializados. É o caso principalmente dos operários qualificados, que não se sentiam em osmose com as greves sobre as classificações, prova da dificuldade de organizar operários e de prepará-los para as lutas certas.

Diante da iniciativa gerencial

Mas, na década de 1980, com a questão do enriquecimento das tarefas promovida por iniciativa do patronato, delineou-se outro desafio para os sindicalistas da CFDT. A ascensão dos socialistas ao poder acelerou uma transformação das políticas de gerenciamento. Estamos no início do período do reencantamento da empresa e de sua reabilitação. Aquela que, graças às leis Auroux, se reveste da aceitação de certa democracia e cidadania dentro da empresa e lhe dá sua carta de nobreza. Os gerentes modernos procuravam desenvolver um novo tipo de relações sociais baseadas na noção de consenso, de convergência de interesses. Estamos no auge do período em que os consultores desenvolvem a idéia da empresa do terceiro tipo, que se baseia nas formas de mobilização dos assalariados e da organização do trabalho em ruptura com os princípios tayloristas.

Portanto, foram os gerentes que tomaram a iniciativa, foram eles que, em um clima de fraca mobilização sindical e social, decidiram unilateralmente as orientações. A seção CFDT-Flins fazia como as outras marchas de câmbio. Pouco apoiada pelos operários nessas questões, ela assistiu ao desenvolvimento de políticas de mudança em torno do fluxo e da flexibilidade, que evocam as demandas e as expectativas dos assalariados mais do que as satisfazem. As confederações sindicais, por sua vez, não avançaram. Elas não tinham modelo alternativo para o taylorismo. Em 1972, a CFDT apresentou a idéia de um direito de expressão de grupos homogêneos de trabalhadores e reforçou a temática dos operários como verdadeiros especialistas em seu trabalho. A CGT pronunciou-se em favor dos conselhos de fábrica no 40º Congresso de Grenoble, e o último acordo CFDT-CGT, de novembro de 1979, incluiu entre os três objetivos comuns a reivindicação de um direito de expressão dos trabalhadores. Mas isso não pode ser interpretado como um reconhecimento da incapacidade de definir uma política relativa à organização e às condições de trabalho? Essas orientações correspondiam a uma terceirização dos próprios assalariados nessas questões extremamente difíceis. Além disso, a crise confirmou-se e levou os sindicatos a se

* Greve que pode interromper toda a produção, embora a paralisação das atividades ocorra em apenas um setor da empresa. Também conhecida como greve trombose ou greve nevrálgica. (N. T.)

envolverem mais. Em 1980, no colóquio da União Confederativa dos Dirigentes da CFDT, foi declarado que as propostas ou antiprojetos técnico-industriais deveriam tornar-se um instrumento de gestão sindical. A CGT, por sua vez, tomou posição na questão da gestão e do trabalho. Mas a desunião era forte e os dois sindicatos tinham dificuldades para encontrar os termos de seu novo posicionamento.

> As organizações sindicais continuavam desconfiadas e céticas. Espontaneamente, os trabalhadores não reivindicavam a ampliação, a ampliação de tarefas, pois, para eles, mudança é igual a aumento da exploração, a experiência concreta de vida já o demonstrava o suficiente. Os patrões não buscam, sobretudo, ganhos de produtividade e redução dos custos salariais à custa dos assalariados? (Extraído de um artigo de D. Richter.)

As organizações passaram, então, a aceitar as reivindicações tradicionais das classificações à moda antiga. Mas a direção reagirá com a inclusão do critério de atualização. Os militantes sentiam-se cada vez mais desamparados diante da ofensiva gerencial.

> Era como se aceitássemos a natureza do trabalho imposto pelo capitalismo como uma fatalidade sobre a qual não tínhamos poder. Os sindicalistas tinham muita dificuldade para convencer os assalariados, que queriam resultados imediatamente palpáveis. Não podiam sequer debater o assunto na federação, nem mesmo entre eles, em condições satisfatórias, o que levou a uma rápida deterioração da situação.

Greves ligadas à deterioração das condições de trabalho na fábrica da Renault-Flins, que tentava adaptar-se ao novo ambiente impondo polivalência, mobilidade dos operários especializados, que, ao contrário, desejavam estabilizar sua situação e se acomodar o melhor possível, foram reiniciadas em abril de 1982. Com a reorganização contínua dos postos, das operações, houve inúmeros conflitos.

A reivindicação do controle de ritmo foi, então, apresentada. "Sentir-se como um robô, uma máquina como outra qualquer, um número de matrícula que deve andar sempre mais rápido e se adaptar, obedecer ao chefe sem dizer nada, sem saber nada, sem compreender nada." A idéia de "controle de ritmo" talvez tenha acertado na mosca. Em todo o caso, a idéia agradou. "Alguns se agarraram a essa idéia, embora tivessem dificuldade para entender exatamente o que era, uma vez que 'controle' não era uma reivindicação, mas uma prática com meios de, justamente, controlar" (extraído de um artigo de 1973). A greve de abril de 1982 atingiu quatro setores: os setores mecânico, de estofamento, de placas metálicas R5 e R18. Além das costumeiras reivindicações sobre as classificações, exigiu-se que os ritmos fossem comunicados. Em relação a essa questão, a direção aceitou fornecer elementos sobre a programação de fabricação dos carros, a velocidade das cadeias, o número de trabalhadores necessários, e cada trabalhador poderia obter seu tempo de produção. Mas isso foi feito em condições que não permitiam o mínimo controle real. A CFDT reiterou suas demandas. "Mas os trabalhadores continuavam céticos; achavam aquele amontoado de números muito complicado e interessavam-se apenas por um único elemento de referência: a velocidade da cadeia, que, por si só, não era suficiente para caracterizar a situação."

A diretoria decidiu as mudanças de que necessita na organização do trabalho. Foi ela que tomou a iniciativa. "O patronato compreendeu os limites do taylorismo, do trabalho fragmentado. Ele tinha seus próprios projetos." Iniciou-se uma corrida. As greves dos operários especializados questionavam o trabalho em cadeia, pelo menos era este o ponto de vista da seção da CFDT. Mas sem um contraprojeto dos operários, os sindicalistas perguntavam:

> O poder de decisão vai continuar nas mãos dos diretores por meio de agências de métodos e de estudos intermediários? Os trabalhadores não têm outra alternativa a não ser as reações defensivas? Ou, ao contrário, não deveriam amparar-se em críticas concretas sobre organização do trabalho, polivalência, formação profissional, para formar coletivamente as exigências do pessoal? A oportunidade de uma intervenção como essa não é dada nos períodos que precedem o lançamento de um novo veículo? É verdade que há quem considere essa orientação perigosa, pois traz riscos de integração ao sistema capitalista; outros desconfiam dela porque há o risco de se reduzir a competitividade das empresas francesas, multiplicando o montante de investimentos. Mas se quisermos que a separação "trabalho manual–trabalho intelectual, tarefas de concepção–tarefas de execução" seja eliminada, não é fundamental que o debate comece desde já, com base na vivência concreta dos trabalhadores? Desde já os operários devem preparar o terreno do que substituirá o trabalho em cadeia, o trabalho repetitivo, a hierarquia em pirâmide, senão outros o farão, já o fazem em lugar deles e não necessariamente na direção em que gostariam. Queremos que o trabalho valorize a capacidade de cada um, desenvolva nossas potencialidades, permita a expressão da criatividade e da imaginação. Se não aproveitarmos o período em que existe um governo favorável, em princípio, aos trabalhadores, perderemos uma oportunidade, pois amanhã...

É possível avaliar como a margem era estreita: entre o perigo de integração e o medo de prejudicar empresas fragilizadas pela crise da indústria automobilística, como planejar uma alternativa? Em um contexto em que, além do mais, os próprios assalariados não tinham a menor paciência para discutir esse tipo de questão tão abstrata. E em que, ao contrário, as diretorias conduziam o jogo da mudança, porque precisavam adaptar seus equipamentos e a organização do trabalho. Nessas condições, a seção da CFDT obrigou-se a incorporar novos parâmetros: era preciso desenvolver um contraprojeto global sobre o que era fabricado, a estrutura dos preços, as economias a serem realizadas e a política de investimentos. Os assalariados não podiam se contentar em proceder à autolimitação do ritmo como fazem agora.

Mas eles esbarraram em uma série de problemas de outra natureza, à qual a seção se refere nos seguintes termos, em um texto da época:

> Os trabalhadores imigrantes (em número particularmente grande na Renault-Flins) – ponta de lança das lutas – não se sentem necessariamente concernidos nem pela situação econômica das empresas em que trabalham, nem pela elaboração de um projeto alternativo sobre a natureza do trabalho, simplesmente porque esperam voltar um dia para seu país. É verdade que as modificações no conteúdo do trabalho, tais como as concebemos, chegam a integrar os trabalhadores imigrantes aqui e a distanciá-los de seu país de origem, onde as necessidades são outras. Por outro lado, seria paradoxal e, principalmente, prejudicial se as greves da indústria automobilística acelerassem a partida forçada dos

> trabalhadores imigrantes, porque as empresas em dificuldades os demitiriam. [...] Alguns aspectos interessam a eles: em primeiro lugar, salários, funções e condições de trabalho, liberdades; outros, muito menos, como natureza e custo dos produtos fabricados, evolução e formação profissional ligadas às novas tecnologias, que pressupõem uma vontade manifesta de permanecer na França. [No entanto,] é preciso que os trabalhadores tenham um projeto alternativo para a economia de mercado capitalista; caso contrário, as pressões nos estrangularão.

Até aqui, as grandes greves conduzidas principalmente pelos operários especializados (1971, 1973, 1975, 1978 e 1981), em Flins, expressavam, como vimos, a recusa ao ritmo acelerado, à divisão nas classificações, à arbitrariedade dos chefes, e demandavam uma evolução profissional subentendida pela reivindicação do P1. Faziam-se com base em uma unidade ligada a uma vivência comum num setor da fábrica. Mas essa unidade raramente se estendia a toda a fábrica. A reflexão continuava lúcida e positiva. Era preciso prosseguir na mesma velocidade e, para isso, era preciso convencer.

> Não surgiu uma memória, uma consciência coletiva global, porque faltou um projeto alternativo claro sobre uma organização diferente do trabalho, em que os trabalhadores imigrantes fossem envolvidos e não rejeitados. [...] Ninguém revela um grande segredo ao afirmar que os trabalhadores imigrantes especializados tinham dificuldade para ser ouvidos pelas organizações sindicais, tradicionalmente dirigidas na indústria automobilística pelos operários qualificados.

A greve de 1982 deu resultados, mas estes não convencem os próprios operários. A comunicação da velocidade da cadeia, dos trabalhadores e da quantidade de veículos a serem produzidos por dia, além do tempo de execução individual, constituíam uma conquista, mas não satisfaziam. Era preciso ir além.

> Delineavam-se rudes batalhas para se passar de uma comunicação aceitável para o controle real do ritmo, mas era preciso também que os militantes conseguissem sensibilizar seus camaradas, na prática diária, sobre o interesse de uma luta como essa. Muitos operários achavam a questão muito complexa e confiavam nos representantes.

Vê-se como é difícil, para esses militantes, orientar as lutas na Renault-Flins para uma direção passível de realmente colocar em questão a lógica do taylorismo. Com o foco principalmente nas classificações, na verdade nos salários, mesmo que abordassem a questão do ritmo, jamais tomariam como alvo a mudança do conteúdo do trabalho. Ora, isso gerou deteriorações para os assalariados: a polivalência levou a um enfraquecimento da habilidade relativa a um determinado posto e provocou uma sobrecarga de trabalho.

Na verdade, o que resulta de todas as análises feitas pelos principais defensores da seção da CFDT é a grande dificuldade para influenciar as reivindicações:

> Nunca se sabe quando vai estourar uma greve de um setor, mesmo quando se percebe a ameaça de ruptura, tudo depende da história. A greve de um setor de fábrica estoura, então, como uma revolta; inevitavelmente, para que seja eficaz, ela toma o caráter de greve tampão.

A greve tampão não permitia um processo de mobilização e de envolvimento de outros assalariados da fábrica, que ficavam na posição de espectador.

Também não era fácil conseguir unanimidade. Os operários qualificados, "aqueles considerados a aristocracia operária, sentiam isso na pele".

> Por um lado, não aceitavam o fato de serem suplantados pelos reguladores de máquinas, que progrediam em uma carreira sem qualificação e sem experiência obrigatória; por outro, o que chamavam de "ajuste dos qualificados pelos operários especializados", aprovado e reforçado pelo protocolo de dezembro de 1981. Suas últimas lutas remontam a 1976, por vinte questões suplementares, mas sem resultado positivo, em conseqüência das divergências sindicais; e 1980, contra a presença de um grupo de estudos que visava a racionalizar o trabalho e a diminuir o número de trabalhadores.

Eles se sentiam ameaçados e se fechavam em um espírito de categoria.

Os caminhos das desilusões

O terceiro volume redigido pela seção da CFDT da Renault-Flins, "Presença sindical 1985-1991", anuncia, desde o início, o tom de desilusão e interrogação. No prefácio:

> O tempo da revolta dos operários da indústria automobilística nublou. Desde 1983, nenhum conflito maior sacudiu a Renault-Flins, enquanto a redução do número de trabalhadores acelerava-se. O tempo das desilusões também soou para a seção sindical da CFDT, pois sua influência eleitoral reduziu-se amplamente entre os operários ao longo dos anos. O tempo dos debates internos difíceis, durante os quais houve fortes divergências, deixa agora sua marca. Não há a menor dúvida de que a coesão dos militantes, dos adeptos e dos simpatizantes sofre com isso.

Ausência de mobilização dos operários, enfraqueçimento da seção, dissidências, mas a vontade de mudar o trabalho não era menor. Em 1985, a preocupação concentrava-se na formação. Assim, lê-se nos panfletos da época:

> Em primeiro lugar, para nós da CFDT, a formação deve servir para mudar o trabalho. Será que ainda vai durar muito tempo? Esse sistema, em que a pequena minoria faz um trabalho interessante e a grande maioria um trabalho embrutecedor e mal remunerado?

Cabe lembrar que se trata do período em que emergiu a noção de "formação qualificadora". Para a seção de Flins:

> Torna-se, cada vez mais, uma questão importante para os trabalhadores, considerando-se as transformações atuais e futuras (evoluções tecnológicas, novas organizações de trabalho). Para a CFDT Renault-Flins, a formação deve ser uma questão coletiva dos trabalhadores, para que não haja subproletariado. A evolução do trabalho é uma questão difícil, pois são os dirigentes que têm o controle (e, se uma experiência é lançada, temos capacidade de controlar o processo?). Ora, concentrar-se na formação é um meio de fortalecer a posição dos assalariados.

Mas como romper com o passado? É lembrado nesses panfletos e em outros textos sindicais que, em 1973, quando os operários especializados demandaram o P1, a CFDT da Renault tentou popularizar a idéia da possibilidade de se progredir trabalhando de outra maneira. "Não só apertar os botões, mas também executar os reparos, o controle, a montagem e a desmontagem das máquinas, com as formações correspondentes." Mas sem encontrar o menor eco na fábrica; os trabalhadores queriam, antes de mais nada, uma revisão da grade de classificações.

Em maio de 1978, logo após uma greve ilimitada, a CFDT tentou, sem êxito, negociar a transformação do setor de prensas em um setor ampliado. Ora, eis que no período de 1980-1985, treze setores ampliados foram criados. O problema é que as propostas nem sempre obtiveram unanimidade. Flins era a única fábrica de automóveis da França em que a montagem-desmontagem das máquinas era garantida pelos antigos operários especializados. Em outros lugares, foram mantidas ou encontradas outras formas, corroborando a divisão de trabalho. Ora, se o crescimento da polivalência e a mistura trabalho manual–trabalho intelectual poderiam ser traduzidos, para os operários, em um aumento real de interesse, eles poderiam criar também um sentimento de intensidade um tanto sufocante pela atenção prolongada que as novas responsabilidades exigiam. Podemos ler nos textos dos convictos da seção sindical:

> No caso dos setores de prensas, encontramos os dois casos. A busca permanente por um bom desempenho leva boa parte dos operários a se perguntar se não teriam caído em uma armadilha. Não era mais tranqüilo quando somente apertavam botões? Não teria sido mais fácil se adaptar ou resistir aos ritmos impostos?

A polivalência mostrou que era melhor não desligar as prensas durante o horário de almoço, pois havia muito mais incidentes quando eram religadas; tornou-se difícil fazer as refeições juntos. E, o que é pior, quanto mais aumentava o engajamento nas linhas de prensas, menos havia necessidade de gente. Como avançar na questão da organização do trabalho sem sofrer perdas no quadro de pessoal, às quais os trabalhadores eram particularmente sensíveis? "A organização sindical e os trabalhadores saberão ir além das iniciativas da diretoria-geral da Renault?"

O eixo da batalha pela formação foi mantido pela seção durante esse período e dizia respeito a todas as categorias: os operários especializados, mas também os operários qualificados, que vivenciavam dolorosamente todas as melhorias obtidas em classificações pelos operários especializados e mergulhavam na lógica da reivindicação da evolução das classificações. A CFDT procurou passar a idéia de um controle da formação e de seu conteúdo pelos operários, para que fossem adaptados à posição e à necessidade de cada um; controle do acesso a essa formação e controle da avaliação que se fazia da qualificação obtida pela formação e pela prática.

> Foi uma campanha difícil, porque as lacunas de nossa prática entre os operários qualificados nos impediram de atacar a tendência natural ao imobilismo, que leva os trabalhadores a manter as reivindicações baseadas no sistema existente, evolução dos coeficientes para todos etc.

A seção continuou a seguir a via da requalificação do trabalho operário e, sobretudo, dos operários especializados. Atenta às iniciativas das diretorias de outras fábricas, como em Mans, por exemplo, ela tinha interesse na formação dos operadores de unidades automatizadas a partir dos OP e dos P1. Esses futuros P2 trabalhavam nas novas linhas integradas de máquinas com comando digital. A CFDT demandava uma formação destinada aos operários especializados, para que pudessem se tornar condutores de linhas robotizadas quando fosse implantado o novo setor de chapas metálicas. Em 1983 e 1984, a CFDT propôs um plano trienal que permitia a formação de trezentos condutores para grupos módulos autônomos de máquinas clássicas e comando de robôs.

Mas rapidamente aconteceu o que se temia: instaurou-se uma forte distinção entre os novos e os antigos postos de trabalho. Os primeiros condutores formados e os membros da CFDT se opuseram à rotatividade robôs-módulos, pois consideravam que o trabalho nos módulos era menos qualificado. O caráter elitista da formação confirmou-se. Os jovens franceses rapidamente se tornaram maioria nessas formações e recrutamentos. Além disso, as condições de trabalho eram difíceis, principalmente quando era preciso fazer manualmente o trabalho de robôs que apresentavam defeito. Outro resultado inesperado foi que os militantes e os simpatizantes envolvidos nessa operação abandonaram o sindicato para se dedicar a sua carreira profissional.

Uma política unilateral de progresso

Não nos espantam as queixas recorrentes nos textos desse volume. Assim, um artigo de D. Richter lembra, mais uma vez, que as diretorias comandavam o jogo e as organizações sindicais estavam em situação delicada:

> Os diretores de empresa, outrora defensores do trabalho fragmentado, desenvolveram outras dinâmicas e paradoxos, ocuparam o terreno praticamente sozinhos, diante de organizações sindicais e dos trabalhadores estranhamente ausentes. [...] Certamente, não faltaram declarações de intenções sindicais, petições em favor da ampliação das tarefas, da polivalência ou da multifunção. Mas concretamente, na prática, só houve barulho – na melhor das hipóteses atonia, na pior paralisia. Debates infindáveis entre militantes sobre os perigos da integração às lógicas patronais, contradições jamais resolvidas entre "para trabalho igual, salário igual" e evolução profissional para os mais velhos, defesa conservadora de cada categoria suscetível de ser atingida pelas reorganizações do trabalho. Tudo contribuiu para a ausência de um projeto sindical, por menos mobilizador que fosse, que contrabalançasse as linhas patronais. A desconfiança, a resistência ou a rejeição dos trabalhadores eram perfeitamente compreensíveis e justificáveis, mas sem um fio condutor para ir além, não funcionavam como estratégia. As diretorias sabiam muito bem como jogar com as divisões para contorná-las. [...] A existência de projetos coletivos alternativos, uma outra visão do modo de vida e dos projetos criados eram indispensáveis para assumir os compromissos dos quais, momentaneamente, não era possível escapar.

Aos poucos, a obsessão tornou-se o emprego. A reivindicação apresentada passou a ser a aposentadoria aos 54 anos, nas mesmas condições do Fundo Nacional para o Emprego (FNE). Quando foi criado o observatório de ofícios (após um acordo entre a diretoria e algumas organizações sindicais, para estudar como seriam os ofícios da indústria automobilística dentro de cinco a dez anos e preparar o futuro em termos de formação e, possivelmente, de reciclagem), o aspecto quantitativo foi imediatamente apresentado. Mas a vontade de negociar as mudanças na organização do trabalho, que as diretorias desenvolviam cada vez mais, continuava onipresente. Em 1991, a CFDT conseguiu que cada trabalhador tivesse uma caderneta de profissionalização, em que constavam todas as formações que seguira e as sucessivas conquistas profissionais que alcançara. "Essa caderneta será uma ferramenta em nossas mãos para fazermos valer nossa possibilidade de evolução na carreira" (extraído de um panfleto).

E, acima de tudo, tratava-se de acompanhar a aplicação do "Accord à Vivre"*, assinado em dezembro de 1990 pela diretoria central da Renault e todas as organizações sindicais, exceto a CGT.

O "Accord à Vivre" tinha o propósito de envolver todos os assalariados na mudança da empresa. No folheto publicado pela diretoria, que resume os pontos essenciais desse acordo, lê-se:

> A Renault vai intensificar sua política de avanço dos Recursos Humanos, para garantir o êxito da empresa e contribuir ativamente para a evolução profissional, pessoal e cultural de todos os assalariados. O "Accord à Vivre" é organizado em torno de quatro questões fundamentais: compreender as evoluções da empresa e preparar-se para elas; gerir com dinamismo sua trajetória profissional; melhorar, sem cessar, sua formação por meio de seu profissionalismo; realizar-se em um ambiente de trabalho competitivo.

Nessa última parte da publicação há referência à instituição de unidades de base de dimensão reduzida, caracterizadas pela polivalência dos membros da equipe e pelo exercício de funções que propiciam qualificação. "As unidades de base inscrevem-se no âmbito de uma marcha de progresso contínuo (participação dos membros da unidade em grupos de trabalho pluridisciplinares)." São potencialmente as famosas unidades elementares de trabalho (UET), que surgiriam dois anos depois. Simultaneamente a esse "Accord à Vivre", foi instaurado um Plano de Aceleração do Progresso. E a CFDT Flins critica a diretoria por basear-se mais neste último do que no "Accord à Vivre".

A posição da CFDT Renault diante do "Accord à Vivre" e do projeto das UET foi expressa claramente. As perspectivas de mudança do trabalho inscreviam-se diretamente na continuidade das revoltas dos operários especializados que, na verdade, colocavam em questão a organização taylorista do trabalho. Ela fazia parte da abordagem que havia dominado seu engajamento nos anos anteriores. Segundo ela, além de todas as reivindicações expressas claramente, a questão da organização do trabalho foi posta de maneira latente:

> Na ocasião de todas as greves dos operários especializados, de 1969 a 1983, a CFDT sempre insistiu em que era preciso acabar com a organização taylorista e fordista do trabalho. Todas essas revoltas operárias, na maior parte das vezes com reivindicações sobre as classificações, mostraram a insatisfação com o ritmo infernal e com o aprisionamento

* Acordo para reestruturar as fábricas diante das inovações técnicas e organizacionais. (N. T.)

> aos postos de trabalho. A CFDT não perdeu nenhuma oportunidade de denunciar o que foi denominado "trabalho em migalhas"; ela exigiu outras formas de organização de trabalho, que permitissem um mínimo de autonomia e de iniciativa após formações apropriadas.

Em reação a essas revoltas, que custaram caro à Renault, sucedeu-se uma série de reformas. Em especial, a dos supervisores de equipamentos automatizados, que não passavam de um pequeno número de operários. Mas também a dos grupos autônomos, módulos ou setores.

> Hoje, todos os fabricantes de automóveis afirmam que é preciso avançar muito mais. Eles fazem isso não para agradar aos operários, mas para responder às exigências atuais da concorrência. Perceberam que, para conseguir boa qualidade, confiabilidade satisfatória dos equipamentos e desempenhos corretos, precisam da inteligência individual e coletiva de assalariados motivados.

Mas a evolução decidida pelas diretorias e à qual, de certa maneira, a CFDT aderiu, uma vez que parece introduzir uma ruptura com o taylorismo, convém aos assalariados?

> Hoje, as reações dos trabalhadores continuam muito divididas; alguns a vêem como uma possibilidade de evolução profissional contínua, de efetuar um trabalho interessante; outros, ao contrário, desconfiam dela, porque temem uma armadilha. A CFDT Renault tem razão de considerar as modificações da organização do trabalho uma das lutas essenciais do período?

No entanto, a opção de seguir nessa direção, e ao mesmo tempo permanecer vigilante, é bem nítida.

> A CFDT assumiu uma posição favorável por dois motivos: por um lado, elas são indispensáveis para a manutenção de uma indústria automobilística na França, que emprega centenas de milhares de trabalhadores; por outro, podem permitir uma atividade profissional mais interessante, com uma grade contínua de classificações. Mas não se trata de continuar à espera e se adaptar à medida que se dão as iniciativas da Renault. Ao contrário, é preciso uma atitude sindical ofensiva, que exija e controle o estabelecimento de mudanças na organização.

A CFDT Renault fez propostas, inspirada principalmente na empresa Volvo ou na indústria siderúrgica, em que foi assinado um acordo (A CAP 2000). O que propôs foi: um plano para constituir unidades elementares de trabalho (UET) em três anos; definição das qualificações necessárias a cada operador da UET; balanço das qualificações já utilizadas por cada membro da UET; plano de formações adaptadas à aquisição das qualificações suplementares; contrapartidas necessárias em matéria de classificações – à medida que se dá a aquisição das qualificações e a confirmação de sua prática. Em uma unidade elementar, a lógica do posto de trabalho deveria ser rompida, cada operador deveria ser capaz de preencher várias funções: polivalência, autocontrole, uma parte da manutenção e dos reparos, gestão dos fluxos, formação de novos operários. Os membros da UET resolveriam juntos os problemas que surgissem e trabalhariam em grupo. Cada UET teria um coordenador permanente ou rotativo. Dessa maneira, o papel dos agentes de controle modificou-se e evolui para um papel com mais estímulo, com mais formação, com mais técnica. Com essas propostas, a CFDT optou pela continuidade, mas reconhecia a dificuldade para envolver os assalariados nessa orientação.

> É evidente que as propostas escritas nos panfletos não eram suficientes para convencer os trabalhadores a se envolverem na disputa por novas organizações do trabalho. Sabíamos muito bem que existiam reticências, resistências e recusas. Os delegados também não eram em número suficiente para discutir com todo mundo. Apenas os sindicalizados na CFDT poderiam mostrar a seus camaradas ou a seus colegas que era preciso agir para se obter um trabalho mais interessante.

Tratava-se principalmente de participar das negociações sobre o plano complementar de carreira, que entraria em vigor em 1º de janeiro de 1993, assim como sobre as orientações profissionais de chefes de equipe. Em dezembro de 1994, a seção lançou uma pesquisa sobre a percepção das UET na empresa, cuja conclusão foi que 51% não se sentiam mais motivados pela nova organização do trabalho e 45% pensavam o contrário. Entre os termos mais citados quanto às expectativas em relação à UET, encontramos: diálogo-intercâmbio-escuta; evolução profissional, entendimento; trabalho coletivo-encontrar soluções; reconhecimento das qualificações.

Esse pequeno histórico das lutas de uma seção sindical motivada pela esperança e pela vontade de superar a organização taylorista do trabalho revela-nos bem a complexidade dessa ação, que diz respeito, fundamentalmente, aos problemas de sensibilização dos próprios assalariados, assim como aos problemas de tomada de posição em relação às estratégias patronais.

A miragem das UETs

A questão das UETs é particularmente interessante. Essa inovação foi considerada por sociólogos e especialistas um exemplo de ruptura com as lógicas anteriores de trabalho, um exemplo do pós-taylorismo inserido no "Accord à Vivre", que se supunha inaugurar uma era de relações diferentes entre assalariados e diretorias, diretorias e sindicatos.

Emmanuel Couvreur é um personagem interessante nesse caminho, por mais de um motivo: como militante sindical da CFDT que também se questionava sobre as transformações da organização do trabalho, mas igualmente como engenheiro designado para realizar essa inovação no âmbito de sua atividade profissional. Na verdade, foi como funcionário da empresa Renault que ele participou da constituição das UETs. Além disso, ao final de uma formação no Instituto de Estudos Políticos de Paris, em 1994, ele escreveu uma dissertação para a obtenção do Diploma Superior de Sociologia da Empresa intitulada: "A unidade elementar de trabalho em busca de sua identidade, o caso do setor de montagem". Nessa dissertação, o sindicalista critica os procedimentos que ele mesmo contribuiu para implantar em uma época em que, como gerente, acreditava neles. Temos aí um caso particularmente interessante, mas não o único.

A entrevista de E. Couvreur completa sua dissertação. Atualmente, ele é representante sindical no Comitê de grupo.

A roupa nova do taylorismo

Em sua dissertação, E. Couvreur relata as experiências profissionais que o levaram a participar da elaboração e da constituição das UETs. Em 1986, na fábrica de Maubeuge Construction Automobile, filial da Renault, ele colaborou com uma demanda de formação dirigida por B. Schwartz. Tratava-se de demonstrar que era possível requalificar os operários de nível fraco dos setores pouco automatizados por meio de um dispositivo de formação-ação que permitia novas opções de organização do trabalho. Em 1988, a operação baseava-se na integração da manutenção às equipes de produção de chapas, na Renault Sandouville.

> Diante das dificuldades encontradas, a aproximação entre manutenção e fabricação modelada e imposta permitiu-me avaliar a necessidade de se permitir que fossem recriadas, na equipe, práticas concretas de manutenção que favorecessem a transmissão de conhecimentos para os fabricantes e valorizassem o novo papel do pessoal da manutenção.

É exatamente como ator da mudança, ao lado do patronato, que E. Couvreur aborda a operação UET, mas com a convicção de um sindicalista, para quem a questão da organização do trabalho e do reconhecimento da competência dos assalariados constituía uma disputa fundamental.

Em 1991, a diretoria das fábricas da Renault decidiu introduzir modificações no trabalho a fim de envolver ainda mais o pessoal na melhoria do desempenho. Foi na época em que as UETs foram instauradas de forma dispersa. A diretoria do pessoal e do serviço social intervieram, então, na demanda da diretoria das fábricas para homogeneizar e generalizar essa iniciativa. O serviço de organização e condições de trabalho (da diretoria de formação e de desenvolvimento social à qual E. Couvreur pertencia desde janeiro de 1991) foi encarregado de definir um programa de desenvolvimento. Constituiu-se um grupo de trabalho, formado por representantes de comitês de diretoria das principais fábricas de mecânica e de montagem, e foi submetido às diretorias das fábricas um projeto que compreendia: uma definição da UET; um programa de desenvolvimento por etapas; instrumentos de acompanhamento para sua implementação; assim como um meio de monitoramento de seu avanço.

Concretamente, seis princípios definem uma UET: atividade homogênea, tamanho reduzido, controle de desempenho (cada unidade tem um plano de desenvolvimento, que agrupa todas as ações de melhoria apresentadas pela unidade), desenvolvimento de competências (é a organização que leva às competências), responsabilidade hierárquica única, dentro de uma linha hierárquica curta. Na montagem, cada UET conta em média com vinte pessoas, dirigidas por um chefe de equipe diretamente subordinado ao chefe de setor. Eram P1 e alguns P2 em postos polivalentes – retocador, supervisor de equipamentos diversos – e um assistente de chefe de equipe.

Mas, além dessas definições teóricas, a organização do trabalho ainda se baseia no posto de trabalho visto como uma entidade e não na UET. Aliás, alguns postos são subdivididos em múltiplas operações heterogêneas e variáveis em função dos veículos. A divisão de um posto é realizada dentro de uma lógica de otimização permanente do engajamento de cada operador durante seu tempo de ciclo[5]. Daí resulta uma divisão cada vez mais apurada das operações para otimizar cada posto, que, em última análise, se diversifica cada vez mais e escapa ao domínio do operador. A gestão do efetivo é feita pelo chefe de setor e não pelo chefe da unidade, que conhece suas necessidades: uma vez determinados os objetivos de produtividade, o efetivo é calculado com maior exatidão, e a mínima ausência afeta a estabilidade da unidade. O chefe de equipe sente que não tem nenhum poder real.

Segundo E. Couvreur, ainda estamos longe de renunciar aos princípios tayloristas. "O primeiro princípio é o de um trabalho completamente definido *a priori*. É essa separação entre a concepção e a execução que estabelece uma brecha intransponível entre um saber teórico valorizado e um saber de experiência abandonado." Esse tipo de organização tem efeitos sobre o comportamento dos operários, principalmente de distanciamento em relação ao trabalho. "Toda a questão reside na maneira como a UET vai permitir que se passe progressivamente de uma cultura de distanciamento para uma cultura de negociação e de envolvimento."

Mas a UET no setor de montagem é, sobretudo, uma justaposição de postos interligados por um fluxo. A constituição de identidades profissionais e de referências coletivas é, portanto, bem difícil. A visão determinista, que objetiva sobretudo estabelecer um caráter repetitivo das operações, opõe-se a um ambiente que impõe uma maior complexidade e torna, de fato, mais difícil a especificação de maneira centralizada. Assim, na verdade, observa-se uma distância importante entre o trabalho prescrito e o trabalho real do operador.

Portanto, a UET apenas confirma uma divisão de trabalho que deixa pouco espaço para a iniciativa de um trabalho diferente. A única mudança é a maior complexidade ligada à diversidade dos veículos, que obriga que os operadores verifiquem constantemente os números das peças. A polivalência é, então, rejeitada, pois aumenta o risco de erros. Assiste-se a uma absorção pelo posto, o que impossibilita qualquer solidariedade, e a redução do tempo de descanso, definido pelos novos horários, reforça o isolamento. Para esses operadores confinados a um único posto, não existe evolução de carreira. Por outro lado, a traçabilidade dos defeitos, utilizada como instrumento de avaliação, valoriza mais a responsabilidade individual do operador em sua lógica de posto do que a responsabilidade coletiva. E. Couvreur retoma a análise de J. C. Saardas sobre a ambigüidade contida no próprio termo autocontrole:

> Na identificação do defeito, o operador está exposto ao julgamento do supervisor. Chega-se, assim, a uma incoerência organizacional. O comportamento do operador no posto

[5] Existem, em média, três ou quatro divisões por ano para ajustar os postos à demanda comercial e melhorar a produtividade por meio de uma redução das perdas de engajamento.

não é determinado somente pelo acompanhamento individual ligado ao autocontrole, mas também pelos modos de reconhecimento possíveis por parte do chefe da unidade ou dos montadores. Entre os objetivos apresentados em nome do autocontrole, a atribuição de responsabilidade aos operadores e a melhoria do processo são dependentes do modo individual de acompanhamento dos defeitos que designa permanentemente o operador como responsável pela não-qualidade.

A UET é pega, assim, em uma verdadeira contradição entre um discurso de responsabilidade da unidade e um fortalecimento do controle hierárquico da qualidade ou de uma produtividade direta.

> Mais uma vez, os modos de gestão evidenciam a famosa "defasagem" entre um quadro organizacional que se pretende diferente, mas que se reporta a um sistema de valores antigos, baseado no respeito absoluto à regra "devemos, somos obrigados", e a um reconhecimento profissional que somente é possível quando se sai da cadeia de produção na qualidade de montador.

Os operadores não percebem uma grande diferença entre a UET e o fragmento clássico da cadeia, pois o conteúdo do trabalho e sua valorização evoluiu muito pouco. E. Couvreur explica que, para os operadores, a única mudança é o nome. E cita as questões suscitadas por ela:

> Não sei por que o nome mudou; antes se dizia fragmento k, agora se diz UET K. Com a criação de postos que privilegiam uma otimização da carga de trabalho, o operador é às vezes levado a executar uma série de operações diversas. Portanto, para ele, é difícil encontrar uma certa lógica relacionada ao produto, sobretudo se este é objeto de uma diversidade importante. Essa segmentação heterogênea da atividade não lhe permite avaliar sua contribuição para um conjunto, que ele controla apenas parcialmente.

A formação também não permite uma inteligibilidade suficiente do trabalho. "Essa situação está na origem de uma parte das faltas de acordo compiladas."

Para os operadores, a apropriação de seu posto é ainda mais difícil porque os membros da UET são mantidos distanciados da própria concepção de posto. "O peso atual do trabalho prescrito autoriza apenas uma elaboração clandestina e categorial dos conhecimentos em torno dos trabalhadores polivalentes e dos jovens mais livres da regra." No entanto, o peso dado aos conhecimentos teóricos torna-se um critério seletivo, que desconsidera a capacidade prática e a experiência adquirida.

E. Couvreur tenta um balanço:

> Embora a curto prazo se constatem bons desempenhos, é preciso reconhecer que a UET carrega em si uma contradição profunda. O envolvimento e a atribuição de responsabilidade pretendidos na unidade são constantemente neutralizados por um aumento da pressão para progredir em seus objetivos.

A UET encontra-se presa, então, entre uma organização formal, que se considera envolvente e participativa, e a realidade penosa e individualizante do processo.

> A ausência de identidade profissional, observada na fragmentação da atividade da unidade de montagem, encontra-se reforçada pela pobreza das tarefas e a limitação dos conhecimentos. [...] A introdução da UET não é fundamentalmente uma resposta

gerencial, que faz da unidade um instrumento que objetiva aderir os assalariados à conduta estratégica de toda a gerência?

E sobretudo:

> É possível se perguntar sobre a ausência de parceiros sociais no desenvolvimento das UETs desde sua instituição na empresa. Vê-se nisso uma vontade da diretoria de privilegiar o lugar exclusivo da gerência na organização do trabalho, ou de manter os parceiros sociais em um espaço de relações clássicas e centralizadas? Esse distanciamento não é cheio de conseqüências para a natureza das mudanças introduzidas e a redução da defasagem entre o discurso e a realidade de funcionamento das unidades?

A entrevista de Martinez, delegado sindical central da CGT na Renault, lembra a posição que a CGT adotou naqueles anos em relação às UET e que não reforçava a seção da CFDT, convencida da necessidade de se opor à diretoria em seu próprio terreno.

Ceticismo

Se existe um termo capaz de caracterizar a posição da CGT, é exatamente ceticismo – além de uma certa distância em relação à questão da organização. Ela não tem muita vontade de se envolver. Para o delegado da CGT, o grande princípio de todas essas evoluções é a qualidade total que leva a tratar o cliente como rei, o que perturba todas as relações na empresa, quebrando todo e qualquer espírito de ajuda mútua e de solidariedade.

> Na fábrica, todo mundo é cliente de alguém. Não somos mais colegas entre nós. Somos clientes ou fornecedores. Isso tornou as relações tensas. Na realidade, as pessoas cooperam muito menos agora, como cliente fornecedor, do que antes, como colegas. Nas UETs, cada qual trabalha sozinho na equipe. Se trabalha mal, é repreendido pela equipe. Há um quadro de honra. Quem fica muitas vezes doente recebe cartão amarelo. As pessoas têm suas fotos afixadas.

A UET, instrumento destinado a fomentar o "Accord à Vivre", é um espaço em que, em princípio, se tem o direito de dizer o que se deseja para o bom andamento da empresa, em que se tem o direito de discutir estratégias. Mas especifica nosso interlocutor:

> É preciso concordar com as opções da empresa, depois é possível dizer o que se quer e contribuir para uma estratégia que vai contra os interesses dos assalariados. Parte-se do princípio de que a polivalência é melhor. Mas o trabalho ainda é a mesma chatice, e a intensidade está aumentando. Antes, nós nos apertávamos as mãos, agora nós apertamos os cotovelos, o pessoal não tem tempo de tirar as luvas.

A UET é, portanto, um espaço de integração ideológica e um espaço em que se exerce a competitividade e se coloca em ação a estratégia da empresa.

A CGT não assinou o "Accord à Vivre" e, portanto, não é favorável às UETs. Mas, uma vez instaladas essas UETs, o sindicato vê-se diante da questão de saber se os militantes devem tentar mudar as coisas, levando consigo a contradição das UETs e suas reivindicações.

Éramos contra o princípio desse pensamento, e houve debates na CGT para investir nas UETs. Pensávamos que, se as UETs eram, para o patrão, um espaço de doutrinamento, nós podíamos fazer outra coisa com elas, porque é um espaço de intercâmbio, de debate. Evidentemente, não querem que se fale em salários. Alguns de nossos camaradas diziam: "Se formos, serviremos como caução; as UETs são para trabalhar mais rápido e demitir os doentes". Pensávamos que, se entrássemos, poderíamos aumentar o tempo de descanso e dar apoio aos doentes. Há períodos previstos para discutir os objetivos da empresa.

Embora Martinez acredite que é preciso tentar tudo que for possível nessas UETs para fazer as coisas avançarem, ele não tem grande ilusões.

A UET é um instrumento para o patronato, para levantar um certo número de problemas e deixar de lado os representantes do pessoal, DP [delegado do pessoal] ou HS [Higiene Segurança]. Nós temos uma responsabilidade. Há lugares institucionais, como os CHS–CT [Comitês de Higiene e de Segurança – condições de trabalho], mas em relação às condições de trabalho é tudo muito superficial. Há uma deriva do sindicalismo em geral e sobretudo do nosso, uma deriva sobre os grandes princípios e um pouco menos sobre o concreto, sobre os problemas "chão chão".

Vimos as dificuldades que uma seção sindical, desejosa de intervir em matéria de mudança da organização de trabalho, pode encontrar. As dificuldades são de natureza múltipla: dificuldade para sensibilizar os trabalhadores sobre essas questões, na medida em que são mais atraídos pelo imediatamente tangível, na medida em que certas inovações apresentadas como positivas se traduzem em uma intensificação do trabalho, e na medida em que alguns têm o sentimento de pagar muito caro por essas inovações, perdendo as vantagens dadas pela hierarquia das classificações; dificuldade para tomar a iniciativa em uma área em que todo o patronato tem pressa em realizar unilateralmente as mudanças que julga necessárias à sua adaptação; dificuldade ainda para se chegar a um entendimento dentro da seção (alguns temem a integração), e apoio muito fraco das federações e confederações. Ao que se deve acrescentar o declínio sindical de ordem mais geral. Pudemos avaliar nesse caso o ceticismo da CGT, para a qual, em última análise, a transformação do trabalho pode ser feita apenas com base em uma relação de força.

Os combatentes ocultos

No entanto, o questionamento da organização taylorista do trabalho existe realmente na prática. Ele é exercido individualmente ou coletivamente por meio do "trabalho real", que é diferente do trabalho prescrito ou formal. Caracteriza-se por seu lado informal, escondido, clandestino; é resultado de uma atividade oculta, da mobilização de toda uma série de conhecimentos, habilidades e competências não formalizados, adquiridos pacientemente pelos assalariados no confronto com as contingências do trabalho concreto e resultantes de sua experiência. Eles os utilizam para realizar, em melhores condições, um trabalho prescrito em escritórios distantes das pressões reais do dia-a-dia da fábrica. Isso corresponde, na maior parte das vezes, a um microrremanejamento da atividade que uns e outros têm de efetuar, mas representa perfeitamente (implícita e informalmente) um questionamento da lógica taylorista, que pretende que o trabalho se desenvolva exatamente de acordo com as prescrições definidas por supostos especialistas do trabalho, engenheiros e técnicos detentores da "ciência".

Portanto, uma contestação objetiva do trabalho taylorizado se faz no cotidiano e de várias formas. Consolida a existência de coletivos de trabalhadores, em que são elaborados e trocados, de acordo com regras informais mas bem reais, os conhecimentos e as habilidades clandestinas, em que é confirmada uma moral que regula a distribuição das mais ingratas tarefas[6].

Na verdade, poderíamos dizer que se exerce um pós-taylorismo clandestino por meio de práticas variadas: um certo tipo de rotação de tarefas, polivalência, recomposição de postos de trabalho, redefinição de procedimentos de trabalho, como nos mostra R. Linhart[7]. Esse aspecto foi amplamente estudado por sociólogos e especialistas em ergonomia, que mostraram que se trata de um fenômeno cuja importância não deve ser subestimada. Poderíamos até levantar a hipótese de que a defasagem entre o trabalho prescrito e o trabalho real é mais forte na França do que em outros países, porque a aplicação do taylorismo foi mais forte ali, por motivos ligados à combatividade da classe operária e à sua ideologia de luta de classes. Teríamos, então, na França, a especificidade de uma contribuição informal muito forte, por parte dos executantes, para melhorar a organização do trabalho. A luta contra as prescrições e o questionamento dos fundamentos principais da organização do trabalho taylorista encontrariam, assim, uma aplicação na prática.

No entanto, parece que essa dimensão é atacada, por sua vez, pelas formas tomadas pela modernização. Os postos de trabalho muito informatizados e automatizados são cada vez mais distantes; os coletivos de trabalho ficam enfraquecidos quando não estão sob influência da chefia, porque agora são constituídos por ela sob forma de grupo, unidade ou módulo de trabalho, tendendo a adotar um modo padronizado de funcionamento e de relações.

As condições objetivas da modernização, assim como a subjetiva (criada pelo fenômeno participativo de amplitude excepcional e habitado pelo objetivo de metamorfose identitária dos assalariados), não favorecem o desenvolvimento dessa atividade "transtaylorista" dos assalariados. Poderíamos pensar que um dos objetivos sindicais seria, precisamente, defender as condições que permitem a perenidade e mesmo o fortalecimento dessa ação dos assalariados e, a partir daí, impor mudanças que confirmem todas essas distorções da lógica taylorista que possibilitam a autonomia e a livre iniciativa dos assalariados. O caminho, que consiste em dar voz aos assalariados para que se manifestem sobre a questão, parece de fato bem menos convincente: é mais difícil transformar explicitamente, e sob o olhar da chefia, do que por uma atividade oculta, coletiva e individual, em que se desenvolvem valores

[6] J. D. Reynaud, *Les règles du jeu, la régulation collective et l'action sociale*, cit.

[7] R. Linhart, *L'établi*, cit.

contestatórios livres da racionalidade toda-poderosa do patronato. Não só porque eles, possivelmente, têm medo, não só porque muitas vezes é difícil para eles se apresentar e formular sua transgressão, mas porque são mais surpreendidos pela lógica e pela racionalidade no plano da comunicação verbal (em que a mensagem do patronato é transmitida de maneira incessante e bem estruturada) do que no plano de sua atividade cotidiana, que serve também de veículo para os valores operários.

Talvez seja esse o motivo por que os assalariados têm dificuldade para expressar em termos reivindicatórios as necessidades que conseguem satisfazer, em uma ínfima parte, em sua atividade cotidiana. Por meio de suas reivindicações, demandam o que pensam poder obter de maneira palpável e relativamente rápida. Coisas que são facilmente formuladas, que podem ser retomadas por outros e que para serem satisfeitas passam por medidas relativamente simples.

Nessas condições, é difícil para os sindicalistas conduzir ações sobre a organização do trabalho; mesmo quando estão muito motivados, o que é bastante raro...

CONCLUSÃO

A modernização, com seus elementos determinantes – a individualização, o envolvimento dos assalariados, a mobilidade e a flexibilidade –, está exposta à análise, assim como um grande número de respostas ao novo ambiente tecnológico, econômico e cultural. Nem por isso são radicalmente novos: começaram a surgir na seqüência de 68, período de contestação violenta das regras do jogo que regia o mundo do trabalho.

Introduzidas em doses homeopáticas, inovações nos modos de execução do trabalho e de mobilização dos assalariados objetivam, então, encontrar respostas a esse desafio fantástico que representava colocar em questão o trabalho assalariado taylorista.

Atingindo a maturidade no contexto da globalização e da difusão generalizada das novas tecnologias da informática, essas práticas de gestão, apresentadas como contingentes, lembram-nos que as escolhas da organização e da gestão do trabalho se operam sempre no âmbito de uma relação de forças e de antagonismos de interesses.

MODERNIZAÇÃO E DOMINAÇÃO[1]

A questão da inovação no trabalho é, em muitos aspectos, uma armadilha. De qualquer maneira, pode-se dizer que é um armadilha para a comunidade de especialistas do trabalho, desde o início da década de 1980, ao colocar um campo contra outro. Na verdade, de um lado, encontram-se aqueles que afirmam que transformações radicais afetam o trabalho e que se sai de um tipo de lógica para entrar em uma nova era de grande autonomia e de um envolvimento dos assalariados em seu trabalho; de outro, os que negam a existência de verdadeiras rupturas e vêem apenas uma radicalização das lógicas utilizadas no passado.

De uma das perspectivas, as inovações seriam suficientemente importantes, suficientemente interligadas para criar novas coerências e delineariam um novo modelo de organização do trabalho e da empresa. Do outro ponto de vista, as inovações seriam apenas reforços ou modos de adaptação do modelo anterior, estruturado por lógicas tayloristas. Não seriam inovações efetivamente, mas mudanças relacionadas à necessidade de adaptar o modelo para que ele perdure em seus princípios e sua lógica.

A dificuldade é que uma mesma inovação pode servir a vários objetivos, pode se revestir de diferentes legitimidades; além disso, os efeitos que ela produz podem ser de natureza diferente de acordo com as lógicas das quais se aproxima.

Uma inovação que se difunde e se generaliza em um determinado período deveria ser analisada em relação aos objetivos que regem sua invenção e seu aparecimento, que podem pertencer a um período diferente e a um contexto também muito diferente. Antes de sua difusão, uma inovação é concebida, principalmente, em resposta a um problema, para superar pressões, obstáculos na realização de uma ação, de um projeto, de uma atividade.

Portanto, descobrir os fundamentos de uma inovação, que, em determinado período, saiu de cena, implica reconstituir sua história e analisar as condições em que ela surgiu. Práticas inovadoras apresentadas e percebidas como respostas a um tipo de pressão e de objetivo poderiam ter sido bem engajadas em seu início para respon-

[1] Publicado anteriormente em N. Alter (Dir.), *Les logiques de l'innovation* (Paris, La Découverte, 2002).

der a outras pressões e objetivos. O que poderia explicar, entre outros, seus efeitos múltiplos e difíceis de interpretar e as posições diferentes dos pesquisadores em relação a estes.

Isso acontece, de fato, sempre que inovações se impõem em um determinado período suficientemente distanciado daquele em que aparecem inicialmente, de forma que as razões que prevaleceram em seu surgimento foram esquecidas e se é receptivo às argumentações destinadas a legitimá-las, baseadas estas em outras racionalidades. Aliás, essas outras racionalidades podem entrar em ação e substituir as antigas (se os objetivos tiverem sido alcançados) ou intervir de maneira complementar.

Isso nos leva a pensar que as inovações não buscam objetivos unilaterais, mas podem se prestar a vários objetivos. Portanto, as inovações são multivalentes. As inovações que varrem o mundo do trabalho no período atual parecem ilustrar particularmente esse aspecto. Introduzidas com determinados objetivos em um contexto dado, chegam mais tarde a sua apoteose com argumentos e objetivos de outra natureza.

A questão é, então, saber se esses objetivos presentes em conjunto, e para os quais serve a inovação, são compatíveis e podem coexistir sem provocar um número demasiado de contradições.

A força tranqüila da individualização

Neste estudo, esforcei-me para fornecer elementos de resposta utilizando o exemplo do que me parece marcar nossa época de uma maneira decisiva e determinante, ou seja, a individualização das situações de trabalho e da maneira de tratar os assalariados.

Essa individualização se inscreve em um quadro geral de esgarçamento das grandes categorias coletivas que estruturam o mundo do trabalho: explosão e diversificação das formas de emprego, do tempo de trabalho, dos horários, das remunerações, evolução da negociação coletiva que passa do plano nacional e interprofissional para o plano da empresa. Mas é um aspecto bem particular que transforma a relação de cada qual com sua empresa, com sua chefia, com seus colegas e com seu trabalho, assim como a vivência desse trabalho. Com o aumento da individualização, estamos diante de uma inovação maior, cujo impacto poderoso não cessa de se impor de múltiplas formas.

Uma nova necessidade

Desde a década de 1990, esse fenômeno é apresentado como concomitante a uma série de transformações que o explicam e o justificam. Uma concorrência exacerbada, a partir de então, apreendida por meio das noções de mundialização e de globalização e que cria um estado de quase guerra econômica, impõe-se às empresas; as armas são a qualidade, a variedade, a reatividade, a rapidez, a capacidade de adaptação. A enumeração dessas exigências que atingem as empresas é feita "naturalmente" ao longo das linhas hierárquicas até os mais subalternos postos de trabalho. Demanda-se aos assalariados, quaisquer que sejam seu status, seu posto e suas responsabilidades, que sejam os intermediários eficazes das novas políticas desenvolvidas no âmbito dessa concorrência furiosa.

A utilização de tecnologias informatizadas cada vez mais sofisticadas também influi, à sua maneira, sobre a natureza do trabalho. A famosa revolução informacional tece uma trama que prende todos os assalariados em sua lógica, designando-lhes tarefas novas que, muitas vezes, modificam a natureza de sua intervenção e das relações que mantêm entre eles.

As transformações que mexem profundamente com a economia promovem cada vez mais atividades de serviços, que se caracterizam também por um trabalho diferente daquele do setor industrial, identificado com as formas tradicionais da organização do trabalho e de gestão da mão-de-obra.

Por outro lado, a evolução dos valores que se manifestou claramente no plano social e político por um questionamento das ideologias coletivas e um recuo individual, ecoa essas tendências pesadas que afetam o mundo do trabalho.

Um conjunto de acontecimentos apresenta-se, assim, para a análise de modo que se torne plausível a idéia de uma evidência, a da individualização oportuna das situações de trabalho. Eis aí uma inovação adaptada ao novo contexto inaugurado pela crise econômica, pela evolução das tecnologias e dos valores. E que se concretiza, pela figura a partir de então onipresente e onipotente do cliente, verdadeira imagem do comendador, que domina o mundo do trabalho em sua totalidade. O cliente é explicitamente apresentado como um indivíduo, uma pessoa, cujas especificidades e exigências particulares devem ser respeitadas, e implica retomar uma personalização da produção dos bens e serviços que o interessam pelo viés de uma personalização das situações de trabalho e da maneira de tratar os assalariados. Essa representação da evolução que acompanha a modernização age em um duplo registro que se organiza no modo do reflexo ou das duplas relações entre o assalariado e o consumidor. São indivíduos, pessoas que interagem com base em lógicas distintas e reagem a pressões de outra ordem, mas que têm em comum serem percebidos, serem considerados essencialmente pelo ângulo de sua especificidade pessoal particular; por um lado, com exigências de adequação à sua necessidade, a seu desejo de consumidor, de cliente; por outro, com exigências de autonomia, de margem de iniciativa, de definição de função e posto de trabalho adaptado às suas possibilidades e objetivos de trabalho.

A individualização das situações de trabalho seria, assim, uma evolução, uma inovação que se dá, logicamente, em um contexto de ruptura com as pressões, os objetivos e os valores do passado. Ela evoca um novo período, que se abre em uma fantástica ambivalência em que, com os terríveis desafios impostos pela concorrência, o cliente sairia triunfante, mas em certa medida o assalariado também, pois a empresa, para satisfazer esse cliente nas melhores condições, é forçada à excelência, imperativo que repercute em todos os níveis da hierarquia. O que implicaria uma nova organização do trabalho, oferecendo as condições para cada qual desenvolver suas competências a serviço da variedade, da qualidade e da rapidez. Uma nova organização, em que as tarefas mudam de natureza, uma vez que se trata, segundo alguns, de gerir acontecimentos, acasos, de efetuar análises e diagnósticos e, antes de mais nada, de saber comunicar-se. Essas novas tarefas, que levam à subjetividade, envolvem o assalariado e necessitariam de um certo grau de autonomia e de uma certa liberdade de decisão[2].

Portanto, ambivalência ou paradoxo, uma vez que, em sua busca de uma estratégia de sobrevivência, uma maior pressão sobre a empresa e seu futuro a leva a optar por políticas de organização do trabalho que valorizam os assalariados em uma lógica pós-taylorista. Uma pressão elevada, exigências particularmente grandes, incerteza constante em relação ao futuro, um horizonte permanentemente ameaçador para a empresa, sem dúvida, poderiam se traduzir (de modo geral), para os assalariados, em uma incerteza com relação ao emprego, em um aumento de exigências em matéria de competências, de capacidade de adaptação e de esforços, mas também em maior autonomia relacionada a uma maior liberdade e em um trabalho cuja natureza, subjetivamente mais envolvente, distancia-o do jugo prescritivo taylorista.

O centro, o núcleo dessa alquimia tão curiosa das pressões é simplesmente o processo de individualização que diz respeito às situações de trabalho. É nesse nível que se obtém a melhor medida, que se avalia a medida mais real.

Ela segue múltiplas vias: individualização das remunerações, das carreiras e das formações, que se baseia na muito difundida entrevista individual com o N+1, durante a qual são fixados os objetivos individuais que o assalariado se compromete a atingir e, em seguida, avaliam-se os desempenhos; balanço individual de competências, avaliação dos potenciais pessoais, responsabilização de cada um deles diante da qualidade, dos prazos, reclassificação dos postos após pressão, canais cada vez mais individualizados de comunicação e de informações (algumas empresas chegam até mesmo a produzir balanços sociais individualizados). Essas inovações na gestão de recursos humanos se superpõem a transformações do trabalho que vão no mesmo sentido: isolamento físico (os postos de trabalho estão cada vez mais distanciados uns dos outros com os novos equipamentos) e atividade de interação com o público.

A individualização manifesta-se, assim, e mostra-se como resultante de uma série de evoluções objetivas (tecnologias, evolução da natureza do trabalho) e estratégicas (adaptação às novas exigências, que levam a juntar de uma maneira individual o assalariado a seu trabalho e ao cliente personalizado).

Uma nova moral

Uma parte dessas representações lembra fortemente os argumentos desenvolvidos em sua época por Frederick Winslow Taylor para justificar sua "invenção", no início do século XX. A organização científica do trabalho impôs-se legitimamente a todos, uma vez que a ciência foi mobilizada para definir as tarefas, as maneiras de fazer e os comportamentos[3]. Desse ponto de vista, a conduta científica permite, en-

---

[2] K. Chatzis, C. Mounier, P. Veltz e P. Zarifian, *L'autonomie dans les organisations, quoi de neuf?* (Paris, L'Harmattan, 1999).

[3] F. W. Taylor, *La direction scientifique des entreprises*, cit.

tão, sair da situação de conflito, que opõe patrão e operários e traduz-se em uma perambulação sistemática de uns e na tirania de outros, por meio da redução constante dos índices de pagamentos, ou seja, afinal de contas, em uma fraca produtividade, que prejudica a nação norte-americana. Encontra-se aí o fundamento da definição de insuficiência do contrato de trabalho. O empregador jamais pode estar certo de obter em contrapartida ao salário que paga a seus empregados o máximo de produtividade do trabalho efetuado na empresa; em outras palavras, ele jamais pode ter certeza de que vai atingir a rentabilidade máxima possível de seus investimentos e, principalmente, dos custos salariais. A ciência impõe-se, então: ela vai definir a organização mais eficaz possível, a *one best way*.

Mas, sobretudo, supõe-se que ela irá neutralizar o próprio conflito: como os operários e os patrões poderiam ainda se enfrentar, se eles se encontram em igualdade diante da ciência que impõe seus procedimentos, sua lógica e seus resultados? A ciência constantemente evocada por Taylor em seus escritos, assim como em seus discursos, tem uma função ideológica: igualar operários e patrões. A representação veiculada é que o patrão não impõe mais decisões unilaterais, uma vez que também é submetido à conduta científica que determina suas próprias exigências.

No âmbito da modernização que se iniciou na década de 1980, e encontrou realmente sua expressão na década de 1990, o cliente foi mobilizado a exemplo da ciência na argumentação taylorista. É ele que se interpõe para conciliar assalariados subalternos e gerentes. Ele tem, entre outras, a função de rebaixar todos a um mesmo nível: direção e empregados estão a serviço do cliente. É ele que impõe a todos sua decisão unilateral[4].

O cliente é, portanto, aquele para quem chega a inovação, razão evocada da individualização e base do consenso que deve, a partir de então, substituir o sentimento de conflito irredutível de interesses, de antagonismo de valores nas empresas.

Essa individualização e essa lógica consensual encontram seu fundamento na ética da empresa e da economia. A modernização das empresas foi acompanhada do que alguns denominam uma "proposta ética"[5]. Trata-se da produção de uma moral que se baseia exclusivamente na realização do indivíduo, em seu engajamento pessoal e não se satisfaz com o interesse coletivo nem com os valores gerais. Essa moral individualista forjada e modernizada pela empresa baseia-se na desqualificação da moral social, em uma alegação de crise da sociedade, em sua incapacidade relativa à produção de sentido e de valores[6].

Segundo A. E. Salmon, com base em uma espécie de denúncia de que a sociedade não estaria mais em condições de produzir uma série de referências e a moral necessárias ao bom funcionamento dos indivíduos, sustenta-se uma privatização e

---

[4] G. Philonenko e V. Guienne, *Au carrefour de l'exploitation*, cit.

[5] A. E. Salmon, *L'offre éthique, une production de l'ordre économique*, Paris, Université Paris 9-Dauphine, 1999 (tese de Sociologia).

[6] Essa é a tese defendida, por exemplo, por F. de Conninck em *Travail intégré, société éclatée* (Paris, Presses Universitaires de France, 1995).

individualização de valores: "Elas satisfazem necessidades de ordem privada e mesmo o interesse do indivíduo em busca de sentido"; assistimos a "uma metamorfose das virtudes e dos bens suscetíveis de serem desejados a título pessoal". Um bem coletivo, a moral, transforma-se em bem pessoal. Essa individualização e privatização desembocam em uma exaltação da subjetividade. O projeto é reduzir toda a moral a uma moral pessoal e conseguir que qualquer pessoa possa reinterpretar as situações de trabalho a fim de torná-las agradáveis. A autonomia também é essa. Anne Salmon analisa uma série de textos administrativos que extraem muito das fontes da filosofia clássica e buscam reforçar, alimentar essa proposta ética. As grandes empresas produzem suas leis éticas, suas regras de vida, que giram sempre em torno do desenvolvimento por meio da responsabilidade, a expressão autêntica de si, a necessidade de se tornar singular, de sustentar sua autonomia, a transparência e a verdade das relações.

Por sua vez, Sandrine Guyonneau analisou a Missão Solidariedade de uma grande empresa pública, cuja missão principal é a inserção profissional de jovens com dificuldades. O objetivo é colocar para trabalhar uma população pouco adaptada às obrigações profissionais. O caminho é duplo: atribuir-lhes uma função por período parcial na empresa, função relativamente simples, impondo as obrigações clássicas da vida profissional e o contato com o público; obrigá-los a seguir uma formação considerada indispensável para começarem a trabalhar. Ora, como analisa a autora, isso corresponde a um trabalho na personalidade de cada um, associando ensinamento filosófico, curso de ioga, sessão coletiva de análise, competição (maratona), aceitação de riscos e auto-superação (salto de asa-delta). Mais que a formação para um ofício, mais que a transmissão de conhecimentos práticos e operacionais, trata-se de dirigir-se a cada jovem e inculcar-lhe a moral do trabalho, o que necessita de um trabalho sobre si mesmo, sua singularidade e seu senso de responsabilidade, e isso no âmbito de uma empresa que se impõe como horizonte normativo. O objetivo é obter um engajamento, um envolvimento, uma mobilização de recursos subjetivos a serviço do trabalho, por parte desses jovens, mas é também envolver e remotivar agentes titulares dessa empresa (principalmente sindicalistas ou ex-sindicalistas que tiveram suas carreiras prejudicadas) em torno de novas técnicas administrativas (pratica-se muito o trabalho em rede) e dessa nova moral emergente.

A individualização, representada como processo de adaptação dos assalariados aos novos dados econômicos, estratégicos e tecnológicos, assim como à evolução da natureza do trabalho, exprime-se naturalmente na nova ética e é exacerbada por ela. Cria um tipo particular de vínculo social. A. Salmon escreve:

> Se a ideologia clássica da modernidade caracteriza-se, de acordo com Touraine, pela "idéia de que a sociedade é fonte de valores, que o bem é útil à sociedade e o mal prejudica sua integração e eficácia", é aparentemente contra ela que se desenvolve a ética dos negócios. Assim, se ela liberta o indivíduo das obrigações de seu dever em relação à sociedade estabelecida como exterioridade, é para que ele se curve diante das obrigações comunitárias impostas na empresa, que, no entanto, não estabelece essas obrigações como externas, uma vez que vai procurar definir seus membros como uma coleção de "eu" que deseja se fundir em "nós".

A empresa comunitária e exigente (às vezes até implacável), que reúne individualidades em torno de novos valores, e conta com suas competências, seus engajamentos e sua autonomia para satisfazer o verdadeiro cliente-chave do modelo, é essa visão do mundo moderno do trabalho que tende a dominar. É por esse prisma que se é convidado, a partir de então, a decifrar a individualização no mundo do trabalho.

Romper a crítica

Mas essa individualização não foi iniciada no âmbito de uma modernização ligada à crise inaugurada pelas novas formas de concorrência e pela evolução do mercado. Ela teve início na década de 1970, em reação ao fenômeno considerado fundamental pelo patronato da época: maio de 68.

Os acontecimentos por trás das palavras associadas a maio de 68, de fato, mexeram consideravelmente com os dirigentes de empresas: a violência do questionamento do trabalho taylorizado, repetitivo, restritivo e autoritário, a explicitação de uma negação da exploração e da desigualdade, em nome de um direito à realização pessoal (ou seja, uma aliança da crítica social e estética, segundo Chiapello e Boltanski[7]), tudo isso convenceu o patronato francês da necessidade de fazer reformas para se contrapor a essa corrente.

A época é de conflitos incessantes, de mobilização, de greves e de uma efetiva força do movimento sindical, mesmo que uma parte da estratégia dos sindicatos também estivesse em questão[8]. O projeto patronal é simples: tratava-se de colocar em prática todos os meios suscetíveis de minimizar as fontes de descontentamento ou, pelo menos, de minimizar sua expressão. Sabemos que o patronato iniciou uma reflexão de grande fôlego, as reuniões do Conselho Nacional do Patronato Francês (em francês, Conseil National du Patronat Français – CNPF), de Marselha, levantaram a questão da humanização do trabalho e da revalorização do trabalho manual. Na mesma época, o governo procurou soluções (estamos na primeira metade da década de 1970). Foi o momento da criação da Agência Nacional para a Melhoria das Condições de Trabalho (em francês, Agence Nationale pour l'Amélioration des Conditions de Travail – ANACT), de um secretariado do Estado para a revalorização do trabalho manual. As preocupações voltaram-se principalmente para a organização do trabalho. Era preciso torná-lo mais atraente, menos restritivo, mais aceitável. Era preciso humanizá-lo. Buscaram-se as soluções no modelo escandinavo, que estava em experimentação. Aos poucos, os dirigentes de empresa introduziram em suas empresas a rotatividade de tarefas, sua ampliação e seu desenvolvimento, estabeleceram grupos semi-autônomos de produção, romperam com a lógica das cadeias de produção e introduziram os carrosséis. Tratava-se de minimizar as causas do descontentamento.

---

[7] E. Chiapello e L. Boltanski, *Le nouvel esprit du capitalisme* (Paris, Gallimard, 1999).

[8] D. Linhart, *Le torticolis de l'autruche: l'éternelle modernisation des entreprises*, cit., e *La modernisation des entreprises*, cit.

A análise de Chiapello e Boltanski, que enfatiza o papel da crítica nas transformações do capitalismo, é pertinente. Mas um outro movimento também foi desencadeado, o que atacava a capacidade de mobilização e de expressão do desacordo, que atacava, em suma, a própria crítica.

Fazia parte desse movimento a vontade de se opor aos valores contestatórios, às culturas oposicionistas e aos comportamentos rebeldes. Tratava-se de combater a ideologia da luta de classe, a ideologia sindical, os valores operários e as identidades oposicionistas. Todos os esforços concentraram-se na criação de modos que rompessem com essas lógicas e promovessem outras. O objetivo era, de fato, substituir as relações conflitantes, antagônicas, por relações mais conviviais e mais consensuais, independentemente das maneiras de trabalhar.

A difusão progressiva de círculos de qualidade nas empresas francesas ocorre na segunda metade da década de 1970, do mesmo modo que se inicia um esforço em direção à comunicação. Em 1975, François Ceyrac, presidente do CNPF, insiste na necessidade de informar e comunicar. "Uma comunidade somente existe e perdura por meio da coalizão que estabelece entre seus membros. O papel da informação, ou melhor, da comunicação, é criar, consolidar e perpetuar essa coesão."[9] Ainda não se falava da cultura de empresa ou do projeto de empresa, mas os diretores estavam realmente em busca de técnicas gerenciais que introduzissem outra lógica social. O objetivo era a coesão; tratava-se de romper com o simbolismo e com as práticas de confronto e de instaurar uma comunidade. As "caixas para sugestões", os círculos de qualidade, assim como a ênfase dada à comunicação, constituem as bases da difusão de outro tipo de relações sociais, de uma outra cultura, de outros valores diferentes daqueles sustentados no período anterior e que levaram a maio de 68. Nos círculos de qualidade, suscitar propostas para a melhoria da qualidade não satisfazia, porque se desejava, sobretudo, demonstrar aos assalariados que situações de diálogo, de intercâmbio e de escuta entre subordinados e chefia eram possíveis e benéficos. Por meio da comunicação, havia um esforço para que os valores fossem compartilhados[10].

Tentava-se, naquela época, uma dupla estratégia: por um lado, inovou-se para minimizar os efeitos mais negativos do taylorismo; por outro, confiou-se na pacificação das relações sociais e na difusão de relações mais consensuais.

Mas essas duas orientações baseavam-se em uma opção bem nítida: a da individualização do tratamento dos assalariados. Ela seria o verdadeiro cavalo de Tróia lançado na batalha. Minar a capacidade que os assalariados tinham, por meio da mobilização, de colocar em risco a produção e, conseqüentemente, a rentabilidade das empresas. E era em nome de seus verdadeiros interesses e necessidades. A equação posta e alegada era simples: os assalariados sofriam com o taylorismo e este os agredia fundamentalmente em suas aspirações pessoais, porque não respeitava sua singularidade, sua necessidade de envolvimento e sua autonomia. Era preciso,

---

[9] Citado por B. Piazza Paruch, *Stratégies de communication et transformation des rapports sociaux dans l'entreprise*, Université d'Evry, Val d'Essonne (tese de Sociologia ainda não defendida).

[10] D. Linhart e R. Linhart, "La participation des salariés: les termes d'un consensus", cit.

então, reintroduzir e favorecer essas dimensões. Isso seria feito principalmente pelo ângulo da individualização dos horários. A década de 1970 assistiu à proliferação de horários variados e por escolha, o que desorientou os sindicatos, que não puderam ir contra um relaxamento das obrigações, e lhes causou problemas de divulgação de panfletos. A revista do CNPF consagra o ano de 1976 "como o ano 1 do horário flexível"[11]. Isso seria feito também por medidas de individualização dos salários. Estes se dispersavam ao mesmo tempo que apareciam os critérios classificatórios nas convenções coletivas. Tratava-se, certamente, de se distanciar das rígidas grades Parodi, mas também de romper com lógicas que se caracterizavam por uma dimensão coletiva. Isto seria uma dimensão presente na maior parte das políticas estabelecidas para reequilibrar a relação de forças em favor dos gerentes.

Desmassificar

Em sua tese sobre a história da fábrica Peugeot, de Sochaux, Nicolas Hatzfeld[12] relata de maneira magistral o estabelecimento dessa estratégia pós-68. "Objetivos: desmassificar, revalorizar a chefia, personalizar", essa fórmula estabelecida pelo responsável pela gestão do pessoal operário, em 1978, traduz bem a orientação escolhida. Tratava-se de "romper a lógica massificante que decorre da conjunção de dois elementos: por um lado, a organização taylorista do trabalho e, por outro, a força de um sindicalismo de classe representado pela CGT e pela CFDT".

Os ingredientes estão todos presentes:

- ênfase na informação e na comunicação. N. Hatzfeld cita um gerente: "A comunicação era essencial. Convém dizer que, antes, havia um jornal, *Le Courrier des Usines*, em papel acetinado, que não tratava dos assuntos que interessavam às pessoas. Então, decidimos criar nosso jornal JIP, que era um jornal engajado. No início, os sindicatos, pelo menos a CFDT, escreveram para nos pedir para se manifestarem nele. Nós respondemos: 'Vocês têm seus jornais e nós temos os nossos, é só juntar tudo'. Fizemos, então, um jornal engajado". E N. Hatzfeld conclui: "A criação desse jornal representa o mais importante esforço em matéria de comunicação, em direção à massa operária. Destinado à 'reconquista dos espíritos' [...] Ele põe em marcha a nova política social em Sochaux".
- a assinatura de um protocolo de aplicação do acordo nacional sobre a classificação, de 21 de julho de 1975, que não reconhecia mais ofícios e sim categorias definidas em função da mudança de referência, da qual fazia parte a adaptabilidade diante da evolução tecnológica. Além disso, a passagem da antiga à nova grade (em que uma última pincelada geral foi dada nas classificações e, conseqüentemente, nos salários) não é automática, mas individual e ligada aos critérios de avaliação. "No-

[11] B. Piazza Paruch, *Stratégies de communication...*, cit.

[12] N. Hatzfeld, *Organiser, produire, éprouver: histoire et présent de l'usine de carrosserie de Peugeot à Sochaux (1948-1996)*, EHESS, 2000 (tese de doutorado em História).

tificada por escrito aos interessados, essa reclassificação constitui uma primeira utilização do princípio de individualização que subentende a reforma."

- "um passo a mais para a individualização das remunerações é dado em outubro de 1978, com o estabelecimento do dossiê individual do pessoal operário, o DIPO". A gestão, em parte individualizada, dos ETAM* foi estendida aos operários e repercutiu nas mensagens publicadas no jornal da fábrica. "Personalização, a palavra-chave", dizia o JIP, e destacava em negrito: "as carreiras operárias tornam-se realidade". N. Hatzfeld observa que, se o DIPO não instaurou a notação individual, que data formalmente de 68, ela o coloca em cena, utilizando-o como meio de comunicação de negociação na gestão das carreiras. Ele desenvolve a individualização por meio da entrevista e da valorização da carreira de cada um.
- em relação à jornada de trabalho, um plano individual de banco de férias é instituído, em 1977; ele vincula a estipulação de dias suplementares de férias à assiduidade ao trabalho. Como diz N. Hatzfeld, estamos em um período de individualização das vantagens gerais ou por categoria obtidas logo após 68, que visa a mudar as mentalidades, as representações.
- junta-se a essas iniciativas a implantação de um rearranjo do taylorismo. A diretoria de Sochaux fez um balanço em 1972: "Embora a organização científica do trabalho tivesse dado provas de produtividade e de melhoria das condições materiais de existência, ela negligenciou o aspecto espiritual e moral: para a maioria, resta resolver o problema da realização pessoal no trabalho. No contexto atual, em que não se trata de renegar brutalmente os princípios da divisão do trabalho, temos à nossa disposição um excelente meio de revalorizar os postos de trabalho: dar a cada um o máximo de responsabilidade com qualidade, portanto de satisfação moral". Como constata N. Hatzfeld: "Esse ponto de vista propõe simplesmente juntar a realização pessoal ao desempenho taylorista".
- segue-se toda uma série de experiências de reagrupamento de tarefas, enriquecimento das tarefas que "esbarram nas heranças técnicas".

Não desenvolverei essa análise, mais do que já fez N. Hatzfeld, sobre as estratégias realizadas em uma fábrica no pós-68. Mas ela oferece uma ilustração bem interessante da especificidade dessas estratégias. Com base na insatisfação dos assalariados, expressa de uma maneira particularmente virulenta e inquietante, ela coloca em cena as necessidades individuais não satisfeitas pelas condições tayloristas de trabalho. Em seguida, trata de introduzir, por um duplo caminho, um tratamento individualizado dos assalariados para romper a massa contestatória e eliminar sua capacidade de bloquear o sistema com suas críticas, e de jogar com sua subjetividade, por meio da comunicação, do envolvimento, da personalização das carreiras e das remunerações, além da responsabilidade no trabalho. O objetivo é gerenciar individualmente assalariados em situações tayloristas remanejadas e incitá-los a participar de um jogo mais consensual para livrar a própria cara.

---

* ETAM: employés, techniciens et agents de maîtrise [empregados, técnicos e agentes de controle]. (N. T.)

Uma boa parte das inovações que nos parecem características dos anos de crise econômica e da nova situação de concorrência é, portanto, "invenção" do período anterior para encontrar soluções para uma grave crise social.

A modernização estabelecida nas décadas de 1980 e de 1990, e que nos foi apresentada como uma adaptação necessária ao mercado, tem sua origem e uma parte de seu conteúdo nas pressões de ordem social.

O assalariado diante de lógicas contraditórias

Esses elementos de análise nos ajudam a decifrar as transformações reais do trabalho e a compreender melhor a natureza dos problemas que enfrentam os assalariados no quadro da modernização.

Esta se apresenta como linear e coerente. Articulada em torno da necessidade de contar com as competências individuais e com a capacidade de adaptação dos assalariados – dentro de uma organização de trabalho em que a prescrição dá lugar aos objetivos fixados para cada um e o controle dá lugar à responsabilidade –, a modernização enuncia um novo código social. Os assalariados, agora gerenciados como indivíduos, de acordo com suas qualidades pessoais e específicas, encontrariam no trabalho novos modos de comunicação (graças às tecnologias da informação e da comunicação), que constituiriam o centro das atividades profissionais modernas[13].

Mas isso descreve apenas uma parte da realidade do trabalho moderno, que absorve cada vez mais contradições. Em inúmeros casos, assiste-se a uma superposição de lógicas contraditórias, que se explicam pelo fato de que os gerentes perseguem objetivos de naturezas diferentes. As inovações que levam à instauração sistemática de uma individualização das situações de trabalho e de tratamento dos assalariados responde a um duplo imperativo: um imperativo de ordem social, destinado a restaurar uma relação de forças mais favorável e a neutralizar a capacidade destruidora da crítica, ou da rejeição; e um imperativo mais diretamente organizacional, decorrente da evolução da natureza do trabalho e das pressões geradas pela concorrência. Ambos continuam presentes.

Isso significa que a questão da confiança não foi resolvida. Para os gerentes, não há muita garantia de que os assalariados não procurem satisfazer seus interesses antes dos interesses da empresa que os emprega. A ameaça de comportamentos nocivos e desestabilizadores está sempre presente, e a necessidade de dispor de meios de pressão e de controle eficazes não diminuiu. Talvez tenha até aumentado, pois as empresas tornaram-se mais dependentes da conformidade dos assalariados às exigências da organização, depois da generalização do trabalho com estoque mínimo, ou à relação de serviço, com as exigências de qualidade e de respeito a prazos. "A proposta ética" também não deu solução a esse dado fundamental que é a insuficiência do contrato de trabalho. Como ter certeza de que os assalariados subalternos cumprem os objeti-

[13] Cf. a importância da comunicação intersubjetiva nas empresas modernizadas, dada por P. Zarifian em *Travail et communication*, cit.

vos do modo mais rentável para a empresa? Aliás, a própria fixação desses objetivos pode se mostrar problemática se considerarmos os novos contextos de trabalho. Com que grau de acuidade é possível fixá-los, sem que percam seu status de objetivos e se tornem simples obrigações?

Não é melhor continuar a exercer um controle direto sobre a utilização do assalariado durante o tempo remunerado?

A maior parte dos gerentes modernos não quer renunciar a essa cláusula de segurança e opta, assim, por um estado de compromisso híbrido, em que o assalariado se submete ao mesmo tempo ao peso dos objetivos a atingir e a uma forte pressão temporal sob forma de cadências tayloristas, sendo ainda responsável pela qualidade e pela coerência de seu trabalho. Essas lógicas – que, na maior parte das vezes, dificilmente são compatíveis – traduzem, de fato, a dificuldade dos gerentes modernos para definir formas de organização eficazes e adaptadas, por um lado, aos imperativos técnicos e econômicos e, por outro, aos imperativos relativos à dimensão mais social das relações entre assalariados e diretoria, em suma, à natureza das relações sociais em uma empresa capitalista.

Desse ponto de vista, o modelo taylorista oferecia uma forte coerência interna. Não é mais este o caso do modelo contemporâneo, que se baseia em uma individualização dos assalariados, em sua responsabilidade e em uma certa falta de prescrições, mas conserva os modos de controle temporais, quando possível, e o controle estrito por meio das possibilidades de traçabilidade fornecidas pela informática.

Como ilustração, gostaria de propor um tipo de situação que tive oportunidade de observar e analisar em um centro de teleatendimento de uma grande empresa (Empreender e compreender). Ele oferece uma percepção reveladora das pressões contraditórias a que os assalariados são submetidos e da pressão da descentralização das múltiplas exigências sobre os postos de trabalho subalternos, no âmbito de uma ampla individualização.

Conflito de papéis

Trata-se de uma plataforma de teleatendentes de uma grande empresa de telefonia. Nesse caso também, a modernização induz a uma nova lógica, que se sobrepõe à antiga, ao introduzir uma incoerência e, conseqüentemente, um verdadeiro conflito de papéis e de identidade para os teleatendentes. Eles estão ali inicialmente, e esta é sua primeira função, para responder a chamadas de clientes que tenham algum problema para ser resolvido. A eles cabe desenvolver a habilidade necessária para identificar a verdadeira demanda e respondê-la da maneira mais satisfatória possível. Eles têm um suporte: os aplicativos de informática, cuja eficácia e pertinência eles apreciam.

Ocorre uma virada comercial. A maioria deles não é contrária *a priori* à idéia de incluir uma dimensão comercial em suas funções e competências. Alguns deles a consideram até uma promoção social, e para todos ela introduz diversidade no trabalho. Mas eles têm dificuldade para fazer que essa faceta comercial entre em suas atividades normais, que não se presta a isso em razão tanto das exigências externas como das exigências da gerência.

Essa atividade comercial consiste em vender um certo número de serviços e de produtos aos clientes que telefonam. Mas os clientes que os teleatendentes têm do outro lado da linha ligam, na maior parte das vezes, porque têm um problema (não podem pagar a fatura e pedem uma prorrogação ou que não cortem sua linha) ou uma reclamação (contestam a fatura ou não estão contentes com o serviço) ou porque precisam de um conserto.

A clientela da plataforma que estudamos geralmente está em dificuldade, e alguns teleatendentes se culpam ou têm medo das responsabilidades acarretadas pela suspensão de uma linha; outros afirmam que sabem separar as coisas e diferenciar as pessoas em real dificuldade daquelas que só estão inventando história, mas a responsabilidade individual é sempre levada em conta. Há, então, um envolvimento que torna o trabalho emocionalmente pesado. Enfrentá-lo, garanti-lo, é uma questão de ofício. Ele vem, indiscutivelmente, com a experiência, que permite também responder à grande variedade de demandas técnicas. Temos, aqui, os verdadeiros ingredientes de um ofício: buscam-se soluções para resolver problemas financeiros, oferece-se certo reconforto ou ajuda, propõem-se artifícios para limitar as chamadas e as despesas, ou para controlá-las melhor, em suma, contribui-se para garantir a solvabilidade de uma população frágil e, portanto, a sua fidelização.

A dimensão comercial vem integrar-se no ofício de atendente em condições particularmente ingratas, sem deixar a margem de manobra, a liberdade de iniciativa e a autonomia indispensável para desenvolver esse tipo de atividade.

De fato, todo mês os teleatendentes devem garantir um número prefixado de vendas de cada serviço e produto (nunca é o mesmo de um mês para outro), em função do qual é estabelecida uma bonificação. Eles não podem influenciar na escolha desses serviços e bonificações e ficam em um estado de total dependência, que contradiz o estado de espírito necessário para ser um vendedor eficaz e competitivo.

Ficam em estado de dependência em relação a chamadas de todos e qualquer um: nunca sabem que tipo de problemas terão de enfrentar; dependência em relação ao fluxo: devem regular a cadência e as respostas pelas informações transmitidas por um painel (há um número fixo de atendimentos por dia); dependência em relação a uma bonificação variável segundo objetivos prefixados: o número de vendas de serviços e produtos é decidido sem que eles sejam consultados e de maneira arbitrária, porque não leva em conta a especificidade das chamadas; dependência em relação a um tipo de posto, que não parece levar a uma carreira; e dependência também em relação às disfunções dos outros serviços, principalmente de faturamento. Sentem-se balançados em direções contraditórias, decididas em outros lugares. Não têm informações, comunicações, participação, consulta, formação, reconhecimento de seus esforços, perspectivas futuras.

Encontram-se ali no gênero de situação descrita por Wallon em sua crítica ao taylorismo[14]: o custo para o trabalhador não reside apenas no gesto prescrito, no

[14] Y. Clot, *La fonction psychologique du travail* (Paris, Presses Universitaires de France, 1999).

cansaço, no abatimento que ele ocasiona, mas no gesto reprimido, o gesto da iniciativa do qual é preciso privar-se. O taylorismo esgota, estressa não só pelo que determina, mas pelo que proíbe de fazer. O mais cansativo, o que mais esgota vem do que não se pode fazer dentro daquilo que se faz.

Seguindo uma certa forma de não-prescrição e de recurso à autonomia, foi estabelecida uma organização que impede que os assalariados construam sua função e correspondam à sua missão.

Essas contradições, que na verdade correspondem a uma descentralização de incoerências que não podem mais ser gerenciadas, nos postos mais subalternos, traduzem um fato inevitável e, no entanto, quase esquecido da literatura sociológica: a coexistência de exigências de natureza dupla para os gerentes, o exercício de controle e de coerção ligados a um déficit de confiança em relação aos assalariados, necessidade de adaptação às exigências de mercado e das formas de concorrência.

BIBLIOGRAFIA

ADRET (Colletif). *Travailler deux heures par jour*. Paris, Seuil, 1977.

AGACHE, G.; SUEUR, M. La recomposition des groupes socio-professionnels dans le textile. *Cahier du CEREQ*, 1988. (Poète).

ALTER, N. (Dir.) *Les logiques de l'innovation*. Paris, La Découverte, 2002.

AOKI, M. *Information, incentive and bargaining in the Japanese economy*. Cambridge, Cambridge University Press, 1988.

APPELBAUM, E.; BATT, R. *The New American Workplace*: Transforming Work System in the United States. Ithaca, New York, ILR Press, 1994.

ARENDT, H. *La condition de l'homme moderne*. Paris, Calmann-Lévy, 1988. [Ed. bras.: *A condição humana*. Tradução de Roberto Raposo. Rio de Janeiro, Forense Universitária, Salamandra, 1987.]

AUFFRAY, D.; BAUDOIN, T.; COLLIN, M. *Le travail et après*. Paris, Laboratoire de Sociologie de la Connaissance, 1978.

BACHET, D. (Dir.) *Décider et agir au travail*: dimension sociale de l'action dans le travail. Paris, Cesta, 1985.

BARTOLI, M.; COCHET, F. *L'automatisation dans les industries de l'habillement*: spécificités socio-économiques et contraintes techniques. Rapport pour le ministère de la Recherche. Grenoble, 1988.

BENKO, G.; LIPIETZ, A. (Dir.) *Les régions qui gagnent*: districts et réseaux, les nouveaux paradigmes de la géographie économique. Paris, Presses Universitaires de France, 1992.

BERANGER, P. *Les nouvelles règles de la production*. Paris, Dunod, 1993.

BERGER, P.; LUCKMANN, T. *La construction sociale de la réalité*. Paris, Méridiens Klincksieck, 1989. [Ed. bras.: *A construção social da realidade*: uma visão humanística. Tradução de Floriano de Souza Fernandes. Petrópolis, Vozes, 1987.]

BERGHOZZI, P. J. La gestion des projets innovatifs des structures *ad hoc* aux routines innovatives. In: COMMUNICATION AU VII INTERNATIONAL CONFERENCE OF INTERNACIONAL TELECOMMUNICATION SOCIETY, 1988. Boston, MIT, juillet 1988.

BERNOUX, P. *Un travail à soi*. Toulouse, Privat, 1981.

BERNOUX, P. et al. De l'expression à négociation: les groupes d'expression directe dans six entreprises de la région Rhône-Alpes. MRT, VSE, 1985.

BOISSONNAT, J. *Le travail dans vingt ans*. Commissariat Général du Plan. Paris, Odile Jacob, 1995.

BOLTANSKI, L.; THÉVENOT, L. (Dir.). *Justesse et justice dans le travail*. Paris, CEE/Presses Universitaires de France, 1989.

______; ______. *De la justification*: les économies de grandeur. Paris, Gallimard, 1991.

BORDENAVE, G. *Le modèle fordien et son espace*: l'ingérence de Ford en Europe. Synthèse de travaux (Doctorat de Sciences Economiques). Paris, Actes du GERPISA, n. 5, 1992.

BORZEIX, A. *Syndicalisme et organisation du travail.* Rapport CNAM, 1980.

BORZEIX, A.; LINHART, D. Syndicats et travailleurs: la base d'une nouvelle donne. In: COLLOQUE L'ASSISE DU SYNDICALISME, Université Dauphine, nov. 1984.

_____; _____. La participation: un clair obscur. *Sociologie du travail*, n. 1, 1989.

BORZEIX, A.; LINHART, D.; SEGRESTIN, D. L'expression directe et collective des salariés: premier bilan. *Politique Aujourd'hui*, juil.-août 1984.

_____;_____; _____. *Sur les traces du droit d'expression.* MRT, VSE, 1985.

BOUFFARTIGUE, P. *Mutations technologiques et nouveaux modes d'expression des salariés*: nouveaux profils sociaux de l'encadrement intermédiaire. Rapport de recherche. Marseille, 1985.

BOUFFARTIGUE, P. et al. *Mutations technologiques, nouveaux modes d'expression des travailleurs, nouveaux profils sociaux de l'encadrement intermediaire.* Le cas de qualité dans une usine de pointe: la Solmer à Fos-sur-Mer. MRT, CPE, 1984.

BOYADJAN, C. *La nuit des machines.* Paris, La France Sauvage, Presses d'Aujourd'hui, 1979.

BOYER, R. Stratégies syndicales, rapport salarial et accumulation de mai 1968 à juin 1982. *CEPREMAP,* n. 8-222, nov. 1982.

_____. *La théorie de la régulation.* Paris, La Découverte, 1986.

BOYER, R.; DURAND, J.-P. *L'après-fordisme.* Paris, Syros, 1993.

BRON, A.; GAULEJAC, V. de. *La gourmandise du tapir: utopie, management et informatique.* Paris, Desclée de Brouwer, 1995.

BUNEL, J. et al. *Le triangle de l'entreprise, l'expression directe des salariés, la politique sociale des entreprises, l'action syndicale.* MRT-VSE, 1985.

BURAWOY, M. *Manufacturing consent.* Chicago, University of Chicago Press, 1974.

CAPRON, M. *L'intervention économique des travailleurs dans l'entreprise.* Paris, Cesta, 1984.

CHASSAGNE, A.; MONTRACHER, G. *La fin du travail.* Paris, Vivre Stock 2, 1978.

CHATZIS, K.; MOUNIER, C.; VELTZ, P.; ZARIFIAN, P. *L'autonomie dans les organisations, quoi de neuf?* Paris, L'Harmattan, 1999.

CHIAPELLO, E.; BOLTANSKI, L. *Le nouvel esprit du capitalisme.* Paris, Gallimard, 1999.

CLOT, Y. *Le travail sans l'homme*? Pour une psychologie des milieux de travail. Paris, La Découverte, 1995.

_____. *La fonction psychologique du travail.* Paris, Presses Universitaires de France, 1999.

COHENDET, P. et al. *L'après-taylorisme, nouvelles formes de rationalisation dans l'entreprise en Allemagne et en France.* Paris, Economica, 1988.

COMMISSION BOISSONNAT. *Le travail dans vingt ans.* Paris, Odile Jacob, 1994.

CONNINCK, F. de. *Travail intégré, société éclatée.* Paris, Presses Universitaires de France, 1995.

COOKE, W. N. *Labor Management Cooperation.* Kalamazoo, Michigan, WE Upjohn Institute for Employment, 1990.

CORCUFF, P. Ordre institutionnel, fluidité situationnelle et compassion: les interactions aux guichets de deux caisses d'allocation familiales. *Recherche et Prévisions.* CNAE, n. spécial 45: Les échanges au guichet, sept. 1996.

CORIAT, B. *L'atelier et le robot*: essai sur le fordisme et la production de masse à l'âge de l'électronique. Paris, Christian Bourgois, 1990.

_____. *Penser à l'envers*: travail et organisation dans l'entreprise japonaise. Paris, Christian Bourgois, 1991.

COUTROT, T. *L'entreprise néolibérale, nouvelle utopie capitaliste?* Paris, La Découverte, 1998.

CROZIER, M.; FRIEDBERG, E. *L'acteur et le système.* Paris, Seuil, 1977.

DAUTIN, T.; PAUVERT, P. Le temps réel à la caisse d'allocations familiales de la région parisienne: au-delà des avancées techniques, une nouvelle approche du travail. *Regards.* p. 87-102.

DESBROUSSES, H.; PELOILLE, B. *Pratiques et connaissances ouvrières dans l'industrie capitaliste.* Lyon, Centre de Sociologie Historique, 1975.

DEJOURS, C. (Dir.) *Plaisir et souffrance dans le travail.* In: SÉMINAIRE INTERDISCIPLINAIRE DE PSYCHOPATHOLOGIE DU TRAVAIL, Paris, Centre National de La Recherche Scientifique, 1987. 2 v.

_____. *La souffrance en France.* Paris, Seuil, 1998.

DELPIERRE, M. Automatisation: état des débats et enjeux sociaux. *Last Clerse,* juin 1984.

DUBOIS, V. Une institution redéfinie par ses usagers? *Recherches et Prévisions.* CNAE, n. spécial 45: Les échanges au guichet, sept. 1996.

DURAND, J.-P. Mutations, résistances et significations. In: BOYER, R.; DURAND, J.-P. *L'après-fordisme.* Paris, Syros, 1993. p. 81-172.

_____ (Dir.). *Le syndicalisme au futur.* Paris, Syros, 1996. (Alternatives Sociologiques).

DURAND, J.-P.; DURAND, J. La face cachée du monde japonais. *Les Cahiers d'Évry,* Université d'Évry, 1994.

ENRIQUEZ, E. *Les jeux du pouvoir et du désir dans l'entreprise.* Paris, Desclée de Brouwer, 1996.

FARIA DE OLIVEIRA, Manuel. Flexibilité organisationneuse et enjeu salarial. *Cahier du CEREQ,* 1988. (Poète).

FAURE, A.; RANCIÈRE, J. *La parole ouvrière 1830-1851.* Paris, Union Générale d'Édition, 1976.

FORD, H. *Ma vie, mon oeuvre.* Paris, Payot, 1930.

_____. *Propos d'hier et d'aujourd'hui.* Paris, Masson, 1992.

FREYSSENET, M. Processus et formes sociales d'automatisation. *Sociologie du Travail,* n. 4, 1992, p. 469-96.

GAUDEMAR, J.-P. *La mobilisation générale.* Paris, Édition du Champ Urbain, 1979.

GAUTRAT, J.; Martin, D. Evaluation des procédures participatives. MRT, VSE, 1985.

GÉLINIER, O. Émergence d'une morale de l'entreprise. *Repères bibliographiques.*

GOLLACK, M.; VOLKOFF, N. Citius, Altius, Fortius. *Actes de la Recherche en Sciences Sociales,* n. 114, 1997.

GORZ, A. (Dir.). *Critique de la division du travail.* Paris, Seuil, 1977.

_____. *Adieux au prolétariat.* Paris, Galilée, 1980.

_____. *Métamorphoses du travail*: Quête de sens; critique de la raison économique. Paris, Galilée,1988. (Débats).

GROUPE D'ÉCHANGES ET DE RÉFLEXIONS SUR L'AUTOMATISATION ET L'ORGANISATION DU TRAVAIL. *Propos raisonnables sur l'automatisation de l'industrie.* A.M.E.S.-C.R.G., fév. 1984.

GUYONNEAU, S. *La mission solidarité à EDF, un laboratoire pour tester de nouvelles pratiques managériales*: une expérience supplémentaire de la mise au travail. 1998. Thèse (Doctorat de Sociologie) – Université de Paris X Nanterre.

HAMMER, M.; CHAMPY, J. *Le reengineering.* Paris, Dunod, 1993. [Ed. bras.: *Reengenharia*: revolucionando a empresa em função dos clientes, da concorrência e das grandes mudanças gerenciais. Tradução de Ivo Korytowski. Rio de Janeiro, Campus, 1994.]

HATCHUEL, A. *Taylorism in the Age of Variety*: *Production Management in the 1980's.* In: COLLOQUE LA GESTION DES ENTREPRISES DANS UNE PERSPECTIVE HISTORIQUE, Paris, 1988.

HATCHUEL, A.; SARDAS, J. C.; WEIL, B. La mise en oeuvre et le pilotage d'un GPAO: à chaque étape ses difficultés. *Revue Française de Gestion Industrielle,* n. 3, 1986.

HATZFELD, N. *Organiser, produire, éprouver*: histoire et présent de l'usine de carrosserie de Peugeot à Sochaux (1948-1996). 2000. Thèse (Doctorat d'Histoire) – EHESS.

IRIBARNE, P. d'. *La politique du bonheur.* Paris, Seuil, 1973.

_____. *Le gaspillage et le désir.* Paris, Fayard, 1975.

_____. Textes sur les nouvelles technologies, les politiques d'entreprise et les qualifications. *Rapport Lest,* mars 1984.

_____. *La logique de l'honneur.* Paris, Seuil, 1989.

JACOT, J. H. et al. *Du fordisme au toyotisme ou les voies de la modernisation du système automobile en France et au Japon.* Paris, La Documentation Française. (Études et Recherches, n. 7/8).

JAEGER, C. Réseaux de communication et stratégies d'entreprises: quelles réorganisations? In: BELISLE, C. (Éd.) *Communication et nouvelles technologies.* Programme Pluridisciplinaire en Sciences Humaines, CNRS, 1993.

_____. La gestion des espaces de travail: de la coopération contractuelle à la coopération informatisée. *Revue des Réseaux,* n. 69, janv.-fév. 1995.

JAEGER, C.; LINHART, D. Une caisse d'allocations familiales en progrès. *Revue des Réseaux,* n. 91, sept.-oct. 1998.

JAEGER, C.; RALLET, A. Les réseaux professionnels, flexibilités et rigidités. *Revue des Réseaux,* n. 41, mai-juin 1990.

JAILLON, D. Travail en équipe et expression des salariés. *Autogestions,* n. 14, 1983.

JENSON, J.; MAHON, R. (Ed.) *The Challenge of the Restructuring*: North American Labor Movements Respond. Philadelphia, Temple University Press, 1993.

KATZ, H. C. *Shifting Gears, Changing Labor Relations in the U.S.*: Automobile Industry. Cambridge, Mass., MIT Press, 1985.

KERGOAT, D. *Les ouvrières.* Paris, Le Sycomore, 1980.

KERGOAT, D. et al. (Dir.) *Le monde du travail.* Paris, La Découverte, 1998.

KOCHAN, T. A.; KATZ, H. C. *Collective Bargaining and Industrial Relations.* Homewood, Irwin, 1988.

LAVILLE, J.-L. *La participation dans les entreprises en Europe.* Paris, Vuibert, 1992.

_____. Participation des salariés et caractéristiques du travail productif. *Sociologie du Travail,* n. 1, 1993, p. 27-47.

L'ÉCONOMIE des conventions. *Revue Économique,* n. spécial, v. 40, n. 2, 1989.

LESCOT, Y.; MENAHEM, G.; PHARO, P. *Savoirs ouvriers, normes de production et représentations.* Boulogne, ACT, 1980. (Rapport Cordes).

LINHART, D. *L'appel de la sirène.* Paris, Le Sycomore, 1981.

_____. Crise et travail. *Les Temps Modernes,* n. 450, 1988.

_____. Quels changements dans l'entreprise? *Revue des Réseaux,* n. 41, mai-juin 1990.

LINHART, D.; LINHART, R. La participation des salariés: les termes d'un consensus. In: BACHET, D. (Ed.). *Décider et agir au travail.* Paris, Centre d'études des systèmes et des technologies avancées, 1985. p. 27-55.

LINHART, D.; MALAN, A. *Fin de siècle, débout de vie*: voyage au pays des 18-25 ans. Paris, Syros, 1990.

_____. Quels changements dans l'entreprise. *Cahier GIP,* n. 39, janv. 1990.

_____. *Le torticolis de l'autruche, l'éternelle modernisation des entreprises françaises.* Paris, Seuil, 1991.

_____. Les méfaits d'un système organisationnel a-synchrone. In: LINHART, D.; PERRIAULT, J. (Dir.). *Le travail en puces.* Paris, Presses Universitaires de France, 1992. (La Nouvelle Encyclopédie Diderot).

_____. Les méfaits d'une révolution organisationnelle asynchrone. In: LINHART, D.; PERRIAULT, J. (Dir.) *Le travail en puces.* Paris, Presses Universitaires de France, 1992. p. 112-32. (La Nouvelle Encyclopédie Diderot).

_____. *La modernisation des entreprises.* Paris, La Découverte, 1994. (Repères).

_____. La modernisation des salariés. *Performances Humaines et Techniques,* n. hors-série, Séminaire Paris I, sept. 1996.

LINHART, D.; PERRIAULT, J. (Dir.). *Le travail en puces.* Paris, Presses Universitaires de France, 1992. (La Nouvelle Encyclopédie Diderot).

LINHART, D.; LINHART, R.; ROZENBLATT, P. (avec la collaboration de G.-L. Leicknnam). *Le travail en urgence.* Rapport pour le Ministère du Travail, 1995.

LINHART, D.; ROZENBLATT, P.; VOEGELE, S. Vers une nouvelle rémunération scientifique du travail. *Travail et Emploi*, n. 57, p. 30-47, 1993.

LINHART, R. *Lénine, les paysans, Taylor*. Paris, Seuil, 1976.

_____. *L'établi*. Paris, Minuit, 1978.

_____. Le taylorisme entre les deux guerres: quelques problèmes. *Travail et Emploi*, n. 18, oct.-déc. 1983.

LOJKINE, L. Innovation sociale et innovation technologique: l'évaluation des groupes d'expression directe à Renault-Billancourt. MRT-CPE, 1984.

MAHIEU, C. *À propos de quelques expériences participatives dans l'établissement de Renault-Douai*. Dactylographié, déc. 1983.

MARTIN, D. *Participation et changement social dans l'entreprise*. Paris, L'Harmattan, 1990. (Logiques sociales).

MARUANI, M.; NICOLE-DRANCOURT, C. *Au labeur des dames*. Paris, Syros, 1989.

MARUANI, M.; REYNAUD, E. *Sociologie de l'emploi*. Paris, La Découverte, 1993. (Repères).

MAURICE, M. Sociologie du travail à 20 ans. *Sociologie du Travail*, n. 1, 1980.

MAURICE, M. et al. *Des entreprises en mutations dans la crise*: apprentissage des outils flexibles et l'émergence de nouveaux acteurs. Document LEST, ronéoté. Aix-en-Provence, 1987.

MAURICE, M.; EYRAUD, F.; IRIBARNE, A. d'; RYCHENER, F. *Des entreprises en mutation dans la crise*: apprentissage et émergence de nouveaux acteurs. Rapport LEST, 1987.

_____. *Microélectronique et changements dans le contenu du travail*: des qualifications et des formes de mobilisation professionneue. Rapport LEST. Aix-en-Provence, 1985.

MÉDA, D. *Le travail, une valeur en voie de disparition*. Paris, Aubier, 1995. (Alto).

MIDLER, C. *L'organisation du travail et ses déterminants*. 1980. Thèse de 3e cycle.

MISPELBLOM, E. *Au-delà de la qualité*: *démarches qualité et politiques du bonheur*. Paris, Syros, 1995. (Alternatives économiques).

MOTHÉ-GAUTRAT, D. J. *Pour une culture d'entreprise*. Paris, La Découverte, 1986.

MOURIAUX, R. *Les syndicats dans la société française*. Paris, Fondation Nationale des Sciences Politiques, 1983.

MOYNOT, J.-L. *Au milieu du gué*. Paris, Presses Universitaires de France, 1982.

MURRAY, G.; MORIN, M. L.; COSTA, I. da (Ed.) *L'état des relations professionnelles*. Québec, Les Presses de l'Université de Laval, 1996.

NAVILLE, P. *Vers l'automatisme social*. Paris, Gallimard, 1963.

ODDONE, I.; RE, A.; BRIANTE, G. *Rédecouvrir l'expérience ouvrière*. Paris, Ed. Sociales, 1981.

OHNO, T.; MITO, S. *Présent et avenir du toyotisme*. Paris, Masson, 1992.

PERRET, B. *L'avenir du travail*: les démocraties face au chômage. Paris, Seuil, 1995. (Histoire immédiate).

PHILONENKO, G.; GUIENNE, V. *Au carrefour de l'exploitation*. Paris, Desclée de Brouwer, 1997.

PIALOUX, M. Jeunesse sans avenir et travail intérimaire. *Actes de la Recherche en Sciences Sociales*, n. 26, 1979.

PIAZZA PARUCH, B. *Stratégies de communication et transformation des rapports sociaux dans l'entreprise*. Thèse (Doctorat de Sociologie) – Université d'Evry, Val d'Essonne.

PIORE, M. J.; SABEL, C. F. *Les chemins de la prospérité*. Paris, Hachette, 1989.

_____; _____. *The second industrial Divide*: possibilities for prosperity. New York, Basic Book, 1984.

REVUE ÉCONOMIQUE. *L'économie des conventions*, n. spécial, v. 40, n. 2, 1989.

REYNAUD, J.-D. *Les syndicats en France*. Paris, Seuil, 1975.

_____. *Les règles du jeu*: l'action collective et la régulation sociale. Paris, Armand Colin, 1989.

_____. *Les règles du jeu*: l'action collective et la régulation sociale. 2. éd. Paris, Armand Colin, 1993.

RIFKIN, J. *Technology, jobs and your future, the end of work*: the decline of the global labor force and the dawn of the post-market era. New York, G. P. Putman's Sons, 1996.

ROETHLISBERGER, F. J.; DICKSON, W. J. *Management and the Worker*. Cambridge, Mass., Harvard University Press, 1929.

ROUSSELET, J. *L'allergie au travail*. Paris, Seuil, 1974.

ROWE, F.; LIMAYEM, M. Richesses des services téléphoniques et exclusion dans un service public. *Revue Politiques et Management Public*, v. 16, n. 2, juin 1998.

SAINSAULIEU, R. *Sociologie de l'entreprise et de l'organisation*. Paris, Fondation Nationale des Sciences Politiques, 1987.

_____. (Ed.) *L'entreprise, une affaire de société*. Paris, Presses de la Fondation Nationale des Sciences Politiques, 1990.

SALAMAN, G.; THOMPSON, K. *Control and ideology in organizations*. Cambridge, MIT Press, 1981.

SALMON, A. E. *L'offre éthique, une production de l'ordre économique*. 1999. Thèse (Doctorat de Sociologie) - Paris 9 Dauphine.

SCHWARTZ, Y. *Expérience et connaissance du travail*. Paris, Éditions Sociales, 1988.

SEBAG, J. D.; DURAND, J.-P. *Rapport de mission du Japon*. Ronéoté. Université D'Évry, 1993.

SEGRESTIN, D. *Sociologie de l'entreprise*. Paris, Armand Colin, 1992.

SÉGUIN, S. E. *Syndicats er relations de travail dans la vie économique française*. Villeneuve-d'Ascq, PUL, 1985.

STANKIEWICZ, F. (Dir.) *Les stratégies d'entreprises face aux ressources humaines*: l'après-taylorisme. Paris, Économica, 1988.

SUEUR, M. Ouvriers, agents de maîtrise et techniciens face à l'automatisation. *Cahier CEREQ*, v. 6.

SUZAKI, K. *Réinventer l'unité de travail*. Paris, Dunod, 1993.

TAYLOR, F. W. *La direction scientifique des entreprises*. Paris, Dunod, 1957. [Ed. bras.: *Princípios da administração científica*. Tradução de Arlindo Vieira Ramos. São Paulo, Atlas, 1989.]

TERSSAC, G. de. *Autonomie dans le travail*. Paris, Presses Universitaires de France, 1992.

TRIPIER, P. *Rapport sur le développement de la sociologie du travail*. Paris, Document PIRTTEM-CNRS, 1984. (mimeo.).

VACQUIN, H. *Paroles d'entreprise*. Paris, Seuil, 1986.

VATIN, F. *F. W. Taylor, Amar, Bélot, Lahy, Le Châtelier*: organisation du travail et économie des entreprises. Paris, Éditions d'Organisation, 1990.

VELTZ, P. Informatisation des industries manufacturières et intellectuelles de la production. *Sociologie du Travail*, n. 1, p. 5-22, 1993.

VELTZ, P.; ZARIFIAN, P. Vers de nouveaux modèles productifs. *Sociologie du Travail*, n. 1, 1993.

WARHURST, C.; THOMPSON, P. *Workplaces of the future*. London, Mac Millan, 1998.

WOMACK, J. P.; JONES, D. T. *Le système qui va changer le monde*: après la production de masse, la production au plus juste. Paris, Dunod, 1994.

WOMACK, J. P.; JONES, D. T.; ROSS, D. *The machine that changed the world*. New York, Harper Peronnial, 1991.

ZARIFIAN, P. *Vers une sociologie de l'organisation industrielle*. Un itinéraire de recherche: coopération, qualification, Organisation en milieu professionnel. Rapport pour l'habilitation à diriger des recherches, Université Paris X-Nanterre, 1992.

_____. *Travail et communication*. Paris, Presses Universitaires de France, 1996.

Esta obra foi composta em Adobe Garamond, corpo 10,5/12,6,
e impressa na gráfica Assahi em papel pólen soft 80 gramas
para a Boitempo Editorial, em agosto de 2007,
com tiragem de 1.500 exemplares.